U0838674

本书获暨南大学“华侨华人研究”
优势学科创新平台资助

《世界华侨华人研究文库》编委会

主　　编：曹云华

副 主 编：陈奕平

编委委员：（按姓氏笔画排列）

王子昌　文　峰　庄礼伟

吴金平　陈奕平　张小欣

张振江　周聿峨　高伟浓

曹云华　廖小健　潮龙起

鞠海龙　鞠玉华

国家出版基金项目
NATIONAL PUBLICATION FOUNDATION

教育部人文社会科学重点研究基地
Key Research Institute of Humanities and Social Sciences at Universities

暨南大学华侨华人研究院
Academy of Overseas Chinese Studies in Jinan University

·世界华侨华人研究文库·

从打工者到跨国人才

当代中国人赴日留学30年

刘 双 著

暨南大学出版社
JINAN UNIVERSITY PRESS

中国·广州

图书在版编目（CIP）数据

从打工者到跨国人才：当代中国人赴日留学30年/刘双著. —广州：暨南大学出版社，2016.5
（世界华侨华人研究文库）
ISBN 978－7－5668－1804－1

Ⅰ.①从… Ⅱ.①刘… Ⅲ.①华人—生活状况—研究—日本—现代 Ⅳ.①D634.331.3

中国版本图书馆CIP数据核字(2016)第088048号

出版发行：暨南大学出版社

出 版 人：徐义雄
责任编辑：黄圣英 何镇喜
责任校对：王雅琪

地 址：中国广州暨南大学
电 话：总编室（8620）85221601
营销部（8620）85225284 85228291 85228292（邮购）
传 真：（8620）85221583（办公室） 85223774（营销部）
邮 编：510630
网 址：http：//www.jnupress.com http：//press.jnu.edu.cn

排 版：广州市天河星辰文化发展部照排中心
印 刷：深圳市新联美术印刷有限公司

开 本：787mm×1092mm 1/16
印 张：11.5
字 数：223千
版 次：2016年5月第1版
印 次：2016年5月第1次

定 价：30.00元

（暨大版图书如有印装质量问题，请与出版社总编室联系调换）

总　序

在20世纪，华侨华人问题曾经四次引起学术界关注。第一次是20世纪初关于南非华工的问题；第二次是“一战”后欧洲华工问题；第三次是五六十年代东南亚国家出现的“排华”问题；第四次则是80年代中国经济崛起与海外华侨华人关系的问题。每次华侨华人研究成为研究热点时，都有大量高水平研究著作问世，不胜枚举。

进入21世纪以来，随着全球化进程的加速和中国国际化水平的提升，海外华侨华人与中国的发展日益密切，华侨华人研究掀起了新一轮高潮。华侨华人研究机构由过去只有暨南大学、厦门大学、北京大学、华侨大学等少数几家壮大至目前遍布全国的近百所科研院校，研究领域从往昔以华侨史研究为主，拓展至华人政治、华人经济、华商管理、华文教育、华人文学、华文传媒、华人安全、华人宗教、侨乡研究等涉侨各个方面，研究方法也逐渐呈现出多学科交叉的趋势，融入政治学、历史学、社会学、民族学、教育学、新闻与传播学、经济学、管理学、法学等学科方法与视角。与此同时，政府、社会也愈益关注华侨华人研究。国务院侨办近年来不断加大研究经费投入，并先后在上海、武汉、杭州、广州等地设立侨务理论研究基地，凝聚了一大批海内外专家学者，形成了华侨华人研究与政府决策咨询相结合的科学发展机制。而以社会力量与学者智慧相结合的华商研究机构也先后在复旦大学、清华大学等地成立，闯出了一条理论研究与社会实践相结合的华侨华人研究新路径。

作为一所百年侨校，暨南大学在中国华侨华人研究中具有特殊的地位。暨南大学创立于1906年，是中国第一所华侨高等学府。华侨华人研究是学校重要的学术传统和特色。早在1927年，暨南大学便成立了南洋文化事业部，网罗人才，开展东南亚及华侨华人的研究，出版《南洋研究》等刊物。1981年，经教育部批准，暨南大学在全国率先成立华侨华人研究的专门学术机构——华侨研究所，由著名学者朱杰勤教授担任所长。1984年在国内招收首批华侨史方向博士研究生。1996年后华侨华人研究被纳入国家“211工程”1—3期重点学科建设行列，2000年获批教育部人文社会科学重点研究基地（华侨华人研究）。暨南大学于2006年成立了华侨华人研究院，并聘请全国政协常委、国务院侨务办公室原副主任刘泽彭出任院长和基地主任。2011年，学校再次整合提升华侨华人研究力量，将华侨华人研究院与国际关系学系（东南亚研究所）合并成立国际关系学院/华侨华人研究院，继续聘请刘泽彭同志出任华侨华人研究院院长和基地主任，由华侨华人与国际问题研究知名专家曹云华教授出任国际关系学院院长兼华侨华人研究院执行院长。同时，学校还加大科研经费投入，努力打造“华侨华人研究优势学科创新平台”。研究院在加强自身科研能力的基础上，采取以研究项目、开放性课题为中心，学者带项目、课题进院的工作体制，致力于多学科和国际视野下的前沿研究，立足于为国家的改革开放和现代化建设服务，为社会服务，为政府决策咨询服务，努力将之建设成为世界一流的学术研究机构和人才培养基地。

值华侨华人研究在中华大地百花齐放、百家争鸣之际，为进一步彰显暨南大学科研特色，整合校内外相关研究力量，发掘华侨华人研究新资源，推动华侨华人研究学科的发展，学校推出“世界华侨华人研究文库”。本套丛书的著作多为本校优势学科的前沿研究成果，作者中既有资深教授、学科带头人，也有学界新秀。他们的研究成果从多学科视野探索了国内外华侨华人研究的一些新问题、新趋势，具有较高的学术价值和现实意义。

本套丛书的出版得到学校领导的大力关心与支持。学校从“211工程”经费中拨专款予以资助。国际关系学院/华侨华人研究院领导与部分教师也付出了艰辛的劳动，他们在策划、选题、组稿、编辑、校对等环节投入大量精力。同时，暨南大学出版社对丛书出版也给予高度重视，组织了最优秀的编辑团队全程跟进，并推荐丛书申报国家级优秀图书。在此，我们对所有为本丛书出版付出宝贵心血与汗水的同仁致以最衷心的感谢！

最后，我们期盼本丛书的出版能在华侨华人研究领域激起一点小浪花，引来国内外同行更加深入、广泛的研究，为学界贡献更多高水平的成果！

《世界华侨华人研究文库》编委会
2014年10月

前　言

从20世纪80年代中期开始的当代日本留学潮到现在已有30年的历史。本书是从2011年由Routledge出版社出版的拙作英文版 *Labour Migration from China to Japan: International Students, Transnational Migrants* 一书翻译整理而来，主要记录了20世纪80年代中期至21世纪初留学日本的中国人的移民经历、职业发展和生活轨迹。书中使用的大部分研究资料是在21世纪初收集到的。过去的10多年中，中国、中国人及中国在全球经济中的地位变化那么大，虽然在翻译整理过程中，尽量更新统计数据、增加一些新的内容，但我还是禁不住自问，书中所描绘的中国人留学日本的现象还存在吗？书中所描写的是否已过时？

这份社会学的研究报告也是一部社会史。在当代中国人留学日本的30年中，留学生群体在不断变化，就像书中所记述的，去往日本的留学生在年龄、出身地、生活经历和留学目的等方面都有巨大改变。带着8 000日元留学已成历史，去过日本“扒分”（上海话“赚快钱”的意思）的人其儿女大多都已成年。随着中国经济的发展以及日本文化的对外传播，不断涌现出喜欢日本消费文化的年轻人，去日本是因为那里有他们的青春偶像和喜欢的动漫，日本在他们眼中是一个文化很“酷”的地方。不久以前，为了生活费和学费，中国留学生往往会超出法定许可时间尽量多打工，为了节省开支几年才回一次家。可是最近，越来越多的留学生每到寒暑假不是回国就是出国旅游，打工变成一种消遣、一种社会体验。甚至有父母为了让孩子生活舒适先在日本买好公寓，才舍得送孩子去留学。当然，中国留学生是一个多元化的群体，这些年轻人家境不同，留学目的和态度也是多种多样。但总体来说，本书中所描述的早期留学生的“留学必须吃苦”的观念已渐渐淡化。对当今中国的年轻人来说，留学只是一种教育选择、一种新的生活方式、一种成长历程中的体验。

本书揭示的留学生对经济全球化所做的贡献及他们对自己的事业和生活的跨国型规划，现在已经成了这个群体普遍的实践和明显的潮流。我同一些在早稻田大学亚太研究科求学的中国留学生闲聊时发现，他们自然地把经济全球化看作自己的就业机会，把整个东亚当作自己的就业市场。他们毫不含糊地指出日本公司雇佣他们应该是出于公司开展全球化业务的需要。日本的经济全球化在继续发展，越来越多的日本企业希望雇佣留学生，推出留学生雇佣的指标，给留学生提供更多的就业机会。除了2009年（2008年全球金融危机爆发后的次年），日本法务省每年发放给留学生的就业签证一直在增加。但是，不容忽视的是，本书中提及的以中小型企业为主的雇佣趋势有增无减。并且，近年进入日企的留学生，同以前的留学生一样，还是在不断抱怨日本企业氛围压抑，管理方式保守，他们把日企的工作经历只当作个人职业发展的起步。

此外，通过对在日本的中国留学生的描写和分析，本书的意义还在于给国际移民和留学生研究提供实证及理论参考。随着全球留学生人数和留学目的地的增加，本书所记载的在日中国留学生的移民移住过程不仅仅是中国人在日本的一个特例，而且代表了一种新型的移民形态。一方面随着全球化进程的加快，有相对固定的文化自我定义并有文化民族主义倾向的非传统型移民社会已成了移民国家的主流。世界上许多国家，例如日本，在积极吸收留学生和技术移民的同时，需要调整文化和民族的自我定义，从法律和社会制度上作改革，以更好地接纳文化背景迥异的人才。另一方面，在爱国主义教育下长大的中国留学生，对自己、对中国和对他们的移居国有相对固定的认识甚至先入为主的偏见。中国留学生在日本的生活经历从某种意义上表现了两种民族主义（nationalism）的磨合，他们能在日本社会发展，同日本社会建立良好的关系，显示出他们超越民族主义的可能性。

有一个本书没有强调，却是在日本的中国人普遍纠结的问题，那就是中日关系。因为就像本书所描述的，在日本的中国人的经济利益和社会生活都同中日之间的跨国经济及文化交流有密不可分的关系。2012年因为“钓鱼岛事件”，中国各地出现大规模反日游行，中日关系迅速恶化，我认识的不少在日本的中国人的生意或者工作遇到困难。有一位在旅行社工作、负责中日间观光接待业务的朋友告诉我，他在事件发生后的两个月里完全没有业务，所有中国方面的人员都处于停薪留职状态。他说：“在日本的中国人都希望中日关系好。不好我们就没饭吃。”

终于到了书稿付梓之时，我想在此感谢帮助我完成和出版中文书稿的同事和朋友。首先，我要感谢新加坡南洋理工大学的刘宏教授为我和暨南大学出版社牵线搭桥，使出版此书成为可能。我也衷心感谢文峰先生及吴筱颖女士在此书出版过程中的大力支持。由于种种原因，这本书稿拖延了两年多，如果不是吴筱颖女士来信催促并约定一个交稿日期，这部书稿也许会永远尘封于我的案头。其次，我想感谢我在早稻田大学指导的两个博士研究生张洁和姚大成。本书的部分内容是由张洁协助翻译的，姚大成则在我交稿前一个月仔细核对并修改书稿。本书的完成与他们的贡献是分不开的。最后，我想感谢我的家人，尤其是我的爸爸妈妈。他们一直从各方面支持我的研究，照顾我的生活。我做研究这些年，写的东西几乎全部是英文的，以中文出版，让他们有机会看懂一本女儿写的书是我完成此书的巨大动力。

刘双（Gracia Liu-Farrer）
2016 年 1 月 25 日于东京

目　录

绪论 日本与从留学开始的国际劳动力移民

将近春节（在农历正月）的1月中旬，经营休闲服饰品牌“优衣库”的Fast Retailing中国当地法人公司总经理潘宁（40岁），在短短一周内奔波于北京、宁波、广州，开设了三家新的分店。潘宁告诉当地工作人员：“问候时，一定要看着客人的眼睛，同样的笑脸，有的可以传达给客人，有的则传达不到。”这一切，是当年潘宁在东京三鹰的扒金库店里打工时学到的接待客人的基本方法。

1987年，潘宁来到日本留学。他最早记住的日语，是在打工店里不断遭指责时的用语——“不行”。“两手抱在一起不行”；“不行，必须赶在客人之前先开门”。从敬语的使用方法、服务的姿势到笑的方法，每一个细节都受到指责。潘宁虽然有些反感，但还是忍耐下来，因为他相信在这种“一本正经的认真”中，有日本经济成长的秘诀。

硕士课程结束后，潘宁在1995年进入公司。他在东京町田的店铺工作时，发挥出当年打工时训练出的接客能力，仅仅半年就升任店长。潘宁说：“服务业的基本规范，无论在扒金库店还是休闲服店，都是一样的。”进入公司一年后，潘宁开始接触中国业务。在担任了中国工厂的负责人后，2002年，优衣库在上海开出了中国一号店。

日本国内市场正在缩小，在海外快速展开业务的Fast Retailing却提出了5年内在中国开100家店铺的目标。从2007年开始，公司正式录用生活在日本的外国人，其中以中国留学生为主，每年录用20人左右。公司国际化交流团队的青野光展经理讲到潘宁时，给予他很高评价：“他在中国成功地植入了优衣库的遗传因子，他了解日中两国消费者的经验，才能在中国市场取得成就。”

背负着日本的企业，在中国创业打天下，同时又从日本发掘出中国追求的价值。在日中经济互相融合的接点上，活跃着在日华人的身影。①

以上这则故事来自于2009年2月11日日本第二大日报——《朝日新闻》的报道。从2009年至2010年该报连续18个月刊登了主题为“在日华人”的系列

① 林望：《融入：把日本人的心和技术推销给祖国》，http://www.chubun.com/modules/article/view.article.php/c138/97450，原文刊于日本《朝日新闻》2009年2月11日。

报道，潘宁是这个系列第一个月里报道的人物。这些每月一次的报道，是日本主流媒体首次全面介绍有关中国人在日本生活的真实面貌。[①]这些报道侧重于不同的中国人群体：留学生、技术移民、研修生、移民后代、运动员或和日本人结婚的中国女性，而且广泛覆盖了中国人在日本生活的各个层面，内容包括他们对日本经济的贡献、与日本社会的融合或冲突，以及如何在日本培养下一代等。

在日中国人之所以能如此被日本主流媒体注目，是因为中国人自 2007 年开始已成为日本最大的外国人群体。截至 2013 年，已有将近 65 万中国人居住在日本，占所有在日外国人口总数的 31.4%。加上 10 万名加入日本国籍的归化[②]人士，合计在日本的华侨华人总数已有七八十万[③]。本书主要关注自 20 世纪 80 年代以来陆续前往日本的 40 多万中国留学生群体。[④] 潘宁在日本的留学经历，包括他最初在低收入打工环境里的挣扎，毕业后进入日本企业的职业道路，在跨国贸易中取得的成功，是许许多多中国留学生在日本生活的典型写照。

潘宁的故事生动地体现了本书的两个主要论点。第一，留学已经成为跨国劳动力移民的主要渠道。不论是作为低收入劳动力还是专业技术人士，留学生对于居住国劳动力市场都做出了不可忽视的贡献。第二，在经济全球化进程中留学生群体扮演了重要角色。除了科学知识和专业技术以外，留学生还具备跨国贸易所需要的双重或多重文化和语言能力。中国留学生在日本企业中的职业特征、创业实践，以及特定的生活规划都展现了新型的跨国型移民方式。

在绪论中，笔者首先阐述“以留学为渠道的国际劳动力移民”的具体含义，解释为什么在日中国留学生的案例能说明这一现象，以及这种移民方式与已有的国际移民研究存在怎样的不同之处，特别是和技术劳动力移民相比所体现出的特点。随后，绪论指出这个中日之间的留学生移民的案例研究可以为跨国移民理论的发展做出贡献，能进一步阐明国际移民在经济全球化进程中的重要作用。在绪论中，笔者也介绍了当代从中国往日本移民的形态及趋势，并在最后介绍了全书的组织结构。

一、留学——国际劳动力移民新渠道

如今的我们正处于全球化大规模留学移民的时代。2004 年，全世界有将近

---

① 《〈朝日新闻〉整版报道，〈中文导报〉独家转载：主流媒体首次关注在日华人》，http://www.chubun.com/modules/article/view.article.php/c138/97427，2009 年 8 月 25 日。

② 在日本，加入日本国籍称“归化”。归化在中文里有特殊含义，不少中国人因此不愿入籍。为保留这种文化的特殊性，本书保留了日本的一些特殊身份名称，比如“永住”（永久居留）等。

③ 该数字未包括中国台湾人。从 2012 年起，中国台湾人口被单独登录。

④ 据日本法务省统计资料，1984—2013 年，累计有 439 737 名中国人持各种学生签证进入日本。

250 万人出国接受高等教育，同比 1999 年增长了 41%（联合国教科文组织，2006）。当今留学潮有几个突出特点。首先，来自世界各地的留学生往往都集中在少数发达国家，如美国、英国、德国、法国和澳大利亚就吸引了全球近三分之二的留学生。其次，来自亚洲、加勒比海、拉丁美洲以及非洲等地区的发展中国家的留学生，都希望通过教育渠道留在发达国家。相关统计显示，1990 年及 1991 年从美国的大学获得科学与工程博士学位的留学生当中，有 79% 的印度公民和 88% 的中国公民在 1995 年仍留在美国工作（Cervantes and Guellec，2001）。而 2001 年的统计也显示，5 年前就已经从美国大学拿到博士学位的人当中，有 86% 的印度学生和 96% 的中国学生依然居住在美国（Finn，2001）。再次，在过去的 20 年间，吸引外来人口前来接受高等教育并留住国际人才已经成为许多发达国家大力实行的政策。

这些发达国家的政府大力吸引海外留学生的原因主要有两点。一方面，留学生的学费已经成为一些发达国家的重要收入来源之一。在 2005 年，前往美国的留学生仅仅是用在学习和生活上的开支就已经为这个国家的经济发展贡献了 133 亿美元。[①] 前往澳大利亚的留学生更是帮助教育行业成为当地仅次于旅游和运输的第三大服务出口行业。不仅如此，留学生还直接或间接地为澳大利亚公民提供了 43 000 个工作机会（Kenyon and Koshy，2003；转引自 Ziguras and Law，2006）。另一方面，在一个日益以知识技术为基础的经济结构中，留学生被认为是提供给居住国的高价值的人才资源。以澳大利亚为例，留学生因为普遍较为年轻，且已经在留学期间适应了当地文化并获得了被认可的高等学历而受到澳大利亚就业市场的青睐。澳大利亚的移民法明确将留学和技术移民相衔接，并通过提供获得永住权的积分吸引他们长期留下来（Ziguras and Law，2006）。

这些全球范围内的有关留学生的流动趋势、数据统计以及政策法规都反映出一个现实情况——留学事实上已经成为劳动力移民的途径。笔者用“以留学为渠道的国际劳动力移民”的概念来描述劳动力移民和留学的重合关系，其对象指所有通过留学途径参与到对方国家的劳动力市场的人，包括在留学阶段参与劳动力市场的留学生和毕业后进入劳动力市场的留学生。

在现有的关于以留学为渠道的国际劳动力移民的研究中有两种常见论调——“头脑流失”和“引进廉价劳动力的边门”[②]，这两种论调分别描述了留学生出国

---

① 该统计来自国际教育协会网站《美国在 2004 年 5 月出现外国留学生低增长现象》，http：//opendoors. iienetwork. org 。

② “边门”是指日本政府以非劳动力输入的签证名目引进外国劳动力。见梶田孝道（1994）。

后在不同国家所体现出的不同走向。[①] “头脑流失”是一个政治性的论调。这个说法源自英国皇家学会对于20世纪50年代英国和其他欧洲国家出现的工程师及专业技术人才移民美国现象的描述。通常它是指那些“拥有专业技能知识的人才从发展中国家移民到以美国为主的发达国家”的现象（Miyagiwa，1991：743）。虽然留学生只能间接地被归类为“专业技术人才”，但也不难理解他们在技术类移民中占有相当比例（Agarwal and Winkler，1984；Kajanapan，1995；Kwok and Leland，1982；Ong et al.，1992）。

近年来，随着以知识为基础的经济发展规模的不断扩大，许多发达国家也在留学生中发掘专业技术人才。澳大利亚、加拿大、新西兰和英国都已经针对留学生出台了相关政策，而其目的不仅是为了吸引更多的海外人才来留学，更是希望将他们留在当地的劳动力市场（Tremblay，2005；Hawthorne，2005；Ziguras and Law，2006）。一些案例显示在居住国就业的留学生主要是为了追求高收入和更好的工作机会（DeVoretz and Maki，1980；Miyagiwa，1991；Tansel and Gungor，2002），一些人因为政治动荡而无法回国（Zweig et al.，1995；Zhao，1996；Tansel and Gungor，2002；Chen and Su，1995），还有一些人则是因为社会环境和生活条件而选择留在居住国（Gao and Liu，1998）。社会学家普遍认为，在发展相对落后的国家中，大批文化层次较高或专业技术能力较强的人，之所以选择出国是因为国内有限的经济发展水平及其连带相对微薄的福利待遇（Grubel and Scott，1966；Rivera-Batiz，1982；Blomqvist，1986；Todaro，1985），即使从国外赚钱汇往国内也无法完全填补这一落差。一些学者也曾提出了让海外人才和居住国为母国作出贡献的方法建议，例如向海外移民和投资者征收所得税。其他一些学者则指责发达国家为了吸引海外人才而出台的政策存在道德问题（Ziguras and Law，2006）。

有关“头脑流失”的讨论主要集中在专业技术人才通过留学渠道离开自己发展相对落后的国家。近年来，随着留学的普及，一些学者开始担心留学渠道正

---

① 20世纪60年代至80年代出现了许多研究高等技术人才流动的起因和结果的论著，笔者不在此一一介绍。有兴趣者请参考以下文献：Walter Adams，*The Brain Drain*（New York：Macmillan & Co.，1968）；Robert G. Myers，*Education and Emigration：Study Abroad and the Migration of Human Resources*（New York：David McKay，Inc.，1972）；Gregory Henderson，*Emigration of Highly Skilled Manpower from the Developing Countries*（New York：United Nations Institute for Training and Research，1970）；Herbert G. Grubel and Anthony Scott，*Determinants，Measurements，and Effects*（Waterloo，Ontario：Wifrid Laurier University Press，1977）；William A. Glaser，*The Brain Drain：Emigration and Return*（Oxford：Pergamon，1978）；Alejandro Portes，Determinants of the Brain Drain，in Carlos E. Cortes，ed.，*The Latin American Brain Drain to the United States*（New York：Arno，1978）；Yogesh Atal and Luca Dall'Oglio，eds.，*Migration of Talent：Causes and Consequences of Brain Drain*（Bangkok：Unesco，1987）.

逐渐成为低收入劳动力涌入的一扇边门。有关“廉价劳动力边门”的论调出现在20世纪90年代的日本。在那之前日本从未被认为是劳动力输入国。在第二次世界大战结束后的一段时间里，日本的经济发展完全依靠本国劳动力（Sassen，1991；Mori，1997）。但是，到20世纪80年代，日本的劳动力短缺问题日益明显，加之出生率开始低于人口置换水准，日本面临少子和老龄化问题。然而，在这种种压力下，日本政府依然不愿意引进外来劳动力，而是从1982年起设立“研修”[①] 这一法律身份，以技能研修实习身份引进外国劳动力。这项打着传授先进知识技术帮助发展中国家培养人才口号的项目后来被广泛批判，并被指责其实际目的是输入廉价劳动力（Ohmi，2006）。与此同时，在20世纪80年代中期，日本政府推出了“21世纪前招收10万海外留学生计划”。随后，日本的语言学校便如雨后春笋般不断出现，从20世纪80年代末至90年代初前往这些语言学校学习的留学生数量大幅上涨，他们后来也成为“留学渠道成为廉价劳动力边门”讨论的主要对象（Morita and Sassen，1994；Cornelius et al.，1994；Mori，1997）。

这些最终进入日本廉价劳动力市场的留学生是否不同于那些所谓的“人才”呢？答案是否定的。笔者认为，“头脑流失”的讨论把理工科专业的研究生当作留学生的代表，漠视了留学生群体的专业多样化，也忽略了留学生在劳动力市场的不同经验。从私立语言学校到国立大学，在海外留学生里研究生也只占到一部分，真正读到博士成为所谓核心“人才”的人更是少之又少。前往OECD[②] 成员国的留学生，除了去往美国和法国的之外，大都选择了主修人文社会专业（Tremblay，2002）。此外，研究日本移民问题的学者，在强调留学生流入日本廉价劳动力市场的同时，也忽略了留学生的专业的多样化。大多数留学生来日本的确是为了追求高学历。大多数毕业于正规大学的留学生后来都进入日本职场，成为真正的专业技术人才。

不仅如此，目前为止的研究很少深入讨论留学生进入居住国的劳动力市场后在居住国经济全球化发展中的作用，以及他们受到的影响。比如说，正如有关“头脑流失”的讨论往往认为留学是国家之间吸取人才资源的渠道，但Saxenian的研究（2002a，2002b，2005，2006）显示来自以色列、中国大陆、中国台湾和印度的留学生最初都前往美国工作，在硅谷获取了一定的知识和资本后再回国致力于发展本国高科技产业。换句话说，“人才”没有流失，而是在全球高科技产业发展中“流通”。然而，“头脑流通”讨论的对象依然局限于高科技相关领域。

① 日本于1981年修改出入国管理法时创设此身份，后于1991年建立国际研修协力机构，正式有规模地引进劳动力。详见该机构网址 http：//www. jitco. or. jp。

② 经济合作与发展组织，全称 Organization for Economic Cooperation and Development，简称OECD，是全球34个市场经济国家组成的政府间国际组织，总部设在法国巴黎。

社会学者们还是对那些大批出国学习人文社会相关专业的留学生缺乏关注。这些留学生究竟怎样进入居住国劳动力市场，以及他们的个人发展轨道怎样与经济全球化联系起来等问题仍需探究。

二、跨国移民和全球化

跨国移民是本书讨论的另一个主题。“跨国”一词代表了许多中国留学生就业、生活以及自主创业的轨迹，也体现了大多数中国留学生对于理想生活方式的追求。但是，他们的跨国经历和目前许多移民研究的说法并不一致。在现有的移民研究中，跨国行为只被看作是一种非主流经济生存手段，而中国留学生经济活动的舞台是经济的全球化。经济的全球化为中国留学生实现职业发展和自主创业创造了有利的环境，他们从底层推动全球化进程。另外，中国留学生的跨国生活形态也让我们看到许多国际移民的生命历程和社会空间是跨越国境的。

跨国理论在近些年成为考察国际移民的政治、经济、社会实践以及身份的研究中备受关注的一个视角。传统的移民研究往往将视点集中在移民适应新环境的过程上，希望他们最终能完全被居住国的社会文化和经济体系同化，并抛弃原本拥有的文化理念和政治信仰（Warner and Srole，1945；Gordon，1964；Alba and Nee，1997）。传统理论认为移民最终只属于一个国家，成为居住国国民。虽然同化理论近年来备受争议，但其他一些如“多元化理论”（pluralism）、“文化多元化”（multiculturalism），甚至是像“并入”（incorporation）这样的代替概念，实际也是从居住国的角度理解移民的经济文化及政治活动。移民首先是被当作居住国的成员，他们的行为是以居住国的情况为背景来衡量的。

跨国移民理论的研究焦点是移民跨越国境的政治、经济和社会文化活动。作为跨国移民现象研究的先驱，以 Basch 为主的学者在 1994 年把跨国移民定义为“当代移民建立维系母国和居住国关系的多重社会网络”的过程（Basch et al.，1994：7）。这一定义在后来被广泛引用，一些研究者指出随着国际移民范围的逐渐扩大，现代化通信技术的进步以及全球资本主义的扩张使得移民的政治经济活动逐渐跨越国境。他们经常对母国和居住国同时拥有文化认同和归属感。[①]

---

① 关于国际移民活动的理论研究有很多，包括移民的跨国政治活动参与（Basch et al.，1994；Kearney，1991，1995；Smith，1994，1998；Goldring，1998，2002；Guarnizo，1998；Laguerre，1999；Landolt et al.，1999；Itzigshon，2000；Kyle，2000）；跨国移民的自我定位（Smith 2005；Glick Schiller and Fouron，1999；Goldring，1998；Haller and Landolt，2005）；移民跨国创业（Landolt et al.，1999；Kyle，1999，2000；Portes，Guarnizo and Haller，2003；Wong and Ng，2002）；跨国宗教活动（Levitt，1998；Yang，2002；Liu-Farrer，2006）；跨国家庭和父母（Hondagneu-Sotelo and Avila，1997；Parrenas，2001，2005；Orellana et al.，2001）。

跨国移民理论一出现，就引起了许多学者的兴趣。在一片沸沸扬扬的研究热潮中，不少学者也对跨国移民理论提出了质疑。他们怀疑这种新的理论框架的必要性（Foner，2000；Glick Schiller，1999；Morawska，2003），以及跨国移民研究理论上和研究方法上的严谨性（Lopez，2001，转引自 Portes et al.，2003）。同时，研究者在对有关移民跨国现象的理解上，也有许多争议。比如，移民的跨国活动是不是一种对以资本和国家为主导的存在方式的抵抗？（Guarnizo and Smith，1998；Mahler，1998）移民的跨国活动，在第二代、第三代中是否也能存在？

尽管如此，我们无法否认的是跨国移民已成为全球化进程中不可或缺的一部分，他们的行为正在改变社会结构和国家治理，并推动着经济的发展。正如 Portes 指出：

> 虽然从事跨国活动的人和组织从数量上来说还很有限，但专门从事跨国活动的活动家和偶然参与跨国行为的移民合起来，对当地甚至是整个国家造成深远的经济和社会的影响。从个人角度来看，往国内的家里汇款，在家乡买新房，或时不时回一次国只是一种个人选择，但所有移民的这些个体行为集合起来，就有可能影响家乡甚至是国家的财源和文化。
>
> （Portes，2003：877 -878）

Vertovec 认为移民的跨国活动综合起来主要会对三个领域产生影响。在社会领域，他们的行为会“使移民生活本身产生越来越明显的‘双重焦点’（bifocality）”（2004：970）。同时保持对母国及居住国的社会文化的关心会对移民家庭生活产生重要影响，这种影响甚至会延续几代人的身份认同。在政治领域，移民同时在两个甚至更多国家保留政治身份，对以往的“身份—国界—法律”的三元分析框架提出挑战。“双重国籍”和“海外侨胞投票”都是国家为适应新情况做出的政治改革。最后在经济领域，移民通过各种方式的国际汇款会对货币兑换业务、家乡的协会以及地方小规模金融机构的发展产生不可忽视的影响。这些都意味着跨国移民活动最终会对整个社会产生构造性的影响。

到目前为止，移民研究虽然已经取得了很大进展，但依然存在两点不足。首先，这些研究一直将移民置于居住国的社会体系之外。他们将移民的跨国活动视为一个适应过程，有左于同化且是一种对移民能顺利融入居住国的社会经济以及政治领域当中的期待的反抗。其次，已有研究在描述移民跨国活动与全球化进程的关系上还不够充分。这两点不足和移民研究的传统有关。移民研究主要是从美国发展起来的，对象主要集中在从拉丁美洲、加勒比海地区及其他发展中国家来的移民。这些研究对象都是所谓狭义法律意义上的移民，通常持有“移民”签证，以永久居住为目的进入居住国。他们同居住国的各种组织的联系非常有限。由于存在这些局限，这方面大多数的实例研究都是有关个人的移民行为、对双方文化的认同感，以及这种行为对于母国的社会经济以及政治生活的影响。很少有研究论证移民活动对于居住国社会和两国关系发展的影响方式（Mahler，1998），尤其是有关移民经济活动的研究，这样的研究角度非常少见。虽然经济的全球化涵盖各种规模的经济发展，但有关跨国移民经济活动的论述依然大多集中于往家乡汇款或小型的非正式的个体经营。中国留学生在日本的就业情况和经济流动，不仅反映了使用跨国主义视角进行研究的必要性，而且凸显了跨国移民主义的新趋势。中国留学生的跨国能力是在快速发展的经济全球化的背景中形成的。中国留学生在日本劳动市场的职业利基（occupational niche）①，是在日中国移民经济活动的一个极为突出的特征。尚未有研究在其他移民居住国的移民群体中发现这个特征。

随着中国日渐成为世界主要的制造业基地、高科技专业人才大国以及拥有巨大潜力的消费市场，拥有语言优势及多文化适应力的中国留学生在中日两国的就业潜力也在不断提升。和日本人相比，同时会说日文和中文的中国留学生在从事中日贸易相关工作的职位上明显更具竞争力。这不仅意味着留学生本身在两国之间存在流动性，也说明他们在中日之间为自己创造了新的职业通道。与此同时，这一职业利基的出现也说明经济全球化已经极大地改变了移民在海外的就业前景。根据日本法务省对外来人口从学生签证转为工作签证的数据统计显示，大部分从日本高等教育机构毕业的中国留学生都进入了这种与跨国贸易相关的领域工作。

新的就业市场不仅对居住国产生重要影响，同时也会影响到移民本身。从传统的研究角度来看，进入居住国的一级劳动力市场（primary labor market）被认为是社会地位上升和经济同化作用的体现。移民研究往往止步于此，因为移民在居住国成为白领阶层在这些研究中被认为是“达到目标”或已经顺利融入居住国社会的体现。但是，本书显示了一级劳动力市场是移民和居住国拉锯最激烈的地方，而且对于移民而言，作为日本社会的核心领域，企业也是最有可能让他们在居住国社会中发挥作用的地方。随着拥有语言文化优势的外国员工包括女性在日本的企业中占据独特地位，日本企业不得不面临新的民族及文化冲突。传统的公司文化，比如终身雇佣制度、以资历为基准的职位评价体系（年功序列制），以及男女有别的职业分工面临挑战。我们甚至可以认为如果日本企业内部发生体

① 职业利基，后文时为“利基”，从英文的“occupational niche”翻译而来。“niche”意为特别定位，有虽狭窄但合适的意思。

制改革，可能会对日本整体的社会结构产生深远的影响。[①]

本书也讨论了中国留学生在日本自主创业的过程，进一步证明了跨国移民正参与到多层规模（multi-scalar）的全球化发展进程当中。近些年，人文地理学家们用“规模”（scale）来解释全球化过程中的各种经济和政治现象，尤其是用来解释不同国家及地区之间的权力关系和在经济结构中的不同地位（Kelly，1999；Mamadouh et al.，2004；Rankin，2003；Swyngedouw，1997）。“规模”这个概念，使我们能把经济全球化理解成包括不同层次的组织及不同规模的地区，从个人到国际组织，各层次共同参与的过程。我们也可以认为在经济全球化当中，每个人、家庭、行业、国家及其他组织和机构都是其中的组成部分。移民的跨国经济活动也自然而然可以被理解为经济全球化的构成要素之一。

中国留学生在日本帮助当地企业拓宽国际事业的过程，是多层次经济全球化过程中的一个明显的例子。目前的相关研究偏重北美国家移民的跨国创业事例，突出他们的草根特征。他们的创业行为往往被描写成不正式的经济活动，缺乏制度保障。有关他们在创业之前的从业经历和经济行为的信息极少。笔者此次的研究结果显示，移民的创业活动和他们之前所从事的工作及行业有很大关系，通常是原来的公司业务的延续。[②] 通过强调跨国企业的业务活动和移民之间的密切联系，这一研究说明了全球化确实存在多层规模结构且不同层次、不同地区的人都可以参与其中的事实。从某种角度来看，这一事实也模糊了被视为“从上而下”的有组织的跨国活动和被视为“由下而上”的私人跨国活动的界线。

中国留学生为经济全球化做出贡献的事实也再次验证了国际资本和劳动力移民之间的关系。Sassen（1988）指出，工业化国家在海外进行定向投资并将发展中国家作为制造业基地的做法，在物质和意识形态上建立了发达国家与发展中国家的联系，并为发展中国家的人前往发达国家提供了桥梁。但中国移民的海外创业情况却表明这种资本和劳动力流动是双向的。虽然日本的投资和招募中国留学生就业的做法吸引了大批中国人前往日本，但中国留学生的跨国活动也同样影响

---

① 虽然接受移民的起步较晚，但日本也已经进入了移民社会。日本的社会秩序和文化正在受到大批外来移民的影响。实际上，一些日本学者已经提出“移民风潮预示着日本‘新时代’”的见解，这些移民在日常生活中已经埋下了改变日本社会的种子（Burgess，2004：223）。讨论经常集中在外来移民对于日本的社会、文化和政治方面的影响上。例如，Piper（1997），Suzuki（2003）和Burgess（2004）就探讨过进入日本传统家庭的外国新娘如何由内至外促成社会改变。Pak（1998，2000）则从另一方面验证了移民活动如何影响当地政府的政策制定，甚至进一步促进了政治和制度上的变革。

② 有关移民自主创业活动的研究都反复提到了两方面的因素：一方面是由于种族歧视和语言造成的流动性限制，例如在美国的韩国中层阶级移民就是典型案例（Min，1984，1988，1996；Min and Bozorgmehr，2000）；另一方面则是受到创业文化观念、独立意识倾向和追求高收入的影响，如犹太移民活动的案例（Butler and Herring，1991；Godley，1994）。有时创业动机里同时包含了这两方面的因素，例如民族企业家移民自主创业的案例（Portes and Bach，1985）。

了跨国资本流动。

最后，本书介绍了全球化对于移民的移住过程和身份形成的影响。经济全球化和科技发展正在拓宽中国留学生的视野。许多在日中国人都向往不受拘束的跨国型生活方式。当条件许可时，他们当中绝大多数人都选择永住而不是取得日本国籍，因为他们认为永住权让他们可以自由出入两个国家而不必做出选择，还能享受双重福利。在日本的中国人对未来有各种不确定，常常感到自己处于社会的边缘，为了更好地生活而不停奋斗。但是这种跨国型生活安排对移民家庭有很大影响。他们当中许多人都过着与家人分隔两地的生活，一些家庭里的家长为了全家过上更好的生活而独自去海外打拼，其他一些人则将孩子送回国内接受教育以求将来获得更好的发展。视频聊天和低廉的国际通话费也许能给这些家庭一些心理慰藉，但许多夫妻关系疏离，父母与孩子之间也存在难以逾越的心理沟壑。

三、移民目的地——日本

对于中国留学生的社会经济活动而言，日本的环境相对其他国家较为特殊。日本的外来人口比重较小。2013 年日本的外来人口为 206.6 万，占当年全国总人口的 1.62%。[①] 这一数字不仅无法和澳大利亚（23.6%）、新西兰（19.5%）、美国（11.1%）以及加拿大（17.4%）这些移民国家相比，也低于很多欧洲国家的外来人口比重。也正因如此，在国外的人看来，日本一直是一个单一民族的国家。但事实并非如此。自 20 世纪 80 年代中期，经济持续发展的日本在少子老龄化问题的压力下开始打开各种渠道接受外来劳动力移民，包括招收工厂研修生、迎接从拉丁美洲返回的日裔人士、吸引留学生等。日本也为此增加了劳动力输入的资格种类。

研修生及技能实习制度被看作是引进廉价劳动力的主要边门。1981 年，研修身份设立，以“传输先进知识技术帮助发展中国家培养人才”为宗旨的外国人研修制度诞生。1990 年，日本政府修改了《出入境管理法》。1991 年，国际研修协力机构创立，研修生数量开始大幅增长。1993 年出现的外国人技能实习制度明确规定研修生可以获得三年在留期限。从 2005 年开始，每年进入日本的中长期外来人口中，研修生占的比重最大。2008 年，在日本的研修生超过 10 万人，但这一群体在日本社会中始终处于边缘状态。在合同的限制下，他们每天都需要承担大量指定的工作任务，而且他们的活动受到限制，也无法在日本长期居留。

---

① 这里所说的外来人口不是指出生于国外的人，而是注册的外籍居民。像不少外籍居民就是在日本出生、持有特别永住者许可证的韩国人。另外，已经归化的外籍居民并不包含在内。

研修生制度对外国劳动者的人权侵害受到了各方谴责。针对这种情况，2010 年 7 月 1 日，日本法务省设立了“技能实习研修生”（TITP）类别。在新的制度下，研修生与技能实习生在法律上被划分为不同类型的人群。研修生由日本国际协力机构（JICA）赞助，主要来自于非洲、拉美及一些亚洲国家，在日本接受技术培训后回国。而技能实习生在接受 3 个月的语言和技术培训后就成了真正的劳工，受日本劳动基准法保护。企业及商会可以直接通过“技能实习生”的签证引进劳动力。一年后，这些技能实习生如果符合条件，可以再次申请“技能实习研修生”签证延长两年的在留期限。①

自 20 世纪 80 年代末，大批日裔也开始从南美洲国家返回自己的家乡，拥有日本血统的他们受到了日本政府的欢迎。Weiner（1997）指出，日本政府积极接受日系移民有两个原因，首先，他们的所谓“回归”充实了劳动力市场，由于他们的日裔身份，所以日本政府不用在外来人口问题上改变“单一民族”的口径，是很理想的移民劳工。② 其次，这一做法也是出于日本政府把日系移民作为暂时劳动力的预想。大多数日系移民在拉丁美洲国家都是中产阶级，和其他相对贫困的亚洲国家来的劳动力移民情况不相同，日本政府没想到他们会长期留在日本（Tsuda，1999）。因此，日系移民被赋予“定住者”的居留权利，在出入境上几乎不受限制。多数日系移民进入了日本大型公司的工厂工作，并集中居住在日本东海地区的工业区里（Tsuda，1999，2003）。

日本政府的另一个重要的外来人口政策便是吸引留学生。为了加强在国际上的文化和政治影响力，日本前任首相中曾根康弘在 1983 年拜访东盟（ASEAN）国家时提出了“21 世纪前招收 10 万海外留学生计划”。第二年开始日本政府便简化了外来语言专修留学生的申请手续（若林敬子，1990）。由此产生的结果，便是一夜之间日本语言学校大批出现，并把招生对象的市场定位于中国——一个刚刚改革开放但还依然处于贫困阶段的人口大国。仅仅在 1988 年一年中，前往日本的中国语言学生便达到了 28 256 人，占当年所有语言留学生总数的 80% 以上。外来留学生的大批增加也为日本经济技术发展提供了重要的人力资源。2008 年，日本政府批准了“到 2020 年前招收 30 万留学生的计划”。③并且，为了吸引留学生毕业后留在日本企业，日本政府允许日本的大学留学生在毕业后可以有半年的在留延长期限，以便他们寻找工作。而且日本政府也逐步放宽了留学生获得

① 请参照日本国际研修协力机构（JITCO）网站，http：//www. jitco. or. jp/system/seido_ enkakuhaikei. html。

② 虽然这些拥有日本血统但语言和文化表现十分不同的日系移民的进入对日本社会的单一性的说法有所挑战（Tsuda，1998），但由于他们是日裔，实质上依然维持了日本单一民族的社会属性。

③ 《“三十万名留学生计划”的核心重点》（日文原名：『留学生 30 万人計画』の骨子），http：//www. kantei. go. jp/jp/tyoukanpress/rireki/2008/07/29kossi/pdf。

工作签证的条件。

通过这一系列的外来人口政策，20 世纪 80 年代中期以来，日本的外来人口数量呈现明显增长，其中 30% 来自中国。在之后的章节里，本书将会更为具体地介绍日本对中国的外来人口政策、地理优势、中日之间紧密的经济合作、复杂的政治关系以及独特的社会环境，这些方方面面综合起来造成了中国留学生在日拼搏的复杂的社会环境，也让中国留学生在日本的经济与社会活动呈现出与众不同的特征。

四、在日本的新华人

中国人在日本的居住历史已长达几个世纪，在 1910 年日本殖民朝鲜之前，中国人一直是日本最大的外国人群体。但是“二战”结束后，大多数中国人返回了家乡。1951 年，日本和美国签订了《旧金山对日和平条约》，承认了朝鲜独立，但同时取消了从原日本殖民地进入日本的居民的日本国籍。到 1952 年，约有44 000名中国人依然留在日本，大多数来自中国台湾（Vasishth，1997）。从 1949 年至 1972 年中日邦交正常化之前，中国大陆与日本之间的人口流动完全处于停滞状态。直到 1986 年中国重新开放国门，允许公民自由出境，移民潮才再度兴起。

前往日本的新华人群体呈现出快速增长和多元化的发展趋势。尽管日本随后进入泡沫经济消退后的低潮，而中国经济开始飞速发展，两国外交关系时好时坏，日本对移民的政策也时松时紧，中国人在日本的数量从 20 世纪 80 年代开始一直保持了稳步增长。从 1984 年的 44 000 人到 2013 年的 650 000 人，在日华人数量增长了十几倍，并成为日本外来人口中最大的群体。1985 年，韩国人在日本外来人口中占到了 80% 以上，来自中国大陆的外来人口占 5%。到 2013 年，在日韩国人比重减至四分之一，而在日华人则占到了将近三分之一。

在人数快速增长的同时，在日华人身份也最为多样化。2013 年，超过 70% 的在日韩国人都是在日本出生或是“二战”前移居日本的特别永住者。[①] 在日人口数量占第三位的菲律宾人大多是曾在日本从事娱乐行业工作，并通过与日本人结婚生子拿到定住或永住权的女性。第四位的巴西人则绝大多数都是日裔或日裔的家族成员。相比之下，中国人的在日身份显示出了多元化，包括留学生、工程

① “特别永住者”是指在“二战”结束前已经居住在日本，并由于日美签订的《旧金山对日和平条约》而被剥夺日本国籍直到战后才重新获得合法在留资格的外国居民（移民管理特殊条例第二条中包括了因和平条约失去日本国籍的外国居民）。

师、技师[1]、研修生、技能实习生以及永住者。同时，在日本的非法居留者很多来自中国。

此外，在日华人中申请永住权和归化的人数也呈现出明显的增长趋势。在一次对住在毗邻东京的埼玉县公营住宅的中国人的调查中，在回答是否希望留在日本或回中国的问题时，141 份回收问卷中有 80% 称已经获得永住权或是正在申请当中；有 25% 计划申请或已加入日本国籍（田嶋淳子，2005）。2013 年法务省统计显示，从 1990 年至 2013 年，有9 万多名中国人选择加入日本国籍。在日华人中获得永住权的比例也在近年不断增加。2013 年，有 205 940 名中国人拥有永住权，占在日华人总数的将近三分之一。从 2000 年至 2013 年，超过 16 万的在日华人获得了永住权。永久居留和归化人数的快速增长也让在日华人群体变得日趋成熟。

近 20 年来，在日华人的来源地呈现出很大变化。“二战”后在日华人中约有四分之一是战前来到日本的福建人，20 世纪 80 年代以前，中国其他省市在日本的“同胞”每省还不到 1 000 人。从 20 世纪 80 年代末到 90 年代初，在日新华人发展初期，以语言专修生为主的留学生占到了绝对比重，且主要来自上海和福建，1988 年，来自这两个地方的在日华人占到了总数的 40%。到 20 世纪 90 年代，随着在日华人来日身份的多样化（如战后遗孤和国际婚姻），来自中国其他省市的移民陆续增多，其中发展最快的便是东北三省。“二战”的历史让这片地区留下了很多日本遗孤和妇女，随着日本政府的遣返政策，这些遗留在中国的日裔及他们的家族纷纷来到日本。进入 21 世纪后，来自辽宁和黑龙江的在日华人超过上海，但这也并不代表东北三省成为在日华人的主要来源地。近期的统计显示，来自中国各个地方的在日华人数量都在增加，特别是拥有较多日资企业和与日本有较多经济往来的中国东部沿海地区。从 21 世纪初开始，来自山东和江苏的在日华人迅速增加，赶超了来自福建的在日合法居留者的数量。目前，在日华人的来源地已经遍布中国的每一个省市自治区，但依然以东北和华东地区为主，从辽宁、黑龙江、吉林、北京、上海、江苏、山东和福建八个省市来到日本的华人数量加起来占在日华人总数的四分之三。

最后，在日华人中女性的数量也多过男性。2013 年，女性在在日华人中占到了 58%，这个比例反映出了在日华人的主要人口分布特征。大多数中国人通过留学生、日本人配偶或家属、研修生或技能实习生渠道进入日本。这其中留学生的性别比例男女几乎持平，而日本人配偶和家属当中女性则占到了绝大比例。

[1] 技师为“技能”签证持有者。根据日本法务省统计，每年 90% 以上的技能签证由厨师获得。也就是说技师中 90% 是厨师。

前往日本的研修生和技能实习生里超过三分之一的人都进入了纺织工厂，其中大部分都是中国女性员工。

中国人在日本正在引起越来越多的政治和学术关注。早期关于在日华人的研究大多集中在了人口数量发展的趋势、背景和相关影响上（若林敬子，1990；邵春芬，1995；王津，2001；段跃中，2003），而且大多围绕着日本官方的外来人口统计以及中日的外来人口政策变化。尤其在英文的文献中，中国人往往“消失”在“日本外来劳工”的归类当中。但从21世纪起，有关海外华人的研究也进入了一个新的阶段。随着在日华人数量的快速增长所呈现的发展轨迹差异化和明显的定居趋势，更多深入的调查研究涌现出来。比如说田嶋淳子（1998，2003，2005）进行了东京及周围华人聚居地的调查研究，了解他们的定居过程、华人群体里社会关系的建立以及跨越国境社会空间的形成。Le Bail在2005年的研究显示在日华人呈现多层化特征，尤其是留学生的流动性和跨国性比较突出。Ambrose（2006）、Liu-Farrer（2006）和赵卫国（2005）分别探讨分析了在日华人的宗教组织和后代教育问题。在2005年，两组日本学者从不同角度研究了东京附近同一个住宅区里的华人群体（江衛、山下清海，2005；田嶋淳子，2005）。这两个研究都显示了在日华人逐渐向郊外聚居，并体现了定住的趋势。针对特定华人群体的研究也不断出现，王津（2003，2005）调查了在日中国IT专业人士，并记录了他们的出国经历、职场流动性和未来发展方向。此外，回到日本的战后遗孤及其家属也引起了一些日本社会学者的注意。鍛治致、黄英莲和依光正哲分别在2001年和2003年研究了这些战后遗孤在日本的定居过程。

但是关于目前在日华人的研究还停留在单纯描述归纳一些现象，或套用一些现有移民理论的阶段。我们应该把这个移民现象放在全球化的框架中，探讨如何通过对这个移民群体的各种经验的分析，来使国际移民这个学术领域有进一步的理论发展。而且，作为在日华人中最为突出的群体，中国留学生及其社会流动性和发展轨迹还没有得到系统的研究，这些都将是本书关注的重点。

五、本书构成

本书内容基于笔者自2001年开始的在日华人研究项目，其中大多数田野调查资料都来自2002年1月到2007年之间在日本东京及附近地区[①]，以及中国上海、福建、北京所做的调查。在这几年当中，笔者在一些休闲娱乐、宗教集会和聚会场所定期参与观察在日华人的活动，并对在日华人进行了深入采访。与此同

① 这里所说的东京及附近地区是指东京及其周边地区，包括东京都、埼玉县、千叶县和神奈川县。

时，笔者收集并分析了各种在日本发行的中文报刊，以及一些针对在日华人开设的网站，还制作并收集了218份调查问卷。其他很多政府机构的统计数据、在日华人的报刊文章和书籍也应用到了这项研究当中，附录对研究方法进行了详细的说明。

在此次研究中，留学生并不是唯一的调查对象。这项研究的出发点是了解不同的移民形态如何影响在日华人的移住经历和流动性。笔者尽可能收集了各种不同身份的在日华人案例，包括许多非法居留者。曾有留学经历的人在调查样本中占了大部分。在深入采访的123名受访者中有77人，而接受问卷调查的218位在日华人当中，有120人最初都以留学生身份进入日本，后来在日本转换成了各种不同的身份。虽然本书中笔者分析的焦点集中在留学生上，但其他身份的在日华人的资料让笔者得以进行比较分析，并更好地理解这些有过留学经验的在日华人形态各异的发展道路、社会流动性、未来规划以及生活状态。

本书中的章节按照在日华人的发展过程展开，记述了他们的经济社会活动和个人及家庭生活。第一章介绍了1896年至今的在日中国留学生发展历程。其中描述了19世纪末到20世纪中期的主要历史事件，及早期中国留学生的移民特征和动机。这一章重点讲述了1978年至今的在日中国留学生，探讨了这段时期他们的发展趋势和来源地变化，以及政治经济和社会结构变化对于中国留学生的影响。

第二章通过分析留学生逾期非法居留现象，探讨了留学移民的复杂性。本章的中心问题为中国留学生究竟怎样在到达日本后走上不同的发展轨道。这一章分析了中国留学生在不同阶段的非法居留的背景和导致他们进入不同工作领域的原因。通过对非法居留群体中占最大比重的福建留学生的分析，笔者发现他们的留学经历会受到社会关系网络的强烈影响。

第三章记录了中国留学生在日本语言学校和大学时期的经历。他们在留学期间的打工和生活条件呈现出了相对特殊的社会文化形态，并影响到他们的职业发展和未来规划。他们的打工经历说明中国留学生在日本实质上填补了廉价劳动力市场的空白。这一章还强调中国留学生的打工经历是一个重要的教育过程，与他们今后的就业和在跨国经济中的活动紧密相连。

第四章探讨了中国留学生毕业后在日本的就业情况。其中描述了中国留学生期望留在日本的动机、找工作的过程，以及怎样在跨国贸易中找到职业利基。这一章还分析了中国留学生在日本企业中独特的职业发展轨迹，并指出，凭借多语言和多文化的优势，中国留学生将在未来成为经济全球化中的重要人才。另外，此章还探讨了日本企业中的性别和种族问题。

第五章继续探讨中国留学生的职业道路，并介绍了在日华人的自主创业活动，强调他们经营的跨国性质。通过关注他们跨国的创业经历及战略，笔者认为在日华人的创业不仅仅是一种经济适应方式，同时也是全球化经济发展的重要组成部分。

第六章的视点放在了中国留学生的家庭和个人生活上，展现了中国留学生对定居自由化的向往，并期望在两国之间出入自由的同时能从两边获益，进一步维护自己的家庭利益。这一章分析了他们跨国生活的动机和影响，并提出在日留学生的某些跨国生活安排是有特殊性的，反映出了中国留学生的存在特征、日本这个居留国的特征以及当今经济全球化发展的动态。此外，笔者也讨论了“新华侨”这个概念，并指出中国留学生在日本跨国经济中所扮演的角色以及在日本社会的地位使他们将自己定义为“新华侨”。

最后，结语总结了本次研究的主要发现，并重温了前几个章节中提及的相关理论。笔者强调了中国留学生在日本的教育和职业发展多样化，探讨了跨国型移民的利弊，并提到了经济全球化和国际移民对性别阶层化的影响。根据已有的不同国家的留学生数据，指出了通过多方面比较来探讨留学生群体的必要性。

第一章　负笈东瀛——赴日中国留学生历史

至游学之国，西洋不如东洋，一、路近省费，可多遣；一、去华近，易考察；一、东文近于中文，易通晓；一、西学甚繁，凡西学不切要者，东人已删节而酌改之，中、东情势风俗相近，易仿行，事半功倍，无过于此。

（张之洞《劝学篇·游学》，1898）

1896年春，甲午战争结束次年，13名中国年轻人兴奋地从上海登上一艘法轮前往日本。[①] 之后的一个多世纪中，成千上万的中国留学生跟随了他们的脚步。中国留学生既非唯一的在日中国人群体，也不是最早的一批，但他们的人数众多，并对20世纪中日关系及中国现代化进程产生了巨大的影响力。早期赴日的留学生中多数后来都返回了中国。他们不只实现了中文的改革，促进了中国科学技术和经济的发展，而且改变了中国现代政治格局和中国社会，并帮助中日两国在战后动荡的历史中维系了中日外交关系。近年来，通过促进资本、资源、劳动力在两国之间的流通，新一代的留学生为中日经济发展做出了显著贡献。在这一章里，笔者将简要介绍关于赴日中国移民的类型，讨论中国移民在不同历史阶段的特征和动机，以及早期赴日中国留学生的历史及他们对两国社会的影响。本章随后聚焦于1978年至今的在日中国留学生，探讨社会经济、制度背景，及它们与近几十年来留日学生的关系。

第一节　1949年之前的赴日移民类型：商人、手艺人、劳工和学生

在中国大陆居民赴日移民的历史中，有几个截然不同的移民群体，他们带着不同的动机、通过不同的途径来到日本，也受到了不同的对待。最能被日本社会

① 对于中国人留学日本具体从什么时候开始，历史学者持不同观点。本书采用的是実藤恵秀（1960）书中所记年份。

接受和宽容，甚至可以说是为日本所欢迎的是商人及手艺人。他们也是赴日中国移民的开拓先锋。1547 年，明朝政府下令禁止与日本通商。1639 年，德川幕府实行了闭关锁国制度。尽管如此，中国商人，尤其是来自福建的大批商人，仍然活跃在日本南部沿海唯一保持贸易开放的城市——长崎（Vasishth，1997）。17 世纪末，成千上万的中国人居住在长崎华人居民区及周边地区（内田直作，1949）。19 世纪中期开始，华人在日本的独立贸易活动被禁止，纷至而来的是由西方商人从中国贸易口岸带来的买办。虽然这些中国买办在形式上是西方与日本之间业务的中介，但通过在日华商的关系，实质上是垄断了中国和日本之间的贸易（Vasishth，1997）。除了贸易，中国移民大多从事厨师、理发匠以及裁缝行业。因此，日本对早期赴日中国移民的印象为“三把刀”——菜刀、剃刀和裁剪刀（蒋一超，1998）。一些历史学者指出，中国的手艺人把诸如制茶和制作梳子这样的传统中国技艺带到了日本社会中，并使之成为日本人生活中不可缺少的组成部分。中国移民也给日本带来了在中国贸易港口学到的技能，对 19 世纪后期日本西方化的变革做出了贡献。例如，他们引进了西方的服装剪裁和发型风格，还安装了长崎街道上的第一盏煤气灯（Kamachi，1980；Vasishth，1997）。

还有一批人是劳工。19 世纪末以前，劳工经常是通过家族关系被带进日本的。相同出身地的人聚居在一起，陆续在横滨、神户和长崎形成了华人居住区。由于他们只是替华商打工的劳工，相较之下，不像华商和中国手艺人那样受日本社会欢迎。随着赴日的中国劳工在 19 世纪后期逐渐增加，日本的反华情绪开始膨胀，经常指责劳工吸食鸦片以及不讲究个人卫生。1899 年，一项帝国法令颁布出台，禁止在租界以外雇佣中国劳动者。这一法令导致了赴日劳工的减少。到 19 世纪末，在日本的中国移民群体主要由商人、手艺人及他们的家族和雇工组成（Vasishth，1997）。而到了第二次世界大战时，从中国大陆被迁往日本的劳工，严格来说他们并非是移民而应属于强制劳动力，其中有一些是被伪满政府劫掠至日本，为其建设战争工业的。从 1943 年 4 月到 1945 年 5 月，共有 38 395 名中国劳动力进入日本，遍布从北海道至九州的 135 个矿山、港口及工厂。这些劳工被迫住在拦有铁网的集中营，靠着低于生存水平的口粮像奴隶一样存活。在这两年间，他们当中有 6 830 人（18%）死于营养不良、伤病，或在反抗暴动中被残酷杀害（西成田豊，2002）。这些劳工绝大部分在“二战”后被遣返，但是他们所遭受的苦难和日本政府对他们的赔偿问题的各种回避态度，给中日外交关系蒙上了无法抹去的阴影。

在日中国移民群体中，数量最为庞大的便是中国留学生。从 1896 年清政府开始对外派遣学生，至 1945 年第二次世界大战结束，已有数万中国学生奔赴日本学习。他们当中有一小部分是被政府选拔并资助的公费生。清朝政府及后来的国民政府都选拔了一些学生越洋去学习先进的科技知识、军事技术、社会科学以及文化技能（沈殿成，1997）。而大部分的留学生是自费生。从 1896 年至 1945 年间，赴日中国留学生数量的波动成为中日关系和两国政治局势的晴雨表。中国的革命和内战，日本在 1895 年和 1905 年分别相继战胜中国和俄国，日本对于中国东北及沿海地区的侵略，以及在 20 世纪 30 年代至 40 年代对中国发动的战争，这些历史事件都影响了赴日中国留学生的经历、活动及发展轨迹。

第二节　赴日中国留学生（1896—1945）

1896 年至 1945 年这半个世纪，对于中国而言，日本是一个现代思想文化的发源地，一个政治流亡者的避难所，一个充满侵略野心的国家，既给中国以启迪，又强加于它屈辱。地理上的便利和文化上的接近使日本成为众多海外留学生的目的地，同时这些优势也造就了赴日中国留学生显著的特征。

中国学生赴海外留学的历史起源于 19 世纪中期。从 19 世纪中期到末期，中国屡屡战败于西方列强的侵略并被迫签订不平等条约，清政府开始意识到要想挽救中国就必须让中国学习现代先进技术。[1] 第一批中国留学生共三个人在 1847 年前往美国的康涅狄格州。三人都是一所在华美国教会学校的学生，他们跟着他们的老师——一位传教士，到达了美国。三名学生中的一位，容闳，从耶鲁大学毕业之后回到中国并在后来成为“洋务运动”的参与者。他强烈主张清政府派遣更多年轻学生去西方学习现代科技。第一批精心挑选出来的 120 名学生在 1872 年至 1875 年间被送往美国的新英格兰地区（实藤惠秀，1960）。之后，又有更多学生被送往欧洲学习军事技术。

在洋务运动初期，日本并非中国留学生的目的地。直至 1894—1895 年，日本军队在甲午战争中击败北洋水师，在中国东北和朝鲜半岛击败其陆军，清政府才意识到日本的强大。在此之前的几百年间，日本始终被认为是邻近中国一个毫不起眼并始终在文化、技术和政治体系各个方面都跟随中国学习的小岛国。而甲午战争却逆转了两国的地位，显示出日本已经超越中国成为政治军事强国。这次战争标志着东北亚国际关系格局的建立。由于预想不到战败于这个曾经的“野蛮邻居”，并看到日本明治维新运动的显著效果以及现代化的快速发展，清政府以及“洋务派”与“顽固派”两方阵营的官员都纷纷将目光转向了日本。

于是，不论公派还是自费，对于中国留学生来说，日本很快成为最具人气的

---

① 如魏源的《海国图志》（1842）中所云：“师夷长技以制夷。”

留学目的地。许多中国人认为可以模仿日本的发展模式，并且认为作为一个学习先进文化和技术的地方，日本在很多方面比西方国家更有优势。首先，日本提供了一个通往现代化的捷径。存亡关头的中国急需快速发展自己的军事和社会体系。1898 年，张之洞发表《劝学篇》，主张向日本学习西方先进技术，因为日本已有选择地吸收了适合东方文明的技术，去除了不实用的细节，保留了可供施行的要素。其次，日文与中文有共通之处，更适合中国人学习。日文发音有限，且大多数文字可在中文当中找到；日文的语法结构也相对松散；同时，包括名字、事物、情境、事件等诸多文化词汇都和中国有相似之处；60% ~70% 的日文也都是中文汉字（梁启超，转引自实藤惠秀《中国人留学日本史》，1960）。此外，由于一些文化传统的原因，日本的习俗与生活方式和中国也很相似，这让中国人在日本的生活相对便利。再次，地理位置的接近。如有意外，留学生可即刻回国，和其他国家相比日本在地理位置上具有天然优势。最后，留学成本的低廉也是一大优势。在欧美国家的生活成本是在日本留学的几倍（张之洞，转引自实藤惠秀《中国人留学日本史》，1960；沈殿成，1997）。自 1896 年第一批清政府公派的 13 名留学生赴日本开始，仅十年时间里前往日本的中国留学生数量便迅速增加至几千之众。1905 年至 1906 年，在日本战胜俄国以及中国废除了有 1 300 年历史的科举制度的背景下，前往日本的中国留学生数量增至 8 000 人。1906 年，已有约 12 000 名中国留学生分布在日本的各种教育机构（实藤惠秀，1960）。中国赴日留学人数的波动受到中日两国的政治、制度、社会、经济发展以及中日关系的影响。但是从 1903 年至 1945 年，几乎每年都有几千名中国留学生在日本学习，在很多年份人数超过 5 000。

赴日中国留学生的教育经历有着独特之处。1896 年至 1911 年间的早期赴日留学生，从一个侧面反映了清政府于帝国主义侵略下的奋力自救，成为濒临亡国的清朝政府在帝国主义外来侵略下的一根救命稻草。另一方面，十年间先克清朝再胜沙俄的日本，突然间信心大增，自认为有义务帮助中国及其他亚洲国家进行现代化。当时的清政府希望留学生去日本获取现代社会理论以及先进技术，但是这一目的仅仅体现了当时中国留学生赴日的部分原因。成千上万不同年龄层的中国人出于不同的个人动机东渡日本。一些家境富足的年轻人只想要纵情享乐于扶桑，其他人则更多期望获得文凭以在废除了科举制度后的中国官僚体制中升官晋级（王晓秋，2006）。因此，中国赴日留学生就从废除科举前一年（1904 年）的 3 000 人激增至 1905 年的 8 000 人（实藤惠秀，1960）。

数年来随着赴日留学生的增加，日本也逐渐建立起专门学校以应对来自中国的留学生。除了官方的特许学校之外，一些专以盈利为目的面向中国留学生提供短期课程的补习学校、速成班也如雨后春笋般建立起来。为了竞争，一些学校将每门课程的时间从一年缩短到几个月，最后甚至缩短至几天。有些学校甚至成为只要交钱便可获得学历的文凭商店（実藤恵秀，1960；沈殿成，1997）。意识到学生在补习学校学到的知识和技术极其有限，急需要真正的现代化技术及专业知识的清政府要求中国留学生进入真正的高等教育机构学习，并且不再公费派遣学生去这些补习学校学习。即便如此，实际上大部分的中国留学生依然只能进入相当于中学层次的教育机构以及补习学校。1901 年至 1911 年，在几万赴日的中国留学生当中，只有 2 831 人从高中以上的教育机构毕业（実藤恵秀，1960；沈殿成，1997）。简而言之，地理、文化和留学成本上的优势使得日本成为方便中国人留学的国家，但同时，这些优势也使赴日留学生良莠不齐。怀着各种不同动机的留学生纷纷奔赴日本，他们所获得的教育的质量也参差不齐。这些特征不仅仅存在于早期的中国留学生当中，也在之后几十年里一直延续了下来。

除了地理位置上的优势之外，聚集着各种现代化理念和先进技术的日本也成为中国革命活动的重要基地。早期在日本的中国留学生所体现的一个重要特征便是他们深入参与到了中国的政治和社会变革中。日本是成功实现政治改革和快速现代化的榜样，清政府派遣留学生赴日的主要目的是为了向其学习以求生，但推翻清政府的革命力量中最大的支持者却是留日学生。包括孙中山在内的许多民族主义领袖，就是在日本开始了革命活动的组织工作。1911 年，武昌起义开启了清朝覆灭的序幕，而这一重要革命活动的军事领袖黄兴，也曾经在日本居住和学习过。辛亥革命之后，许多留学生回到中国，任职于中华民国临时政府并参与了组建新国家的工作。1912 年至 1930 年，中国经历了一连串迅速的社会政治变革。由于辛亥革命后成立的临时政府软弱无力，中国逐渐陷入军阀统治，随后进入了漫长的内战。日本也由此再一次成为文化资源和教育中心，以及政治流亡者暂时的庇护地。许多在当时有影响力的国民党和共产党政治军事领导者，例如蒋介石、周恩来，以及中国的左派作家及艺术家，例如鲁迅、陈独秀、郭沫若、田汉、聂耳，都曾经在日本留学过。日本之所以成为中国文化政治精英聚集地的一个主要原因是进入日本并不困难，在 20 世纪 30 年代初日本侵略中国之前，中国留学生可以自由穿梭在中国与日本之间。许多人后来在相当长的时间里，会根据中国政治经济环境的变化，而选择时断时续地在日本居住。

即使在第二次世界大战期间，中国留学生赴日的脚步也没有停止。1931 年“九一八”事件发生后，许多中国留学生在日本罢课，到了 10 月底，有 2 000 多名留学生选择退学并回到中国参加抗日。然而，到 1933 年，赴日留学潮又开始了。当时国民政府鼓励学生留学海外并提供资助，而被日本殖民的伪满洲国也将大批学生送去国外。1935 年至 1937 年，留学生又增至 5 000 ~ 6 000 人。但 1937 年的“卢沟桥事变”后，日本进一步扩大了对中国的侵略，约 4 000 名中国留学生在之后的两个月内返回了中国。1938 年，国民政府与日本断交并停止对日派遣留学生（王晓秋，2006）。在战争时期，绝大部分赴日留学生都来自伪满洲国及其他被日本侵略的领土。也有一些之前就已赴日的留学生在战争时期依然继续着他们的学业。

总之，从 1896 年至 1945 年，日本由于其地理和文化方面的优势成为很多中国人最理想的留学地。即使这段时期随着中国和日本的政治社会变化以及两国关系的恶化，赴日留学生的数量出现波动，但依旧没有改变中国赴日留学风潮。在这半个世纪里，赴日学习的留学生为中国的社会变革及现代化进程做出了巨大贡献。

第三节　中国赴日留学移民进程（1978 年至今）

在近几十年里，留学生也成为再次兴起的中国赴日移民潮的先锋。战后中国同日本断绝外交关系，在 1972 年中日实现邦交正常化以前，中国大陆赴日移民事实上一直处于停滞状态。1972 年至 1978 年之间，中国政府派遣数十名学生赴日留学。1978 年，在中国共产党第十一届三中全会上邓小平提出改革开放方针，使中国实现了对外开放。同年，中日签订《中日和平友好条约》，促进了中日邦交正常化的发展。1979 年，日本和中国正式开始交换留学项目（王晓秋，2006）。在随后的十年中，中国给予公民越来越多的出国自由。日本也再一次受到赴海外寻找新机会的中国人的青睐。

目前，在日本的新一代中国移民很多都是留学生或留学生出身的人。除了研修生，语言学校学生和大学生占了每年赴日中国人的很大比例。由于研修生的流动性受到限制，他们无法拿到永住权在日本定居。而对于如今在日本工作生活的中国人来说，获取留学签证是进入日本最普遍的方式。自 20 世纪 90 年代至 21 世纪初，不包括短期访问者在内，进入日本的中国人中留学生的比重占到四分之一。2003 年笔者所做的问卷调查中包含 218 名受访者，其中 56% 的人最初是以语言学校学生或大学生的身份进入日本的。留学生是一个多元化的群体：在笔者的调查中发现签证过期的非法居留者中，将近半数曾有留学身份；持有工作签证的受访者有 60% 曾经是留学生；在永住居民和加入日本籍的中国人中留学生则占到 47%。

近几十年的中国赴日留学移民群体具有两个重要特征。第一，如图 1－1 所示，虽然在日中国留学生数量在快速增长，但在 1984 年至 2013 年间，新赴日的中国留学生数量尤其是其中赴日就读语言学校的学生数量呈现大幅波动。第一次赴日浪潮在20世纪80年代末至90年代初达到新赴日留学生数量上的一个高峰。1986年进入日本语言学校的中国留学生为3 304人，到1987年增至8 528人，之后在1988年一跃增至29 882人。一年之后，新赴日的语言学校学生便陡然减少至10 000人，并在1990年跌破10 000人大关。新赴日的语言学校学生和大学留学生数量在20世纪90年代中期达到最低点，分别减少至2 000人和3 000人。随后的几年中新赴日学生数量出现大幅增长。2001年至2003年，每一年日本的大学新入学中国留学生人数都又在10 000人以上，新进入语言学校的中国留学生则为15 000～20 000人。但在2004年，语言学校的中国学生的入学人数再一次降至5 000人。随后，留学人数便很快恢复并呈现稳定趋势。2008年底金融危机爆发后，成千上万的外来移民离开日本，首次出现了近三十年以来日本外来移民总体人数的减少。即便如此，在2009年，中国留学生赴日人数依然达到了34 892人，创历史新高。（见图1－1）

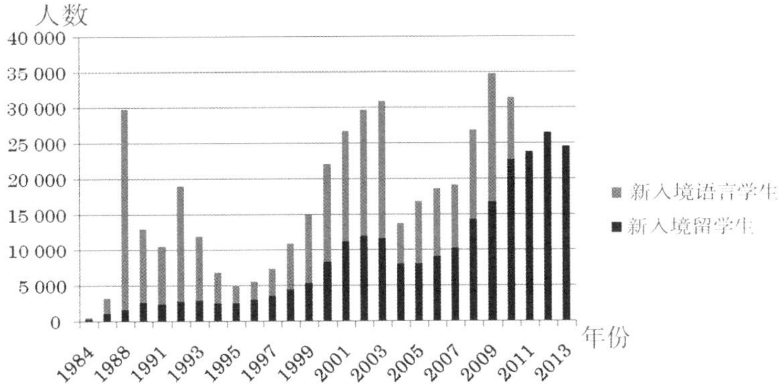

图1－1　1984—2013年赴日中国留学生情况（来源：日本法务省）

注：2010年之后，留学生包括所有语言学生，在法律身份上不再分类。

第二，在最近二十多年里，赴日的留学生群体在中国的出身地分布变化显著，其群体本身也呈现了多元化趋势。留学生往往来自中国的几个地区，如福建、上海、东北三省及其他一些东部沿海省市（见图1－2）。来自不同地区的留学生具体人数在近几十年中也出现不同变化。在20世纪80年代末至90年代中期的第一次赴日热潮中，当时中国公民刚刚拥有了前往日本的机会和途径，前往日本的留学生主要来自福建、上海和北京（Tajima，2003）。福建和上海的赴日人数增长尤其迅速。根据日本入国管理局1989年的统计显示，从1986年至1988年，来自上海的在日移民从3 260人增至21 140人，来自福建的人数则从5 825人增至13 742人（若林敬子，1990）。这意味着，在这两年里增加的在日中国人中超过60%都来自福建和上海。不仅如此，1988年及1989年两年中，在中国获得的语言学校留学签证中有三分之二的签证都是通过在上海的日本领事馆签发的，这些签证申请基本都来自上海、福建以及其他四个东部省区——安徽、江苏、浙江和江西。但是，除上海和福建以外的这四个省区的赴日移民数量并没有出现明显增长。由此也可以显而易见地看出，在第一批赴日留学潮中，上海和福建是语言学校留学生最主要的来源地。这一现象的原因随后会在本书中予以讨论。

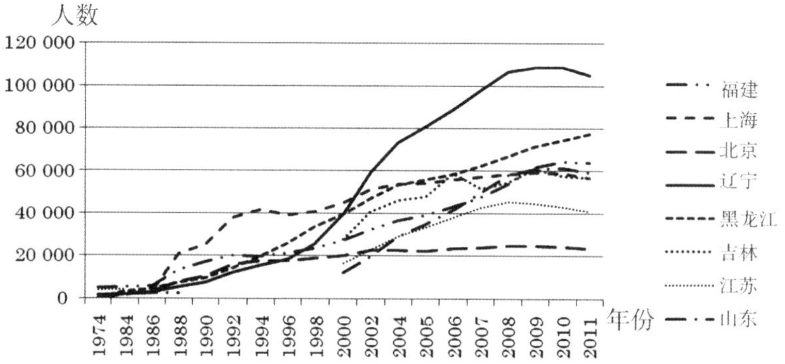

图1－2　1974—2011年赴日中国移民出身地分布趋势（来源：日本法务省）

注：2011年之后，日本法务省公布的《在留外国人统计》中不再包括中国人出身地的数据。此图中包括所有签证种类。

赴日留学生在中国国内出身地的分布于20世纪90年代中后期发生变化。虽然上海、福建和北京一直是赴日留学生的主要来源地，但在这一时期中国的其他省市也不同程度地出现赴日留学热潮。从20世纪90年代中期开始，东北地区（曾为伪满洲国）出现了最大数量的赴日移民。2011年，赴日中国移民群体中超过三分之一的人都来自这一地区。虽然没有这一地区赴日留学签证持有者的具体统计数字，但在笔者2003年的调查中，47名持有留学签证的受访者当中有24人都来自中国东北三省（黑龙江省、吉林省、辽宁省）。最近十年，来自江苏和山东的赴日移民数量也呈现明显的增长。至2011年，东北三省、上海、福建和山东已成为赴日移民数量排名前六位的省市。虽然如今中国每个省市地区都有赴日留学生，但在2011年来自上海、福建、北京、江苏、山东以及东北三省的移民已占到全部有登记可寻的在日移民数量的四分之三。

第四节　近年中国赴日留学移民的背景

关于国际移民的起因和动机，国际移民学者提出了各种不同的分析和解释，包括宏观经济差距、经济结构、个人理性规划、家庭经济策略以及社会网络效应（Massey et al.，1993，1994；Castles and Miller，2003）。所有这些理论都不同程度地解释了中国赴日留学生移民的变化趋势和人口组成。本书的目的不是用中国留学移民群体现象来验证这些理论体系，而是通过引用这些理论来全面阐述形成中国留学移民趋势的特定政治经济背景和社会及个体要素。

一、开放政策和移民控制——政治背景

兴起于20世纪80年代的中国赴日留学潮，以及近二十年里的留学数量波动必须要放在两国变化的政治背景中进行探讨。1990年前后中国赴日留学移民快速增长，是20世纪80年代中期中日两国实行对外开放政策所产生的直接效应。1984年12月，中国国务院颁布了《关于自费出国留学的暂行规定》，允许中国公民在有经济保障的前提下出国留学。1986年，中国政府进一步放宽了对中国公民出国的限制，并开始签发个人护照，允许以私人名义出国，包括移民、探访亲友、继承财产、学习、工作、旅游及其他私人理由。这是新中国成立三十多年来第一次出现大规模的中国公民因私人理由出国。“文革”结束之后，当1977年中国恢复高考制度时，只有极少数高中毕业生能顺利进入大学，研究生教育更是罕见。中国新一代年轻群体对于知识和高等学历的渴望使得他们积极奔赴欧美国家和日本寻求各种学习机会（邵春芬，1995）。

与此同时，日本在20世纪80年代进入了经济迅速崛起时期并致力于成为政治强国。为实现国际化，时任日本首相的中曾根康弘于1984年成立“临时教育审议会”，负责规划“21世纪前招收10万海外留学生计划”。在此期间为能如期达成目标，日本政府简化了赴日留学申请手续，特别是放宽了针对大学入学前语言学生的审查制度（若林敬子，1990）。日本政府对于申请者的语言能力和年龄均不设限制，在极短的时间之内，语言学校纷纷成立并大量招收中国学生。同20世纪初期的留学生相似，20世纪末的中国留学生也以迥异的出国动机和学业背景赴日本留学。许多人甚至只是怀着一份好奇心想走出去看看世界，有些人只是单纯想赚快钱，其他人则多半是被日本的先进技术所吸引，慕名前往日本体验现代化社会。在笔者的调查中，有不少中国受访者都提到虽然日本并不是他们出

国的第一目标国家，但他们最终因为机会在手而且签证手续简易而选择这里。相比而言，北美国家及欧洲国家的留学签证审查手续更为严格。根据1990年若林敬子的文章描述，1988年在赴日语言留学生当中约有四分之三的人拥有高中以上学历，他们的平均年龄为29.2岁，只有8%的人在赴日本之前会说一点日语。

1988年，28 256名中国语言学生前往日本，超过当年日本接收的全部语言学生总数的80%。在一年内面对如此出乎预料的庞大中国留学生群体，日本政府随即在1988年10月5日紧急出台法规限制留学生入境数量。在此之前许多中国留学生通过向日本语言学校付费获得经济和法律保证，少数人甚至没得到保证人的许可。10月5日出台的法规要求保证人须提供印鉴登录①、居民登记证明、纳税申报表以及能够提供保证对象每月经济开支的证明书。1989年1月21日，23所日语专门学校因超过所定学生名额向学生发放录取通知书而被罚关门停业。尽管这种用钱购买保证人的行为并没有完全消失，但当时这些政策导致1989年仅有9 143名中国留学生得以进入日本，较前年减少了近20 000人。留学签证许可数量的急剧减少使得几千名签证申请人在日本驻上海总领事馆门外抗议集会。

虽然中国赴日留学生数量的快速增长受到政治、经济及社会环境等各方面的影响，但每年中国赴日人数的巨大波动、留学生在中国国内出身地的分布变化，都是日本对中国留学移民实行各种收放政策的结果。据说，因为早期来日的福建及上海学生签证持有者非法居留现象严重，日本入国管理局试图通过限制来自这两地的签证通过率，以排除不以求学为目的的留学申请者。在笔者调查中，来自上海和福建的移民都提到，这种限制的结果最终只是让东北地区的签证申请变得更加容易。

到了20世纪90年代末，当原定的“21世纪前招收10万海外留学生计划”期限将至时，日本大学的实际留学生总数只达到计划的一半，由此导致赴日留学签证数量第二次出现骤升，也就形成了第二个赴日留学的热潮。虽然日本政府在2004年高调宣布达成“10万海外留学生计划”，但与之相伴的是外国（中国）留学生犯罪的各种报道，以及日本民众持有的对外国人日益加重的负面印象。同年，日本政府再一次大幅缩减颁发给申请进入语言学校的中国学生的签证数量。从2004年春季学年开始，日本入国管理局受理了23 285份留学签证申请，但最终只有10 657人获得签证。在所有国家赴日签证申请数量中，来自中国的申请者占总数的70%，但只有27%的签证是签发给中国留学生的。② 2004年赴日中

① 在日本，许多法律手续在办理时都需要个人印章，印章持有者需在区或市政府登记此印章以保证它的法律有效性。

② Language Schools Fight Image War, *The Japan Times*, 5th May, 2004.

国语言学生减少了四分之三，同时那些失去收入来源的语言学校的不满呼声也越来越高。

2004 年之后，前往日本的中国留学生数量再次渐渐增加。作为振兴日本经济、加深日本社会国际化、实现全球化战略的一部分，时任日本首相的福田康夫于 2008 年 1 月提议实行“到 2020 年前招收 30 万留学生的计划”，以扩大外来学生和研究人员在日本高等教育中的比重。① 有了这样希望成为世界主要教育输出国的决心，我们也就不难理解即使在 2008 年全球经济危机的背景下，日本于次年仍能创造吸引 35 000 名中国留学生赴日本的纪录。

二、经济改革、地区不平衡发展及劳动力市场——经济背景

除了中日两国的政治背景之外，经济环境往往在移民政策发生变化之前就对留学移民产生了影响。中国改革开放的开始、中日两国收入水平的差距以及日本劳动力市场的旺盛需求，催生出了中国人留学日本的第一次热潮。其中尤为突出的，是很多不以求学为目的的语言学校学生的大量流入。

一个很重要的原因是日本对劳动力的需求。得益于日本农村地区几百万“二战”遣返士兵构成的劳动力储备，20 世纪 80 年代以前，日本的劳动力市场完全自给自足（Mori，1997）。但进入 20 世纪 80 年代，经济飞速发展的日本社会在高龄少子化的趋势下面临劳动力的极度短缺。面对这一问题，日本政府一时找不出合适的解决办法。许多日本企业，特别是中小型企业的生存主要依靠廉价劳动力，他们希望政府引进外国劳工。但政府中的保守派并不愿意对缺乏技术的劳动力开放国内市场。面对越来越多来自孟加拉国、巴基斯坦和伊朗的旅游签证逾期滞留者，日本分别于 1989 年及 1992 年废止了对这三个国家的入国免签政策。日本《出入国管理及难民认定法》（1990 年）正式实施之前，约有 30 000 名在日本非法务工的孟加拉人和巴基斯坦人在 1989 年离开了日本（Morita and Sassen，1994），日本的很多小型生产企业和服务行业随即陷入严重的劳动力短缺。研修生和技能实习生制度成为日本引进廉价劳动力应对这一问题的一扇边门。获得兼职打工资格许可的留学生也逐渐成为重要的非正规劳动力资源（Cornelius et al.，1994：386－387）。

与此同时，在东海的另一边，随着 20 世纪 70 年代末开始改革开放，一些中国人也开始为更好的经济条件而奋斗。到 20 世纪 80 年代，当计划经济体制下的

---

① Policy Speech by Prime Minister Yasuo Fukudato the 169th Session of the Diet，28th January，2008，http://www. kantei. go. jp/foreign/hukudaspeech/2008/01/18housin_ e. html.

中国城市居民还大都处于贫困中，有赖于粮票及购物券生活时，曾经经济状况相似的同事、邻居之间的收入差距已经逐渐开始显现。虽然商品房在此时也开始出现，但高昂的价格使得它们对于大多数普通工人来说依然遥不可及。为寻求更好的机会，一些人选择了以停薪留职的方式离开工作单位去合资企业或私营企业工作（Solinger，2002）。还有一部分人则选择了大胆创业。当国家实现对外开放时，许多中国人看到了邻国日本令人难以置信的高速发展，以及其中所蕴含的无限机会。鉴于当时中日两国悬殊的收入差距，对于既没有足够人脉去获得高收入的工作又没有经济基础独立创业的中国人而言，去日本赚快钱这条路有着无法抗拒的吸引力。在福建早期的赴日留学移民中，笔者遇到了一些在生意失败后来日本赚钱的人，有的还借此偿还了欠下的债务。侯某，毕业于福建省某大学，在投资砖厂失败后失去了所有资产，于20世纪90年代初进入了冲绳那霸的一家语言学校。虽然通过中介办理留学签证使他的负债翻番，但通过多份兼职打工，仅用几年时间他就在保证学费和生活费的前提下偿还了所有贷款。劳动力市场的需求和不难获得的合法打工许可，不仅使很多单纯为了赚钱的人留学日本，还使很多真心求学的学生也选择了日本，因为他们可以靠打工维持生活、继续学业。

从20世纪90年代初期开始，中日两国社会都经历了巨大变化。中国的经济改革开放于1992年开始加速。此后的二十年里，中国各地的经济发展水平差距越来越大。在东部沿海地区，特别是在长江三角洲和珠江三角洲地区的经济快速成长之时，计划经济体制下的重工业基地东北地区却陷入了经济衰退。1998年中国政府开始积极进行经济结构调整，许多国有企业在短时间内迅速倒闭。2003年至2005年，东北地区超过122家国有企业宣布破产，导致327 000名工人失业，占到当时全国由于企业倒闭造成的失业总数的24.5%。[①] 经济的衰退和失业率的升高迫使当地很多年轻人出去寻找更多的就业机会。

伴随着这场经济衰退的，是中国东北和日本之间投资与贸易合作的复苏。20世纪上半叶，中国东北地区在政治、军事、经济等方面都深受日本影响。从日俄战争（1904—1905年）到第二次世界大战结束，中国东北三省一直被日本作为对抗俄国的缓冲地带以及入侵中国的桥头堡，为达到军事及经济目的，日本在这一地区投入巨资，许多铁路、矿产及重工业都是由日本政府开发建设的。战争期间，日本政府还把大批本国农民迁移到这片荒凉但肥沃的土地进行耕种开发。这一经济纽带在战争结束后彻底中断，直到20世纪70年代才恢复。从20世纪90年代初期开始，随着中国的改革开放，日本企业家也重新出现在这片土地上。大

① About 720 Chinese State-Owned Companies Go Bankrupt in 2003 - 2005 Period，《人民日报》（海外版），2006年1月20日，http：//english. peopledaily. com. cn/200601/20/eng20060120_ 236877. html。

连，作为辽宁省的港口城市，成为中国聚集了最多日本投资与日企的地方。[①]

在来自日本的投资增长较多的其他沿海地区，也有很多中国学生赴日留学。从2000年开始，来自江苏和山东的赴日移民逐渐增加。1974年，在日本有4 119名来自江苏的移民，仅次于在日人数最多的福建，而来自山东的移民人数为1 594人。但直到21世纪初，山东、江苏两省成为吸引日本直接投资的大省后，这两地的赴日移民才呈现明显增长趋势。2005年，江苏省超越上海成为在中国接受最多海外直接投资的地方，在这些投资中，日本位居非华裔海外投资榜首。[②] 日本也成为仅次于韩国的山东省第二大贸易伙伴和仅次于韩国、中国香港的第三大投资国。[③] 伴随着日方投资而来的，是日本企业的入驻和中日合资企业的兴起。Sassen（1988）指出海外直接投资会为投资接受国和来源国提供经济和文化的纽带，并影响当地的劳动力市场的稳定，进而引发从投资接受国到来源国的劳动力移民。在与来自这些地区的学生的交谈中，笔者了解到日资企业在他们家乡的大量增加，也使得赴日留学变得很具吸引力，因为掌握日语的人在劳动力市场具备更大的优势和潜力。

三、社会关系网和留学中介——社会背景

国际移民现象中存在的一个疑问是：大部分移民往往来自于少数几个地区，而其他地区即使处在贫困、失业等其他恶劣的经济环境下，也没有出现大规模移民现象。许多移民学者认为原因在于社交网络对移民的促进作用。根据社交网络理论，每一次移民行为会产生社会结构变化，以带动以后持续不断的移民行为。这是因为尚未移民的人经常通过与已移民的人的亲戚、朋友关系找到在国外的就业机会或移民国外（Massey et al.，1994）。

在近几十年赴日中国留学生当中，社交网络也起到了重要作用。其中一个主要渠道是家庭成员的带动。笔者通过问卷调查发现，大约半数受访的留学生有兄弟姐妹当下或者曾经生活在日本。而且，由于留学生能来日本的先决条件是在日本有接收的教育机构，因此语言学校和中介机构也成为留学移民社交网络中非常重要的节点。不过，从不同地区来的留学生的社交网络的表现方式与运作机制不尽相同，并且不同时期前往日本的留学生社会关系的依赖程度也各不相同。

① 信息来自 http：//www. dlsp. com. cn/english/Investment/investment. asp。

② 华裔投资者为中国香港和新加坡。Market Profiles on Chinese Cities and Provinces，香港贸易发展局，http：//www. tdctrade. com/mktprof/china/mpjis. htm.

③ 华裔投资者为中国香港和新加坡。Market Profiles on Chinese Cities and Provinces，香港贸易发展局，http：//www. tdctrade. com/mktprof/china/mpjis. htm.

进入20世纪80年代后期，北京、上海和福建成为改革开放后首批留学移民发源地的一个主要原因，是他们的社会关系使他们能进入日本的学校。但是，社会关系对于移民的作用方式在这三个地区也不尽相同。北京和上海是中国最大的两座城市，也是高等教育机构以及研究机构的聚集地。第一批赴日留学生获得了政府的资助，而北京和上海正是送出最多学生、研究者的地方，这些受政府资助的学生成为留学生移民热潮的源头。当20世纪80年代中期中国对公民开放自费留学许可，日本语言学校的签证申请手续也变得相对容易时，这些早期获政府资助的留学生便开始帮助他们的朋友和家人前往日本。与此同时，绝大多数日本语言学校已经由公司或私人运作，为吸引更多留学方面的生意，一些语言学校开始提供“留学一条龙服务”，包括寻找保证人、准备申请材料、提供住宿，甚至在学生到达日本后安排其兼职打工。所以早期获政府资助的留学生在帮助他们的家人和朋友迁移日本时并不需要花费太多精力。事实上在20世纪90年代中期以前，北京都是中国较多移民输出地。作为首都，在北京求学的学生来自全国各地，这也使得许多来自其他地区的学子从北京开启赴日旅程。据一些从上海赴日的自费语言学校学生称，他们有家人朋友是政府公派日本的访问学者或者是在日本攻读文凭的学生，而他们从这些亲友那里获得了很多帮助。而这些自费留学生随后也帮助他们人际关系圈中的其他人迁移日本，因此朋友或者兄弟姐妹来自同一所语言学校或者语言项目的情况相当普遍。林丽华就是一个典型的例子。她的姐夫曾经在20世纪80年代中期被当时中国国内的大学保送至日本的早稻田大学攻读研究生，随后他便安排妻子进入了早稻田大学校区附近的一家语言学校，并且后来进入医学院学习。当林丽华提出想去日本时，她的姐姐把她介绍到了自己曾经就读的语言学校，保证人手续甚至都由那所学校包办。学校经营者或他们的朋友承担保证人的义务，向学生收取50 000至100 000日元不等的手续费。早期前往日本的留学生，一旦开始工作和学习，也会为了便于自己的家人或朋友的移民申请，从老师、老板甚至客户中寻求保证人，以这样的社会关系获得的保证人往往是免费的。

20世纪80年代后期开始，因为宽松便利的签证手续，一些来自上海的留学生发现了比做那些辛苦的兼职更轻松的赚钱方法。他们与语言学校的老板合作，将学校变成了签证代办机构以及人力资源中介公司。这些早期的留学生回到家乡开始积极地游说朋友、同学及邻居移民日本。由于申请者往往在语言学校开始办理签证手续之前需要交纳手续费或部分学费，一些签证申请失败了，学校也不愿意退还学费的情况时有发生。1990年前后，上海的街头经常出现各种留学诈骗的消息，一些将日本的语言学校描述成圈套骗局的故事轰动一时。由于这些签证丑闻的出现和日本语言学校容易进入的特点，前往日本留学的学生一度无法像前往北美或欧洲国家的留学生那样受到尊敬。在80年代末至90年代初，上海人甚至将赴日留学生称为“扒分者”。

上海和北京的留学移民往往起源于政府公费派遣留学生形成的社会关系网，而早期来自福建的留学生主要依靠的是海外亲属关系。位于中国东南部的福建省拥有很长的海岸线，这里沉淀了数个世纪的奔赴东南亚、北美、南美及日本的移民史。从15世纪开始，福建的商人就已经开始活跃在日本九州地区。即使是在后来16世纪至18世纪日本与中国都实行闭关锁国政策时，福建与日本沿海地区之间的走私活动也从未间断。20世纪80年代以前，数以千计的福建居民住在长崎和横滨的唐人街，他们当中绝大多数是技术工人、裁缝或理发匠，也有少数商人（Vasishth，1997）。到了1969年，日本的福建移民总数已经达到6 193人，在中国大陆赴日华人中是第一大群体（Tajima，2003）。

除了福建人以外，许多前往日本的中国台湾人也有着福建血统或亲戚关系。1895年至1945年日本殖民时期，很多台湾人在日本定居下来。当1951年《旧金山对日和平条约》废除了他们的日本国籍之后，成千上万的台湾人依然选择留在日本。在20世纪80年代以前，在日本的台湾人占在日华裔人口总数的一半以上。这些入籍日本的台湾移民在八九十年代纷纷建起了日本语言学校，他们有时会和在日福建人合作，回到福建老家募集留学生。结果，许多福建学生经常会在日本语言学校的班级中发现自己的老乡。与此同时，由于福建农村的海外亲属关系，和其他在日本的早期中国留学生相比，来自福建的留学生多数都有着农村背景。

前往日本的福建自费留学生开始于20世纪80年代后期。根据早期来过日本的福建语言学生回忆，第一批福建留学生是在1987年到达日本的，他们的年龄和文化背景差异很大。这个群体里有20多岁的大学毕业生、高中生，也有30多岁的不识字的家庭主妇。一些早期的留学生在后来发展成为蛇头（源自福建当地的叫法，不仅仅指走私人口的贩子，还指各种移民手续的中介）。由于出身农村，留学信息比较闭塞，许多福建人不了解繁杂的签证手续，大多选择依靠蛇头移民到日本。由蛇头操纵的移民过程往往对福建留学生在日本的生活造成负面影响，这也是造成非法居留现象的重要原因。在下一章中，笔者会对此重点阐述。

从20世纪90年代中期开始，社会关系网络也对中国东北地区的学生移民产生了重要影响。日本战败前的四十多年里，东北三省成为大批日本驻军的基地和平民的迁移地。20世纪三四十年代，超过30万名日本农民在日本政府的劝说下迁移至中国东北开垦农业。第二次世界大战结束后，150万名日本人留在了这里。虽然战后大批的日本平民和士兵被遣返回国，一些妇女和儿童却遗留在了中国生活，并成为“残留邦人”。从20世纪70年代初期开始，超过2万名“残留邦人”

及其家人获得身份并回到日本，在日本他们的初始身份为“定住者”。

这些战后遗孤和遗留下来的妇女大多是随战时的日本军队而来或参加了来中国东北的农垦团，他们当中绝大多数也是农民出身。战后，当中很多人被安排回到了他们的祖籍所在地的农村和小城镇。这些日裔在中国生活多年，语言和文化都已经中国化了，很多人与他们在日本的亲属失去联络，这使得他们花了很长的时间才实现经济上的自给自足。这些居民当中有一部分人，尤其是年轻的一代，选择了移居东京。当笔者在东京一家中国人的舞厅做社会调查时，遇到很多自称为“二世”的战后遗孤的后代（Liu-Farrer，2004）。他们会炫耀自己的日本姓氏，同时与其他中国人在一起把自己叫作“东北人”。他们中很多人曾经帮助在中国的亲友移民日本。因为战时很多日本平民曾在中国东北从事农业，很多遗孤在战争结束后寄养在农民家庭。因此，从中国东北移居到日本的许多人来自于中国东北农村及小城镇。

日本殖民中国东北地区的历史和大批战争遗孤及妇人的存在，使这一地区在语言和文化上同日本有紧密的关系。笔者采访过的不少在中国东北（包括内蒙古东部地区）长大的人都曾经在高中时将日语作为第一外语。文化大革命破坏了外语教育，造成英语师资极度缺乏，但是中国东北地区日语教师却很多见。很多年龄大点的中国东北人曾在日本殖民时期学过日语，一些当地的日裔，特别是残留妇人，被雇佣去教日语。因此，和其他省市地区普遍使用英语为第一外语的教育环境不同，中国东北地区的日语普及程度使得这里的人更倾向于将出国留学的目标定为日本，有些人甚至是通过以前这些日裔老师提供帮助才来到日本。

四、赴日留学移民的制度化及持续发展

从21世纪初开始，在中国申请日本大学和语言学校的留学手续愈发制度化，上百家留学服务中心遍布各省会和其他主要城市。这些服务中心的口碑及费用参差不齐。一些留学服务中心附属于政府机关或当地大学，有一些则附属于日本的语言学校或高等学院，当然还有一些是属于私人所有。笔者采访的2000年后前往日本的留学生中，很多都是通过这样的留学服务中心办理的手续。在21世纪初期的上海，通过留学服务中心申请语言学校以及准备签证材料需要花费几千元人民币，一个人可以申请两到三次留学签证。鉴于有关留学中介机构的效率和诚信问题的投诉越来越多，中国政府开始通过发放营业许可执照的方法来管理这些留学机构。虽然在中国各地的留学服务中介机构的规范化程度不一，留学生对这些机构所提供服务的依赖程度也不尽相同，但他们使留学信息更加公开，也使那些没有私人海外关系的留学生得以留学日本。

另外，互联网也在近几年得到广泛普及。如今在大多数沿海都市和城镇，几乎每条街道都有网吧。虽然电脑质量和网速也许并不理想，但价格着实低廉。21世纪初，笔者在中国见到的大多数网吧只花几块钱就可以在里面待一整天。近年来各种网站上关于留学的信息也越来越多，一些网站甚至专门提供留学日本的信息。2001年，陈少春，一位18岁的中国学生前往日本。为了和在中国的朋友进行联系，他自己创办了一个网站，称"小春网"。很快这个网站成为在日中国留学生和有兴趣赴日留学的中国人最关注的平台。在网站上，每一条有关在日本留学、找工作和日常生活的问题几乎都能找到解答。对于很多在日中国留学生而言，网络世界成为他们主要的社会生活。有关他们的学习经历、求职过程以及工作生活的事情都会经常出现在网站上。任何一个有意向去日本留学的中国人都可以在互联网上找到所有相关资料和介绍。

中日两国同时在发生的经济、政治和人口结构的变化都可能会继续推动中国赴日留学移民的潮流。2006年，世界各地的中国留学生总数已经达到140 000人。中国自1999年大学扩招以来，本科毕业生的就业率急速下降。选择在大学毕业后继续出国深造的学生增加了40%，而日本仍然是最受欢迎的留学目的地。随着出生率的降低，日本高中毕业生人数逐年减少，超过40%的日本私立大学招生不足。[①] 因此，许多日本的大学倾向于直接面向中国招收学生。2005年秋，日本法务省对来自上海、江苏、浙江、北京、天津和广东的赴日留学签证手续进行了简化，留学日本变得更加方便可行。

第五节　本章小结

这一章介绍了中国留学生赴日历史，并把重点放在了1978年以后的赴日留学移民上。过去一百多年的中国赴日留学移民历史中呈现出了很多特征。首先，由于邻近的地理位置、文化相通和相对低廉的移民成本，日本一直被中国的年轻人视为留学佳地。不过，这些便利条件使得留学日本成为轻易能够达到的目标，导致一些原本并没有学习动机的人选择留学日本。当代留学日本的群体中，不乏以赚取快钱为目的的人，并出现过大量非法居留者。这些动机不纯、资格不够的人和他们在日本的一些行为，曾给中国赴日留学生带来了负面影响。

其次，中日之间邻近的地理位置和紧密的政治经济联系使得在日中国留学生

① 此新闻由日本私立学校振兴·共济事业团于2006年7月24日公布。日本各大媒体都作了报道，如《日本经济新闻》，http://www.nikkei.co.jp/news/main/20060724AT1G2402I24072006.html。

一直深入参与到中国的政治、社会和文化的发展进程中来。百年前的早期赴日中国留学生，往来于中日之间，领导并参与了诸多政治和社会运动，在动荡时期，日本也成为他们当中一部分人的避难所。接下来的章节中，笔者将会重点阐述近年来中国留学生成为中日两国之间跨国经济的重要资源和桥梁。

再次，从 20 世纪初到现在，赴日中国留学生数量的剧烈波动源自于中日两国的外交关系变化以及两国政治、经济和制度环境的变化。

最后，近几十年来，受到个人社会关系网和日趋制度化的留学资源的影响，赴日留学生不管在数量上还是在中国各地的分布上都在不断变化。

由于留学动机的多样化以及移民渠道的差异化，中国留学生在进入日本之后的活动方式和由此产生的结果也各不相同。在接下来的几章中，笔者将会具体探讨近年来赴日中国留学生不同的发展轨迹。

第二章　在起点上分道扬镳——非法居留的社会性过程分析

到达日本之后，中国留学生的走向各不相同。20 世纪 80 年代中期以后，留日中国学生的发展道路的最大差异是有没有保有合法身份。保有合法身份的留学生后来才有机会成为企业雇员、永住者或入籍日本。而那些失去合法移民身份的人不得不谋生于廉价劳动力市场，过着动荡不安的“黑户”生活。随着中国合法移民数量的快速增长，非法移民也在增加。2009 年，在日本签证过期的非法居留者达到 113 072 人，其中就有 18 385 人来自中国（日本法务省，2009）。

在 2009 年的过期滞留者中，来自韩国的 91. 1% 持有短期签证且大部分为游客，而在来自中国的签证过期非法居留者中，36. 4% 是曾经在日本的语言学校或者大学留学的学生。而在所有留学签证过期滞留者中，有 84. 2% 来自中国。2003 年，面对在日移民犯罪现象的增多，以及这种现象与非法居留有着千丝万缕的关系，日本政府开始打击签证过期的非法居留问题，并计划在五年内将非法居留者人数减少一半。此后，以留学签证入境的非法居留者人数明显减少，但这依然没有完全杜绝中国留学生变成非法居留者的现象。

本章将考察中国留学生的非法居留问题，并介绍从 20 世纪 80 年代末至 21 世纪初留学生这一群体的变化趋势。笔者将会综合考虑中日两国的经济发展因素，日本政府对于非法移民的政策措施的变化，以及在日中国人群体中对非法移民问题的讨论。同时，本章强调了社交关系网对于非法居留所产生的影响。

第一节　留学签证过期非法居留者

在笔者深入采访过的 123 位在日中国人中，有 17 名曾经持有留学签证的受访者在签证到期后非法居留日本。他们当中有 4 人来自上海，其余 13 人均来自福建（见表 2 - 1）。在 118 名以留学身份赴日的问卷调查对象中，有 26 人是留学签证过期的非法居留者（见表 2 - 2）。这其中 17 人来自福建，4 人来自吉林，3 人来自上海，1 人来自黑龙江，还有 1 人来自其他地区。另外，这 26 人中有 17 名男性，9 名女性。

表 2-1　本书调查中的非法居留者信息

性别	出身地	受访时年龄	赴日年份	离开日本年份
女	福建	50 +	1988	1998
男	福建	35 +	1988	1999
女	福建	40 +	1989	2001
男	福建	35 +	1993	2002
男	福建	30 +	1994	2004
男	福建	30 +	1995	—
男	福建	30 +	1995	—
男	福建	30 +	1995	—
男	福建	25 +	1996	—
女	福建	25 +	1997	2004
女	福建	25 +	1997	—
男	福建	25 +	1997	—
男	福建	25 +	1998	—
男	上海	40 +	1989	2001
女	上海	35 +	1989	2005
男	上海	35 +	1991	1995
男	上海	35 +	1993	1999

来源：笔者在2003年所做研究采访及之后回访。

在有关国际移民的文献资料中，“非法移民”往往用来描述那些纵行亚利桑那沙漠到达美国的穿越者，或是划着海船到达日本海岸的偷渡者，又或者那些把自己藏进汽车后备厢进入西欧国家的越境者。社会学者和政策制定者往往将注意力集中在这样的非法入境者身上，研究这种偷渡现象的普遍性及其社会组织（Espenshade and Acevedo，1995；Singer and Massey，1998；Chin，1999）、人口走私集团在其中所扮演的角色（Kwong，1997；Chin，1999）以及边境控制的效果（Cornelius，2005）。然而，Heckmann在2004年指出，非法移民有着不同的形式和渠道。除了秘密越境和偷渡以外，越来越多的人也通过表面合法的途径光明正大地进入他国，例如伪造资料或法律许可。而且大量的非法移民其实是签证逾期滞留者。Heckmann（2004：1103）将逾期滞留描述为“通过合法渠道达到非法移民目的”行为，并指出这种非法居留也是有目的的行为，是非法私自越境和伪造文件以外的另一种移民手段。但是，笔者认为对于以旅游签证或访问签证入境的非法居留者而言，这种推断或许成立，因为这一类型的签证无法为其提供任何长期居住机会或发展空间。但是，这一论断并不适用于所有在日本的中国籍签证逾期滞留者。近三十年来前往日本的中国留学生，绝大部分都保留了他们的合法身份。他们当中很多人后来成为拥有合法签证的公司职员，也有人获得了永住权或选择归化（加入日本国籍）。在下文中，笔者将具体描述从20世纪90年代开始来自中国不同地区的留学生在日本走上非法居留道路的过程，其中对于福建学生在签证过期后的非法居留现象，将会做专门的讨论。笔者将从政治、经济和社会层面来探讨造成这些留学生非法居留的真正原因。

第二节　留学生非法居留现象分析

非法居留者来自中国不同地区，尤其是送出众多语言学校学生的福建、上海和东北三省。回顾这些年中国留学生的逾期滞留问题，两个现象十分突出。首先，从20世纪80年代到21世纪初，非法居留者的主要来源地发生了明显变化。80年代末至90年代初，非法居留者集中出现在上海和福建两地。但从90年代中期开始上海留学生的非法居留现象几乎彻底消失，取而代之的是在来自东北地区的留学生中，这一现象开始增加。其次，从20世纪80年代末至21世纪初，与中国其他地区来的留学生相比，福建学生的非法居留现象更为严重。在笔者2003年问卷调查的118名于2002年之前以留学身份赴日的受访者中，来自福建的留学生中有47.2%的签证都已过期，而来自福建以外地区的留学生中，这一比例仅为10.9%（见表2-2）。

表2-2　本书调查中2002年之前以留学签证赴日后成为非法居留者的出身地分布（单位：人）

出身地	留学签证逾期非法居留者	合法居留者	总计
福建	17	19	36
黑龙江	1	6	7
吉林	4	10	14
辽宁	0	23	23
上海	3	11	14
其他	1	23	24
总计	26	92	118

来源：笔者在2003年所做研究采访。

表面上，造成中国留学生非法居留现象的一个重要原因是许多前往日本的留学生本身不是抱着求学目的来到日本的。日本政府曾以此为由对中国留学生的签证申请进行了更严格的检查和筛选。在本书第一章的历史回顾中提到过，当日本的学校在20世纪80年代后期突然间面向中国人开放时，许多中国人，尤其是上海人和福建人，通过很容易到手的留学签证来日本淘金。对于当时赴日的很多上海人而言，留学是“扒分”的一个合法的幌子。不少福建的学生移民也抱有同样的想法。有关福建人偷渡美国的研究往往都着重强调福建人移民海外的漫长历史（Kwong，1997；Chin，1999，2001；Liang and Ye，2001）。在福建，移居海外就意味着有机会光宗耀祖，而且海外福建人往家里寄的钱经常是家中收入的主要来源。在福建当地，移民海外已逐渐发展为一种新的生活方式，并成为当地显著的一个文化特征。为了出国，许多福建移民不惜拿自己的生命冒险。在这样的背景下，对许多当地人来说，留学签证仅仅是一种去日本的手段。在笔者所采访过的20世纪80年代第一批福建留学生中，不少人都伪造过自己的学历，有些人甚至连小学都没毕业。

尽管如此，这样的解释把所有的责任都推给了中国留学生。实际上，大量留学生逾期滞留现象引出了几个明显无法回避的疑问：首先，为什么会有如此多没有教育背景的、不以求学为目的的中国人能够拿到留学签证进入日本？其次，为什么一些以赚钱为目的的留学生在签证到期前就回了国，而另一些留学生则选择非法居留？最后，非法居留者来源地区的变化趋势也没有得到解释，比如即使在20世纪90年代早期“黑户口”已经在日本非常普遍，但来自上海的留学生逾期滞留现象却在20世纪90年代中期后几乎彻底消失。这一章会把中国留学生在日本的逾期滞留现象置于更大的政治、经济和社会背景下进行考察，并且将日本和中国的经济发展历程、日本面对非法移民的政策变化以及日本教育机构的发展，作为这一现象背后的重要因素进行分析。

一、“扒分者”与第一批非法居留者

中国留学生的非法居留现象经历了几个阶段，不同时期的非法居留者受不同条件的制约，由不同的原因造成。早期许多非法居留者都是冲着赚钱机会来日本的，他们选择继续留在日本是因为他们受到了当地经济环境及体制的“鼓励”。据日本法务省数据显示，从1986年至1988年，来自中国的日本语专修生从7 514人增至32 388人。值得注意的是，在随后的1990年7月至1993年5月，来自中国的逾期非法居留者从10 000人增至32 000人（Morita and Sassen，1994）。

（一）经济刺激

中国经济改革开放所造成的社会经济层面的贫富差距加大，加上日本工业自20世纪80年代以来对劳动力的需求，不仅催生了中国人“赴日留学热”，也埋下了日后大批中国留学生非法居留的隐患。在笔者的调查采访中，不少80年代中期到90年代初前往日本的中国留学生在谈到自己的经历时都会怀念那段时期，说起那时是多么容易找到工作。尽管收入高低不一，但各种工作机会非常多。据许多受访者回忆，在当时只需要记住几句常用日本敬语，甚至不需要通过介绍，自己随便走在街头看到有餐厅张贴招人启事，便可进去应聘，有些人当天通过面试，第二天就可以开始上班。有些人则是通过在日本的亲戚朋友介绍工作。对那时候的中国留学生而言，同时打三份甚至四份工都是再正常不过的事。服务行业和“3K（累、脏、险）行业”[①] 对劳动力的旺盛需求，以及法律对于留学生打工的许可，构成了很多中国人能够以留学签证来日本的必要条件。这一点对于很多本来没有打算真的求学的人来说，更是如此。

采访中，很多中国移民都提到他们在20世纪90年代早期选择在留学签证到期后非法居留，就是因为当时诱人的赚钱机会。其中陪酒女郎便是一项利润非常丰厚的工作。[②] 80年代的日本经济繁荣，大大小小的日本企业都拥有巨大的娱乐开销。下班后由公司报销去俱乐部的花费轻易能达几十万日元（Allison，1994），公司老板或部门主管私下也经常出入这样的娱乐场所。实际上，正是这一娱乐行业的兴起促使了自20世纪70年代以来大批菲律宾女性涌入日本，而且这还造成了菲律宾籍的非法居留者中，持娱乐签证来日本的人最多。一些中国留学生也在这一行业打工，我采访的中国人中，好几位曾做过陪酒女，并逾期非法居留。

来自上海的方莹，于1989年前往日本。她的第一份工作是在一家快餐盒饭生产厂的流水线上装盒饭。由于年轻漂亮，她获得了老板的注意，他很快将她介绍到一家自己常去的俱乐部，并在那里成为她的常客。和当时许多上海人一样，方莹也没真正打算追求高等教育。先是语言学校，后来是专门学校，她一直付着学费拿着留学签证。这样过了五年后，她不得不面临变成“黑户口”或回国的选择。她的丈夫当时已经是非法居留身份，在一家烤肉店做厨师，有着不错的收

① “3K行业”也被称为“3D行业”，“3K”指日文里的“きつい（难受）、危い（危险）、汚ない（脏）”，“3D”则是指英文里的“difficult（困难）、dangerous（危险）、dirty（脏）”。

② 20世纪80年代中期至90年代初，在日本的非法居留者主要来自在酒吧和俱乐部工作的菲律宾人（Morita and Sassen，1994）。2005年，日本法务省公布了已逮捕的非法居留者所从事的活动内容。其中有25%是工厂工人；15%曾经从事陪酒或类似工作，其中绝大多数是女性；还有以男性为主的15%是建筑工地的工人；其余则包括了厨师、服务员、洗碗工，以及其他一些服务业的人员。这些非法居留者中有超过半数都已经在日本居住了五年以上。

入。她也换了好几家俱乐部的工作，常客越来越多，时给也增加了（“时给”指的是每小时的工资，日本的临时工工资都是按小时计算）。丰厚的收入让她决定变成非法居留者。失去合法的居留身份后，她的丈夫甚至开玩笑说她现在可以“一身轻”了。在1993年留学签证到期之前，她回了一次上海老家，之后再没回去过。直到2004年生下第二个儿子，大儿子也已经到了上学的年纪，她才决定回国。

很多工作并不像陪酒女郎的收入这样丰厚，但是因为工作机会很多，只要愿意打工，就可以有相当不错的收入。尽管，对于很多人来说，这也意味着要从学校退学。笔者曾经在福州采访过一位大姐，她在1988年以留学签证到日本，1997年回国。回忆起当年的生活，她依旧非常怀念：

我非常喜欢学习，但我到日本的时候已经39岁了，家里最小的孩子才13岁，我把孩子抛下去日本不是为了学习。虽然那时候日本经济环境很好，但一开始我并没有赚到太多钱。当时工作的时给很低，每小时只有600日元。而我白天必须去学校，所以只有晚上能打工，时间很短。后来不去学校了，我才能打更多的工。

这位大姐在日本的十年间从事了各种工作，最后在1997年赶回国为她最小的儿子举办了婚礼。筹办婚礼的花费，很多是大姐出的。那段时间在日本待过的许多中国人都说，只要你愿意吃苦，你就能在日本赚到很多钱。一位于20世纪80年代末到日本待了仅一年便在签证到期前回国的上海男子告诉笔者：“我是家里唯一的儿子，又是最小的孩子，从小一直被宠着，所以我没法吃苦。一年对我来说已经是极限，有些人确实在日本拼命地打工，他们能挣到很多钱。”虽然只在东京待了一年，但最后回国时他带回了15万元人民币。在当时，上海的人均月收入仅为100元人民币。

（二）语言学校——非法居留的入口

20世纪80年代末至90年代初，大批留学生非法居留的一条主要渠道便是如雨后春笋般出现的语言学校。这些学校的主要目标就是多招学生、多赚钱。实际上，在90年代初，一些学者就已经指出进入语言学校学习只不过是许多移民到日本寻求工作的幌子而已（Morita and Sassen，1994）。一位来自上海如今已回国的非法居留者说道：

那时候，去日本非常容易。许多语言学校都是新开的。难道他们会不想收学生吗？他们甚至会问你："你有没有亲戚朋友或同事想来日本的？如果你能介绍他们过来，我们会按人数付你钱。"那时候申请签证几乎没有被拒签的。当时帮助我到日本的人，带了500个学生出来！这些人绝大部分都来自上海，我们后来都集中到了三四家语言学校。但我们为什么想去日本呢？就是为了赚钱！

图2-1显示了20世纪80年代末的90年代初语言学校的蓬勃发展。2006年时，在东京注册营业的语言学校共153家，其中有75家是1990年成立的。[①] 而1990年前后实际运作的语言学校数量可能远不止于此，只是由于竞争激烈和日本政府的管制，许多学校都在短时间内迅速倒闭了。在笔者采访中，也问到了一些中国留学生就读过的语言学校。最常听到的回答是："以前这所学校就在某某站附近，后来被某某学校合并了。以前它叫某某学校，但后来又改名字了。也不知道现在那学校是不是还在。"许多他们提到的学校如今都已不复存在了。

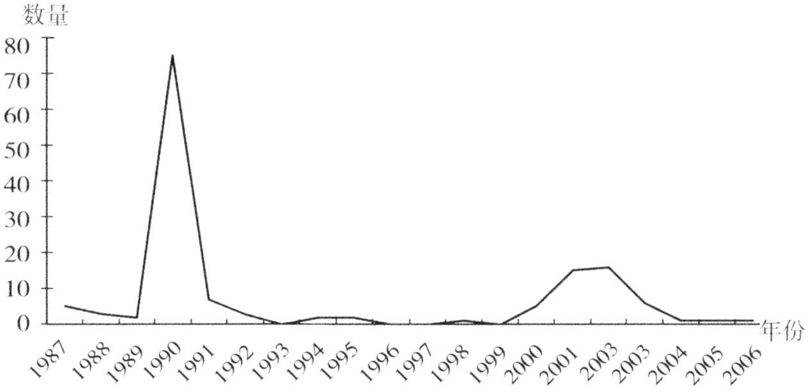

图2-1　1987—2006年在东京注册成立的语言学校数量变化

来源：日本语言学校数据库，A. I. K集团，http：//www. aikgroup. co. jp/j-school/japanese/area/section/tokyo. html。

这些语言学校在办学规模、学费标准和教学质量上有着很大差别。一些学校的学生数量能达到几百人，而有些学校的学生甚至只有个位数。在2006年，相当多的语言学校里的学生全都是中国人。一般而言，语言学校两年课程的学费从100万到150万日元不等。有的学校，参加各级日本语能力考试的学生有超过半

① 有关语言学校的数据包含了A. I. K集团（一家语言和专门教育顾问机构）在线公布的日本语言学校统计数据。该数据列出了超过400家获得认证的日本语言学校名单，详见http：//www. aikgroup. co. jp/j-school/japanese/area/section/tokyo. htm。

数成绩合格，而有些学校里六个人中只有一个人能通过。一些学校可以将自己的学生送进有名的大学，而有些学校则只能看着学生要么回国要么进入专门学校。而这还都是经过日本政府数年来管制调整后的结果。20 世纪 80 年代末至 90 年代初，很多语言学校都不过是单纯的“签证商店”。为了吸引更多的中国学生，日本语言学校有偿提供保证人。一些学校甚至出现在学生毕业后拒绝返还入学押金的现象。

上文提到的来自上海的学生的情况，在来自福建的留学生群体中也不少见。自中国开放国门之后，由于很多在日本的中国台湾移民祖籍都是福建，许多人建起了语言学校，专门到福建招收当地学生。人际关系在其中发挥着重要作用，很多当地人都是通过早期去日本的亲戚或朋友的介绍去的日本。早些年去日本的一些学生在后来变身成为蛇头。

笔者研究表明，若非语言学校受利益驱使一味扩大招生，很多中国人不会有机会进入日本，成为“3K 行业”中的廉价劳动力，也就不会造成日后大量中国留学生签证过期后非法居留的现象。与此同时，许多语言学校的以利润为主的导向和常常低水准的教育也使很多中国学生更加相信留学签证特别是语言签证不过是进入日本赚钱的工具而已。

（三）打工环境和社会关系

获得留学签证进入日本后，几乎所有中国学生都会去打工。他们往往选择建筑工地、工厂或服务行业。许多人为了能还清办理签证手续时欠下的债务、支付学费以及日常生活费用，没日没夜地打工。有些人还要为以后上学存学费，攒钱汇给家里。他们所从事的工作的性质以及与雇主的关系，都不可避免地影响到他们此后的发展，甚至让一些人做出退学或非法居留的选择。

类似俱乐部或酒吧的日本所谓的风俗行业，似乎是最容易让留学生成为非法居留者的打工场所。在日本，俱乐部分很多种类，大多数称为“斯纳库”（小吃店）或“斯纳库俱乐部”（小酒吧），有的是普通小餐馆，而有的则是变相的卖淫场所。虽然日本入国管理局严禁留学生从事风俗行业工作，但许多中国留学生都曾在这些各式各样的俱乐部里工作。男的做柜台调酒，女的做陪酒女郎，高额收入成为让他们承担风险的主要动力。在 20 世纪 90 年代，当普通餐厅的时给还在 600 至 900 日元的时候，这些俱乐部的时给已经达到 1 500 到 3 000 日元不等，工作时间则往往从晚上 7 点到后半夜。夜间打工五个小时的收入比白天工作十小时还多，并且，根据一些曾经从事过这类工作的受访者称，晚上打工比白天轻松，而且方便留学生安排个人时间。另外，有相关经验的中国女性都称，在这些俱乐部打工让她们可以更好地了解日本社会，更快地学习日语，甚至超过在学校的学习速度。在笔者的调查采访中，相当多的女留学生从大学本科到硕士，甚至是到博士毕业时都一直在俱乐部里打工。可是，这样相对特殊的工作性质、工作环境以及丰厚的报酬使得一些学生尤其是女学生中途放弃学校。有少数人后来与她们的客人结婚，当然也因此获得了合法的居留身份，但也有一些到最后变成非法居留者。几位在俱乐部打工之后不再上学的受访者说，在俱乐部靠着女性的魅力工作比在其他地方从事廉价体力劳动更能让她们获得心理上的成就感，而整晚唱卡拉 OK 也比在学校苦背语法更有乐趣。除此之外，在俱乐部的环境里更容易接触到其他非法居留者，这也会让女留学生们逐渐放低心理门槛，选择非法居留。

因为俱乐部的工作机会和餐厅洗碗的工作机会一样很容易获得，收入又高，一些不愿去俱乐部打工的女留学生称需要相当大的毅力才能抵得住这种工作的诱惑。而曾经在这些俱乐部打工的受访者大都感慨，困难的是如何抵制更高收入的诱惑，不去涉足那些真正的性服务俱乐部，或是与客人发生关系，而这些都被认为是造成留学生退学或非法居留的主要原因。

还有一个导致留学生变成非法居留者的原因，是稳定的雇佣关系。一个留学生能在签证过期后留下来，得有肯雇佣他们的雇主才行。不少受访者提到，他们的雇主很容易猜到他们的非法身份，但是没人会提及这个话题，大家都心知肚明互有默契。[①] 这是因为，20 世纪 90 年代初的日本严重缺乏劳动力，非法居留者与雇主之间形成了一种互相依存的关系，雇主需要廉价劳动力，非法居留者需要有工作能赚钱。勤勤恳恳地工作使得很多中国移民赢得了雇主的信任。一些受访者称他们与老一辈的日本人的关系比和年轻一辈的更好，甚至有些人和雇主之间已经亲如家人。来自福建的阿明，曾在日本东京的筑地市场打过工，认识了那里的老板之后，老板在自己家附近为阿明租了个房子，并在每天早上 3 点开车带阿明去上班。[②] 一方面，阿明知道这样老板可以保证他在黎明前到达市场开始工作，因为东京的始发车都得到了四五点之后才有，而老板需要他早上班。但同时，他也觉得老板待他确实不错，很感谢老板愿意把他当家人一样对待。

由于在雇主那里获得受庇护的感觉，一些中国留学生即使在签证到期后也依然愿意“黑”在日本。来自福建的黄梅，20 世纪 80 年代末到日本，一待便是 13 年。她从始至终都在一家小餐厅做服务员，她把餐厅老板夫妇看作家人一样。他

---

① 《出入国管理及难民认定法》（1990）声称其旨在控制非法外来移民，并对招收非法外来移民的雇主采取罚款 200 万日元的处罚。由于 20 世纪 80 年代末至 90 年代初大部分留学生都还持有留学签证，一些雇主也会声称他们并不了解这些留学生的真实情况。如 Morita 和 Sassen（1994）指出，新的法律颁布的意义不大，因为没有惩罚条例，只有上百名录用非法居留者的雇主真正受到了处罚。

② 东京筑地市场是日本海鲜鱼类卸货市场，拍卖须赶在零售店开门前完成，故营业时间开始得很早。

们不仅在她离开日本时送给她礼物，之后还去福建看望过她。

二、20 世纪 90 年代中期以后的非法居留者

导致早期留学生非法居留的社会经济体制方面的原因，对后来的留学生也一直有影响。20 世纪 90 年代中期，中国产业结构调整所造成的贫富两极分化、语言学校大肆的招生活动，以及在日本相对“稳定”的雇佣情况，仍是留学生非法居留的重要原因。不过，中日两国的社会、经济的变化导致在日本的中国留学生出身地发生变化，非法居留者的出身地也发生了变化。早期的非法居留者多数来自上海和福建两地，后来则以来自东北三省的学生为多。从 90 年代中期开始，来自上海的留学生几乎从日本的非法居留者群体中完全消失。

（一）中日两国机会构造的变化

造成来自上海的非法居留者大量减少的主要原因，是上海新一代年轻人对前往日本追求掘金梦的热情逐渐冷却。随着工业和服务业的快速发展，上海的生活水准和居住环境有了很大提升。这里的年轻人大多是养尊处优的独生子女，去日本打工吃苦赚钱对他们没有多大吸引力。同时，上海的就业机会也在不断增加，人均收入不断上涨，没有人再愿意去日本做辛苦又卑贱的“3K”工作。之前提到的受访者方莹，她的一位邻居在 21 世纪初持短期商务签证前往日本。[①] 她本打算在那里多待一些时间，方莹便将她介绍到了自己曾经工作过的盒饭厂去打工。可是三个月之后，签证还没到期，这位邻居便回国了。她说：“我原本在上海有体面的工作和舒服的生活。我为啥要去‘黑’在日本，做那些被人看不起的工作？不值得的。这样一想，我在日本就待不下去了。”

随着大量的海外投资注入上海，就业机会日渐增加。留学海外获得高学历往往意味着更好的工作和更高的收入，很多上海人开始真正为了学历而留学日本。林丽华，在上海两年制短期大学毕业后，进入一家外贸化妆品公司工作。在 1995 年左右，她就已经拿到 8 000 元人民币的月薪，在上海成为高级白领阶层。不过，当时公司的管理层大多来自香港或台湾，很多留学回来的人也比她的职业前景好。她觉得升职无望，就决定出国深造。她姐姐之前已经到日本留学，她便进入了姐姐当初上的那所语言学校。2001 年接受笔者采访时，她已经在日本待了 5 年，从大学顺利毕业并进入会计学硕士课程。她说自己并不后悔当初的决定，但

① 商务签证是一些中国人成为外国非法居留者的渠道之一。在调查采访中，笔者就遇到了至少三位上海人是通过短期商务签证进入日本的。

是，她提到以前就职的那家公司里的高管都已回到香港和台湾，中国大陆的那些职员也有了很多升职的机会，曾经的一些同事现在月薪已经可以拿到3万元人民币。

（二）经济萧条的社会影响

笔者的调查显示，如果在20世纪90年代中期前往日本的中国留学生能够获得更多的经济资助或日本的经济状况好一点，许多学生也不至于在后来成为非法居留者。许多人都是因为无法支付学费而不得不沦为非法居留者。1991年日本在经济泡沫破灭后陷入长时间的萧条，导致劳动力需求大幅缩减，国民失业率增长。而与此同时，来自中国的留学生数量却依然在稳定增长，他们对打工的需求也有增无减。

日本政府当时的做法进一步加剧了就业困难。在2000年前后，为了达到前日本首相中曾根康弘所提出的在“21世纪前招收10万留学生计划”的目标，[①] 日本政府放宽了对留学签证的管制，留学生的数量也从1998年到2003年翻了一番，其中，中国留学生超过七成。就读语言学校、高等职业学校或大专院校的学生很难获得经济资助，中国留学生都是依靠打工来支付昂贵的学费和生活费。此时，在日本的就业机会已经大不如前，许多留学生为了支付学费不惜采取非法手段，甚至涉足犯罪，而其他一些人则选择中途退学变成非法居留者。[②] 陈晓飞，来自福建，1998年到日本，他说：“如果还有选择余地的话，没有人会愿意变成非法居留（者）。”在冲绳结束了两年的语言学校学习后，他在2000年进入东京的一所专门学校，却发现找不到地方打工：

> 刚到东京的4个月我找不到工打，这里什么东西都那么贵，没收入，熬4个月下来我几乎饿死。因为付不起每天坐电车的票钱，我每天从赤羽站走到王子站。到后来我甚至每天只能吃一片面包，因为拖欠了学费我也没法再去学校。

2002年至2003年笔者实地调查时，遇到好几个在日本已经待了好几个月却找不到打工机会的留学生。他们甚至问我，是否有可以介绍的打工机会。他们既感到焦虑又觉得自责，因为自己的父母花费了大笔费用把他们送到日本，他们不忍心让父母用国内微薄的工资来承担他们在日本生活的高额费用。

---

① 在20世纪90年代末，日本的留学生数量约为50 000人。

② 季敏华：《中国留学生犯罪引发形象危机　缺乏管教成诱因》，http：//www.people.com.cn/GB/jiaoyu/22224/2123429.html。

从20世纪90年代中期开始，越来越多的中国留学生进入日本一些偏远城镇的学校，而那里的工作机会也更加稀缺。笔者在东京的一所中国人教会里做调查时，遇到来自山形县的中国留学生，他们希望利用暑假，通过教会中老乡或朋友给自己介绍东京的工作。

除此之外，近年来日本社会对外国人尤其是中国人的印象恶化，也让中国留学生原本严峻的就业形势雪上加霜。经济不景气让许多日本人开始憎恶来抢走他们的工作机会的外国劳动力。再加上日本媒体报道的中国人在日本犯罪的耸人听闻的消息，一些日本企业都不敢再雇佣中国人。好几个受访的在日中国人都表示他们经常会看到公开的招人广告信息或店面的招聘启事，但是当他们去应聘时便会被告知人已招满或者他们不考虑外国人。相对中国其他地方而言，来自福建的留学生境地则更为窘迫。由于媒体报道过来自福建的偷渡移民和同福建的非法居留者有关的犯罪事件（笔者将会在后面章节中详述），除非有熟人介绍，许多福建留学生都很难找到工作，有些人甚至不得不隐瞒自己的出身背景，假装来自中国其他地区。

（三）专门学校[①]——非法居留的新兴生产线

越来越多的中国留学生前往日本，日本的市场就业形势却愈发严峻，而一些学生却仍然需要为教学质量差又没有出路的教育支付高昂的学费。对日本语言学校2006年的调查数据显示，很多以中国留学生为主的语言学校将大部分毕业生送进了专门学校。坐落在东京新宿区的富士国际语学院，是一家有名的语言学校，在当时有220名学生，149人来自中国。在2006年3月毕业的70名学生中，4人进入大学院（硕士及以上课程），10人进入本科院校，4人进入大专院校，40人则进入了专门学校。另一家有名的语言学校，东京国际日本语学院，在当时的204名学生中有128名中国人，同样在2006年3月，120名毕业生里有58人进入了专门学校。[②]简而言之，专门学校已经成为语言学校学生的主要出路。

专门学校导致学生非法居留者的出现，主要有以下两方面原因：

第一，专门学校的运营经费基本靠学费，几乎没有公共补贴（Dore and Sako，1989）。与其他私营的教育机构一样，专门学校需要面临近年来日本严峻的少子化问题，因此他们考虑通过接收更多的海外留学生来维持生存。面对庞大的中国留学生市场，许多学校积极地吸收中国留学生，结果这些学校很快便被来

---

① 日语里的“专修学校”即“专门学校”。自日本文部省在1976年创立这一学校类别以来，专修学校的数量一直呈现稳步增长，但各个学校的教学水平却相差甚远。

② 日本语言学校数据库，http：//www.aikgroup.co.jp/j-school/japanese/school/51343801j.html，2007年2月18日。

自中国的留学生塞满。2006 年，日本高等专门学校协会（日文为“高等専門訓練学校協会”）提出，每一家专门学校应该根据自己的教育目标和能力来接收海外留学生。[①]尽管如此，根据对专门学校相关数据的调查显示，不少专门学校的学生全部来自中国。在调查采访中，笔者经常听到一些受访者抱怨自己所就读的专门学校的教学水平和质量令人失望。他们当中许多人尝试考本科院校或大学院（日文中的大学院即研究生院），在笔者的调查样本中，就有不少成功的案例。不过，很多人还是在签证到期后变成了非法居留者。一位来自吉林省的学生来日本的前四年读过语言学校和专门学校，但之后他还是没能找到工作，也没能考上大学。没有任何积蓄的他无法回去面对妻儿，于是他决定非法居留下来，到建筑工地去打工赚钱。

第二，就业机会前景的渺茫和低水平的教学质量，使许多已经就读于专门学校的留学生觉得支付高昂学费不值得。2006 年，专门学校的第一年学费普遍从 90 万日元至 140 万日元不等。即使部分学校对留学生采取学费减免的措施，对于靠打工来支付学费的中国留学生而言，这仍然是极大的负担。[②] 2003 年，笔者在东京的一所中国超市收集调查问卷时，遇到了一位来自吉林的 27 岁留学生，当时其在一所专门学校读一年级。调查问卷中有一项是问最初前往日本的目的，他说道：“刚来的时候，我当然是想读书然后寻找合适的就业机会。但是现在我感到很矛盾。”最后，他在答案里选择了“赚钱”和“继续学习”两项，并说：“我想弄清楚自己要怎样的人生。”他当时正苦恼于是继续学习还是变成黑户打工赚钱。虽然在培训导游方向的专门学校里主修英语，但因为周围几乎所有的同学都是中国人，他说他在学校只说中文。他觉得自己在毕业后肯定找不到工作，所以唯一的办法就是考大学。但在当时，他已经 27 岁了。他问我，他是变成非法居留者赚些钱再回国，还是继续付学费争取上大学更好些。

也有专门学校成了帮忙办签证的“学店”。如果被政府发现则会被勒令关门，那这所学校的所有留学生都可能变成非法居留者。[③] 王婷曾是福建一所小学的老师，她的哥哥在 1995 年前后帮她办理到日本的手续，把她送进了仙台的一所语言学校，后来又为她在东京找了一所专门学校。可是，她在第一年里意外受伤，便回国休养了半年（之后第三章会详述），当她再回到学校时，发现学校已经停止招生，她变成了最后一届。由于缺课太多，她无法直接进入二年级，结果

---

① 日文标题为“全国専修学校学習学校総連合会”，http：//www. zensenkaku. gr. jp/event/index/html。

② 在广为人知的福冈谋杀案中涉嫌犯案的中国学生曾经就读于专门学校。

③ 当笔者在 2006 年 6 月通过网上的“专门学校数据库”搜索相关信息时，发现其中一所学校的学生全部来自中国。六个月后，当作者再次进入该网站时，这所学校已注明停止招生。详见 http：//www. aikgroup. co. jp/aik/db/school_ data/tokyo/private/31305400. htm。

就变成了非法居留者。

总之，从20世纪80年代末至21世纪初，在社会经济环境和不同时期的社会体制的影响下，中国留学生非法居留现象可分为两个阶段。第一阶段的留学生非法居留者主要来自上海和福建，去日本只是为了赚钱的他们，被专注于招生的语言学校录取。由于众多的工作机会、对外国人入境签证条件的放松以及在工作场所和社会环境中的相对安全感及稳定感，大批持有留学签证的中国人变成非法居留者。第二阶段的非法居留者的出身地发生了很大的变化。他们成为“黑户”是受到中国和日本的社会经济形势变化的影响。虽然日本的私营教育机构需要更多的留学生来维持运营，但日本和中国东北地区两边都遭遇的经济衰退以及就业市场的严重缩水，还是让越来越多希望在日本学有所成的中国留学生不得不面对严峻的经济考验。所以一方面，日本的学校需要通过向中国留学生收取学费来盈利；另一方面，中国留学生也因为就学于低质量高学费的学校，不仅面临严峻的就业形势，而且很难靠打工维持学业。许多人在专门学校投入了大笔费用却找不到工作，最后沦落为非法居留者。

然而，还有一个庞大的留学生群体，是无法被上文中所做的分析完全阐释的。如表2－2所示，福建是留学生非法居留者的主要来源地，这一现象从20世纪80年代开始到90年代持续不变。虽然之前提到的一些原因——社会经济条件、日本对外国人的政策、雇主与雇员的关系，以及语言学校和专门学校存在的问题，毫无疑问都推动了福建赴日留学生的非法居留趋势，但如果不考虑他们的社会关系网络所产生的影响，就无法完全理解福建留学生在日非法居留的现象。

第三节　从福建留学生看社会关系网对非法居留的影响

社会关系网络对移民群体求职和创业的帮助，是国际移民研究中经常论及的一点。以相互之间传递信息和互帮互助的形式，海外移民通过社会关系进入移民国家的低端劳动力市场，并通过相对封闭的人际关系网络稳固自己所属的群体在劳动力市场中的位置，由此不断地对外扩展以寻求更多的机会（Sanders et al.，2002；Waldinger and Lichter，2003）。例如，Waldinger（1996）和Waters（1999）发现，虽然同为黑人少数民族，因为有人际关系能互相介绍工作，住在纽约的西印度群岛移民的就业率明显高过美国本土的黑人。这些西印度群岛来的移民群体间的社会联系紧密，工作的信息往往会在群体中快速传播，群体成员相互帮忙介绍。同时，移民群体所形成的社会网络也相对封闭，这样，内部有限的资源只限于自己人使用，并且强化了互相之间的信任依靠关系。这种关系，通过提供资金、劳动力、市场和降低交易成本，给移民创业提供了有利条件。那些个体经营者比率高的移民群体大都拥有紧密的人际关系网络。中国移民中的循环信贷会（Rotating Savings and Credit Associaion）（Light，1972）和古巴移民中的人品贷款（character loans）（Portes and Stepick，1993）都是只为移民群体的内部成员创业提供资本优势的例子。而且，这些刚刚起步的自营企业也往往因为能廉价甚至免费雇佣自己的家人或亲友，并让他们在相对恶劣的劳动条件下工作，才得以生存和发展。

可是，社会关系网络，特别是那些相对封闭的亲友人脉网络，也是一把双刃剑。封闭的社会关系至少会从两方面限制移民成员的发展，阻碍他们提高自己的社会地位。一方面，群体内部建立起的价值观和规范也许会弱化个体成员在移民国家独立寻求成功发展的动力。Portes and Sensenbrenner（1993）把这种负面效应称为“均势压力”（leveling pressure）。均势压力概念的提出源于对一处美国黑人贫民窟的研究，研究表明，长期的社会孤立使他们形成了对移民国家及其代表的价值观的仇视。其他一些也居住在这些地区或附近贫民窟的移民，例如西印度群岛来的移民当中的一些人，经常会融入这些社区并被他们的文化影响，从而落入下层社会（Fernandez Kelly and Schauffler，1994）。

另一方面，很多移民群体内部可利用的资源相当匮乏，而他们的社会关系网又阻碍他们从外界获得资源，进而遏制了他们的社会流动性。而且，个人往往受到拥有资源的“老乡”的剥削。Hagan（1998）发现，在美国休斯敦，来自危地马拉的玛雅妇女往往依靠亲戚关系找到家佣的工作。但是她们很少会想办法去申请合法移民身份，虽然不时有这样的机会。Hagan指出，这是因为这些妇女的工作环境与外界相对隔离，而且她们依赖的是亲戚同乡关系，在她们的小小的社交圈子里，申请身份失败的例子常常被传来传去，使得那些人没想到有申请合法成功的可能性。研究者们还指出这种靠亲戚同乡关系找工作的现象，及所谓的“移民社区经济”（enclave economy）都有利有弊。社会关系也许能帮需要工作的移民找到工作，也有一部分人受益于这种社区经济，但是许多新移民及相对弱势的成员也受到相当大的剥削。Mahler（1995）和Menjivar（2000）论述了在资源匮乏的萨尔瓦多社区中老成员经常剥削新成员的现象。类似现象也在墨西哥家佣中发生（Hondagneu-Sotelo，1994）。Zhou（1992）指出唐人街的移民社区企业能够飞速发展往往是以移民女性的劳动力为代价。在一项有关洛杉矶清扫行业的人类学研究中，Cranford（2005）揭露了在经济结构调整时期，雇主往往通过外来移民圈的社会关系不断雇佣非工会成员的移民工人以取代原有的工会成员，而把移民放到最恶劣的工作条件中的也往往是亲戚朋友的事实。通过关注福建赴日留学生群体，笔者发现，福建移民特有的社交网络，以及他们习惯只与福建人打交道、相对封闭的社会生活也对其留学生活产生了巨大的负面影响。

一、福建移民社交网络

福建移民的社交网络往往相对封闭，圈子中非法居留者比例较大，且与中国其他地方来的移民接触较少。福建移民绝大部分都来自省会福州的周边地区（Liang and Morooka，2004）。这些地方的村镇多半都由一到两个大家族繁衍而来，并且以他们的姓氏命名。例如，住在陈李村的居民多半家里都姓陈或姓李。从这些地方走出去的国际移民群体大都有亲属关系，如同社会学家所研究的其他类似移民群体那样，他们内部关系紧密，对外相对封闭。

从20世纪80年代末福建人开始以留学生身份移民日本起，人口走私活动在这一地区就变得愈发活跃。[①] 1990年，日本海上保安厅第一次发现来自中国的有组织的人口走私，此后在日本被捕的非法入境者当中中国人占到了80%，其中绝大部分来自福建。[②] 从20世纪90年代中期开始，每一年被逮捕的来自中国的非法入境者都在1 000人以上，而且除了福建以外其他地区几乎没有非法偷渡者。由于早期便存在福建移民签证逾期的非法居留现象和人口走私活动，到90年代中期时，在日本的福建移民社交网络已包含了大量的非法居留者。

由于日本媒体大肆报道来自福建的人口走私问题，如今在日本人们中提到福建便往往会联想到犯罪，提到福建人便联想到非法居留者。加上来自福建的移民群体中确实存在大量的非法入境者，因此和来自中国其他地区的移民相比，福建移民显得教育层次偏低，且很多人来自农村（Liang and Morooka，2004）。这样的特征使他们给人留下了底层阶级的印象，福建移民也逐渐孤立于其他中国移民群体之外。由偏见造成的社会排斥，反过来加剧了福建移民群体本身的封闭化。例如，笔者曾经观察到，即使是中国人社交舞会这样一个可以让来自四面八方不同社会背景的中国人互相交流的场所，福建人明显与其他地方的人保持着距离（Liu-Farrer，2004）。

二、非法居留成为规范行为

Coleman（1988）指出，只有高度封闭的环境中才能产生和有效维持群体内

---

① 福建跨国人口走私依靠的是交错的国际性网络，包括黑社会及腐败的政府官员的参与，此外，不仅蛇头之间多半有亲戚朋友关系，偷渡者也经常与蛇头有亲戚朋友关系（Liang and Ye，2001；Chin，1999）。

② 《平成11年版海上保安白書》，http：//www.kaiho.mlit.go.jp/info/books/h11haku/1－2.htm。另外据此网站可知，中国偷渡者在2003年以后几乎绝迹。

部的规范。在相对封闭的福建移民群体内部，非法居留成了被群体规范认可的行为。换句话说，非法居留在福建移民群体内部的正常化，使非法居留的人不会觉得没有身份是件不光彩的事。

在福建的省会福州附近的地区，但凡家里有出国在外的人，整个家族就可以高调炫耀并在当地受到尊敬。在那里，能出国就是成功，没有人会因为在海外非法居留的身份而觉得丢脸（Kwong，1997）。如前所述，在日本，随着20世纪90年代非法入境者的不断增加和早期签证逾期滞留者的出现，每一个福建人的社交圈里都有大量的非法居留者。这些非法居留者往往是他们的父母、兄弟姐妹、叔伯姨舅或者朋友。一名来自福建长乐市的曾经持有留学签证的非法居留者算了一下，自己在日本有30来个朋友，但他想起来的有合法签证的只有3个人，而这3人中只有1个是福建人。

不仅如此，虽然非法居留让很多福建人只能处于移民群体中的底层，且在生活中处处被掣肘，但他们并没觉得自己做错了什么。在与笔者的交谈中，一些非法居留者在提到自己的身份时，虽然会尴尬地笑一笑，但很快便又会解释说他们并不以“黑户”身份为耻，还有好几个受访者对日本政府将非法居留者驱逐出境的做法感到愤怒，“我们只是想在这里生活而已，我们很拼命地干苦力活，从来都没有做过坏事更没犯罪”。甚至连笔者采访到的几个持有合法签证的福建人，也对其他福建同胞的非法居留身份持理解和认可的态度。他们往往强调自己要维持合法身份是如何艰难，有时还会抱怨外界因为人口走私现象对福建移民的偏见是如何不公平，但他们普遍认为那都是出于个人选择。

这种非法居留的常规化让福建人很容易放弃合法签证成为众多非法居留者中的一员。郑义庆，曾经在国内做过医生，并且是20世纪90年代初前往日本的福建移民中少数有大学学历的留学生。当打工时间和学校的上课时间发生冲突时，他毫不犹豫地选择了退学。在他和亲戚看来，这是一个合理的选择。非法居留被看作很正常的事情，以至于在20世纪90年代中期，许多以留学身份来到日本的福建人，都被别人劝说退学而终止了学业。姚琳，在1993年和另外30名福建学生一起进入语言学校的同一个班级，成为班上少数学完所有课程并且是唯一一个考进大学的人，而班上其他的福建同学则经常说她傻。

大量福建留学生退学的现象也导致了那些坚持读书的留学生被迫面对一些不利的局面。赖东升，一名来自长乐市的留学生告诉笔者，他于1996年到日本的一个职业高中附属的语言班学习，后来在这个职业高中上学。同他一起被招来的有28名福建学生，但几个月后寒假结束学校重新开课时，只有两名福建学生回到了学校。校方非常生气，老师们对他的态度也发生了变化。班上其他被他称为“北方人”的中国同学则开始看不起他，并且总是说福建人都是“逃走的”。赖东升说这三年中他很多次想过退学，如果不是家人的支持他不可能坚持下来。笔者后面还会再提到他的故事。

三、有限的社交网络资源

除了非法居留在福建移民群体中的正常化，还有其他复杂机制在发挥着作用。如果有选择的话，许多福建留学生都希望保持合法的居留身份。可是，福建移民的社交网络并没有为留学生提供有效的资源和帮助。相反，这样的社交网络往往会增加他们经济上的负担。过于依赖老乡的圈子也阻碍了他们从日本社会获得更多不同的资源。很多人因此很难维持合法身份或有其他发展。

福建留学生和来自中国其他地区的留学生的最大区别就在于，福建留学生往往在来到日本的时候需要承担远远超过其他地区的学生的经济压力。在福建，留学申请一般是通过中介进行的，成功办理出国手续的人都需要支付高额费用。[①]在20世纪90年代，福州地区的出国中介费用普遍都在10万元到20万元人民币不等，而根据中国国家统计局的数据显示，2003年福建城镇地区的人均收入为1万元人民币，农村地区只有3 734元人民币。相比之下，来自中国其他地区留学生的经济负担会小一些。像在上海或大连这样的城市，出国留学代理机构数量众多，在激烈的市场竞争下，几千元人民币就可以完成整套出国手续。即使出钱买担保，额外费用也不过8 000元人民币。

在福建，除了签证手续的费用支出，当地人为了凑齐这笔钱往往会支付很多额外费用。只有少数已经有家人在国外工作的人，才可以负担得起办理出国手续的费用。大部分家庭则需要借高利贷，月息从1%到3%不等。不少福建学生都因为这样沉重的经济负担而选择退学。陈芳在拿到留日签证的同一天收到了国内师范大学的录取通知书。她想去上大学，但负责她出国手续的蛇头是她远房表哥，这个表哥威胁说即使她不出国也必须支付20万元人民币的手续费，因为同批申请签证的人里她是唯一一个成功的，他只能从她这赚到钱。她的家人通过借钱先付给了他7万元人民币，而陈芳还要靠自己偿还剩下13万元的债务。到了日本以后，这个亲戚给她安排了住处并介绍了一份工作。陈芳说：

> 他想让我立刻打工，这样我还钱能快一些……第一年在语言学校的时候，课程基本都在上午，所以我下午可以去打工。但是到了第二年，学校的上课时间改

---

① 由于蛇头往往会帮一群人同时申请，如果只有少数人获得了签证，那这些幸运的人也不得不分担整个偷渡群体的费用，福建学生所付费用由此变得高昂。

到了下午，我住在千叶，离得比较远，总是没办法赶上打工时间，所以我退学了……第一年我没有钱来付利息，都是靠我的家人帮忙，所以给他们添了很多麻烦……到第二年的时候，那个亲戚让我“黑掉”。我只要早一天“黑掉”，他就能早一天拿到钱。甚至在我出国之前，他就已经问过我是想去学校还是（想）直接“黑掉”，我说我不知道，因为当时我对“变成黑户口”没有概念，我想象不到那是一种怎样的生活。

对于在海外生活的福建人而言，沉重的债务让求学之路变得愈发艰难。考虑到家里的难处，继续上学不只不明智，而且显得很自私。到日本之后很快退学的福建人往往可以在三年内还清债务，而其他坚持上学的人有的则需要花上六七年时间。

除此之外，福建人的特殊移民渠道也导致了其他压力。大部分中国留学生为了更多的就业机会和较高的时给，一般选择东京或其他大城市的语言学校。许多福建留学生由于信息的相对闭塞，被蛇头介绍到了地处偏远的学校，不只打工机会少，工资也低。笔者曾在东京遇到 6 名福建留学生，他们的语言学校在遥远的冲绳。为了赶紧赚钱还清债务，其中 2 名学生只在那霸（冲绳首府）待了一个月就搬到了东京，还有一名学生直接没去那霸就来东京了。另一名受访者邵阿明，曾经是赖东升所在班上 28 名福建学生中的一员，他们都被送到了偏远乡镇的一所高中。他说在那个地方他不可能继续学业，因为根本没有办法打工。那个学校地处偏僻，又有严格的宵禁制度，平日里不允许学生跨出校门一步，但学费却贵到超过 100 万日元一年。于是，和其他福建同学一样，阿明在寒假结束后再也没回去上学。

沉重的债务、滚雪球般的利息，再加上家人盼着他们汇钱回去，迫使福建留学生超长时间地工作，也就更难以完成学业。一些受访者提到，一天之中去掉上学和打工之后，只剩下四五个小时的时间用来睡觉。陈晓飞，背负着 300 万日元外加 15% 年息的债务于 1998 年来到日本，他对笔者说：

我感觉打工从来就没停过。凌晨五点我骑单车回家，早上九点就要去学校，上课从上午十点到下午三点。放学后我就去送报纸，然后到餐厅洗碗，一直工作到第二天凌晨。我感觉自己一直都在跑，但即使这样我每个月也只能赚到 20 万日元出头。

结果，比其他中国留学生承担更多经济压力的福建留学生经常没有时间准备入学考试，最后只能进入亲戚或朋友安排的学校或是入学条件相对宽松的学校。

而正如笔者之前所提到的，这些学校往往都是以赚取留学生学费为目的的“学店”，他们不会花心思在提高学生的就业率上。它们仅仅是为留学生提供两年的有效签证，让学生晚两年变成非法居留者。

由于非法居留在福建移民群体当中如此普遍，这一社交网络所能提供的大部分有用资源往往是为赚钱谋生而参与廉价劳动的机会。这里所缺少的是有关不同教育机构和各种专业的就业前景的信息和能够分享的校园或是职场的经验。比起这些来说，更加稀缺的资源是能让他们将来在一级劳动力市场（primary labor market）上找到工作的引路人。和来自中国其他地区的移民不同，笔者接触到的大部分在日福建移民对如何获得在日本的永住权或公民身份几乎一无所知。

简而言之，对于想要保持合法居留身份，进而取得更好发展的福建移民来说，他们的社交网络对其没有什么帮助。不仅如此，他们的社交网络提供的所谓资源，实际上是对处于弱势地位的留学生的一种剥削。由于信任和依赖这样的资源，许多福建留学生没有向社会上其他专业机构寻求帮助的意识。例如，笔者在调查中发现，许多受访者虽然遭到了蛇头的严重剥削，但仍然觉得这些专门从事移民签证的蛇头更懂得申请的手续，能提高自己赴日留学的成功率。

四、挣脱老乡网络的束缚——近年福建留学生的变化趋势

虽然福建移民群的社会网络对留学生的发展有着重要影响，但它无法完全阻止个人接触外面的社会。而留学生对于这种关系网的依赖，以及社会网络本身的性质和所提供的资源也在宏观环境中逐渐发生了变化。21世纪初，来到日本的新一批福建留学生中，绝大部分都表示希望维持合法签证，完成学业找到正式的工作。这种态度上的转变与福建和日本在近年来所发生的社会经济形势变化有着密不可分的联系。

第一，日本政府近年来加大了对非法居留、非法就业的管制，让非法居留者的处境愈发艰难。在日本的福建人都普遍意识到没有合法身份会让他们的生活举步维艰。警察会经常搜查非法居留者习惯聚集的地方，例如娱乐场所、建筑工地和一些特定的居住区。许多便衣警察在车站和社区巡逻，通过来往路人的穿着打扮来分辨合法与非法居留者。因为害怕被驱逐出境，非法居留者不得不严格控制自己的出行时间，以尽量降低碰到警察的风险。他们当中绝大部分人都不骑自行车，有病也不敢去医院。有时笔者和来自福建的朋友走在经常有便衣巡逻的地方时，他们会变得紧张起来。非法居留者往往都抱着听天由命的想法在生活。陈晓飞说：“今天我在这里和你说话，明天就不知道我会在哪了。”不仅如此，非法居留者因为基本都依赖福建人内部的资源，经常受到剥削。在福建移民中，介绍

工作往往都要收钱；在日本生一个孩子，除了支付医疗费用之外，还得花钱借医疗保险证，花钱把孩子送回国，这些支出加起来经常要超过100万日元。被驱逐出境的高风险使得福建的人口走私业务在21世纪初开始降价。笔者在后来接触的不少福建留学生也都说他们的家人都希望他们尽可能地在日本维持合法身份，这和20世纪90年代的福建移民的想法已截然不同。

第二，福建的经济发展环境也在发生改变，这让回国的移民越来越难找到自己安身立命的优势。福州周边地区城市化速度很快，那些原本因为国防安全原因工业不发达的地方，现在正不断引进海外投资。劳动力市场出现两极分化，一方面对拥有高等教育水平和专业技能的人才需求增大，另一方面对不固定的廉价劳动力的需要也增大。在福州、长乐和福清这些走出大量赴日移民的地方，服务行业和制造业的非技术类工作基本已被从内地来的民工填满。在日本非法居留的福建人如今回到家乡常常变成了失业者。由于没有真正的学历背景，他们也很难成为城市白领，但又不甘心回到农村种地或是从事低收入的服务业。他们在日本辛苦挣来的钱，大都花在炫耀上，比如在老家建那些他们根本不住的新房子。许多人在城里买套公寓然后坐吃山空；也有些人自己创业，或是与人合伙做生意，但是既无必备的行业知识又没有理性的投资经营策略，很多人一败涂地。结果，他们当中有些人只得再次考虑去日本赚钱。因为年龄大了他们只能靠偷渡。这些人普遍都将未来的期望寄托在了孩子或弟弟妹妹身上，希望他们可以在国内或国外获得真正的教育。

第三，新一批到日本的福建留学生的经济条件也有了明显改善。许多2000年后去日本的留学生都有亲属曾经或者现在就在日本生活，一些人则是早期赴日移民的子女。因而，他们至少拥有两个便利条件——更少的前期投资和更多的后续经济支持。相比之前的福建移民不了解日本的学校信息又盲目依赖蛇头办理留学签证的境况，近年来一些福建留学生开始通过在日本的亲友独自寻找学校并自己报名申请，从而节省了大笔前期手续上的花销；因为有家人已经在日本生活或工作过，留学生也不太需要立即为家里分担经济压力，有些人甚至能得到家里的资助。这样，他们只需要负担较轻的债务或根本没有债务，也不会有太大压力要往家里汇钱。笔者的问卷调查结果显示，在校的福建留学生与来自其他地区的学生，在寄钱的频率上几乎没有差别，而最新一批留学生中有三分之二没给家里寄过钱。

来自福建省长乐市的郭晓冬2002年到日本留学，他在东京有一个叔叔和一个弟弟曾通过偷渡进入日本。刚到日本的前三个月郭晓冬没能找到工作，但他的叔叔和弟弟一直资助他并让他坚持上学。在他的圈子中，他是唯一的合法在留者，目睹非法居留者的艰辛，他告诫自己绝不能成为他们当中的一员。

20 世纪 90 年代中期非法居留者的处境还相对宽松时，经济资源的有无对留学生也有很大影响。之前提到过的赖东升，在班上其他的福建学生集体退学后依然留在学校。尽管学费昂贵，打工机会少，还要面对不利的环境因素，但是因为有在东京非法居留的哥哥打工资助他，他还是坚持完成了学业。赖东升是家里最小的孩子，妈妈告诉他家里不需要他的钱，而是希望他有一个好的前途。阿明，作为赖东升曾经的同学，在比较自己和赖的不同选择的时候，提到："他家里有钱，而我没有哥哥来资助我，父母当时告诉我他们顶多只能帮我付一年的学费。"因为有家人在经济上的扶持，新一批的福建留学生即使短期找不到工作依然可以维持学业。

第四，近些年赴日的福建留学生有了更多的资源和信息途径。他们都会使用互联网，而留学签证又允许他们在不超过一定时间长度的范围内打工，因此他们可以不依赖介绍，自己去寻找打工机会。有些人也会通过像 *Town Info* 一类的免费就业信息杂志找工作，但成功率远不及通过老乡介绍，因为需要外国人打工的店铺不会经常对外发布信息，而那些公开招聘信息的地方通常更愿意招日本人。不过，不是由熟人介绍的工作可以让他们有更多工作种类上的选择，有更多机会与日本人和来自各地的合法移民打交道。更大的社交圈，也可以让福建留学生获得更多有关求学和就业的信息资源。

总之，由于中国社会经济形势的变化，以及日本政府对非法居留者的管制，近年来去日本的福建留学生已经不再倾向于非法居留。他们也在努力和外界接触以获取各种信息资源，从而不再依赖非法居留者的社交网络。可是，这种关系网络的影响还存在，对福建留学生的个人发展始终构成潜在威胁。首先，和来自其他地方的留学生相比，福建留学生所拥有的与教育及就业有关的信息渠道和社会关系都比较少，因为他们很少有在日本受过高等教育或正式就职的前辈。像郭晓冬这样的留学生曾经考虑过在进入硕士课程前先申请进入要报考的学校的预备课程，但苦于找不到前辈能够介绍合适的学校或专业给他。其次，日本媒体对福建非法移民的负面报道、日本民众对福建人的排斥感和歧视都在抬高福建留学生跨入日本社会的门槛。最后，虽然福建留学生越来越以学业为重，但和其他中国留学生一样，劳动力市场的激烈竞争和一些教育机构在学费上的盘剥，让他们仍然要面对前方布满荆棘的路途。

五、徘徊在日本

尽管对非法居留者来说，日本的社会经济状况变得愈发疲弱，但很多非法居留者仍然留了下来。有些人已经在日本非法居留了十年以上。他们中很多人在日本已组建家庭，但抚养孩子等各类生活开支让他们没能攒下太多积蓄。年轻一辈中仍然单身的人看着自己青春逝去却还没找到伴侣，有想回去的念头，因为他们目前的经济条件和社会地位让他们在国内比较容易找到结婚对象。可是，中国的快速发展变化又让他们担心回国后是否能找到稳定的工作，害怕自己到最后会坐吃山空。因此，大多数非法居留的福建人都听天由命，等着看是不是会被日本政府遣返。

2003 年，笔者在福建省长乐市采访阿明的母亲时，她抓住笔者的手说道："你劝劝阿明让他别回来，这里没有可以让他做的事，在日本待着对他更好。"阿明 18 岁便离开了家，之后的八年再没回去过。作为家里最小的孩子又是唯一的儿子，他从小就过着"小皇帝"的生活。但到了日本以后，他每天都要在凌晨三点起床去筑地市场，把双手泡在冰水里清洗金枪鱼，两只手臂被冻鱼刮得伤痕累累。每一年冬季来临时，他都会对自己的那份工作发怵，说起回国去见母亲的想法。他在日本喜欢上了一个来自江苏的研修生，当她签证到期要回国的时候他也决定一起回去。因为总是听到他提起母亲对他多么百般疼爱，笔者以为听到儿子要回国的消息她一定会非常高兴，没想到她却不要他回来。

阿明最终在 2005 年跟随女朋友回到了江苏的一座镇上生活，阿明母亲的反应显示出非法居留者回国后要面对的经济环境不容乐观。中国经济的快速发展给这些归国者制造了两个难题：第一，高速发展的经济和各地的城市化进程提高了人们的消费水平，让移民在日本辛苦赚到的血汗钱拿回国也谈不上是一笔巨款。在 20 世纪 90 年代早期，50 万元人民币也许足够一个福建农村人在乡下安稳度过余下大半生，但到了 21 世纪初，从农村出来的福建非法居留者不愿再回到家乡居住。工业化让适合耕种的土地也在锐减，回乡也未必可以靠务农安居乐业。有些人会搬到本县最大的镇上去，其他人则选择搬到省会福州。在 2003 年，当地一套三居室的房子已经卖到 50 万元人民币以上。没有实际的专业技能和学历背景，这些曾经的移民很难找到好工作。第二，虽然他们在日本从事的工作绝大多数都是服务业、制造业和建筑业，但"海外留学生"头衔使得他们回国后不愿意放下面子在国内的类似行业做廉价劳动力。

来自上海的非法居留者也面临同样的困境。1989 年去日本的方莹告诉笔者，她不知道自己回到上海能做什么。她以前在一家图书馆工作，但在国内经济结构调整中，那家图书馆早就关门了。在东京凭着丈夫在餐厅做主厨的收入，她过得还算宽裕。但她不确定丈夫回到遍地都是厨师的上海是否还能找到工作，最后她决定独自带着孩子回到上海，留下丈夫一人在东京继续工作。

笔者通过 2003 年在上海、福建两地所做的实地调查发现，许多曾经在外的非法居留者回到家乡后要么自己做生意，要么就是赋闲在家。并不是所有人都有经商头脑，他们当中很多人都在生意场上输光所有积蓄。长时间的肆意挥霍和失业使他们当中的一些人开始考虑再次出国。在东京，笔者遇到三位持短期商务签证或旅游签证入境来到日本的上海非法居留者，他们都已经进入中年并且已是第二次来日本打工。

第四节　本章小结

在日本，有大量的中国留学生在签证到期后非法居留。日本政府和媒体将这一现象归结于大多数留学生并非抱着求学意向到日本，并呼吁加强对留学签证的严格审查。与此同时，大批警察在街头巡逻，一旦抓到非法居留的中国人便立刻遣送回国。在这一章里，笔者认为中国留学生的非法居留现象是一个在特定环境下的社会化过程。不同时期的留学生非法居留是受不同的社会经济条件和体制环境的影响。

在分析留学生非法居留比例及形态时，笔者首先考虑到的是中国和日本两国各自的社会经济大环境的变化。选择非法居留的留学生的来源地，往往随着中国和日本两边的经济发展、就业机会的变化而变化。城市化、不均衡的地区发展以及劳动力市场的两极分化，都在不同的时期对来自上海、福建和东北地区的留学生的在日非法居留趋势，造成了不同程度的影响。同时，日本的经济环境变化和劳动力市场需求加大，以及日本政府对非法居留者放松管制，都是在 20 世纪 90 年代推动中国非法居留者数量迅速增加的主要动因。此外，无论是完全以营利为目的的语言学校，还是那些只有多收学生才能维持下去的专门学校和大专院校，他们既不严把招生质量关，也不在意自己的教学水平如何，一味地扩大招生，这也进一步导致非法居留者的增多。

与此同时，笔者指出封闭的社交网络对移民群体造成了负面影响。虽然这样的社交网络可能也存在于来自中国其他地区的移民群体中，但是作者将这部分研究集中在了福建移民群体上。福建移民中非法居留者的比例，远超来自中国其他地区的在日移民，而且来自福建的留学生成为非法居留者的概率也更大。笔者认为在相对封闭的组织关系中，大批非法居留者的亲人和朋友会让群体成员逐渐接受这种行为，把它正常化。对这种社交网络所提供的信息资源的依赖，不仅让福建留学生放弃通过其他渠道寻求发展，也加重了他们的经济负担。不过，近年来，由于留学生经济条件不断改善，信息资源渠道逐渐拓宽，以及国内的就业市场对高学历的看重，新来的福建留学生心态发生了很大变化，越来越多的人希望保持合法身份，专心于学业，寻求更好的发展。

第三章　从打工中学习——在日留学生生活实态

有一个心理学研究，说外国人对一个国家的印象呈U形。一开始，他们往往对这个国家怀有好印象。但过一段时间，他们会越来越反感。我刚到日本时，觉得日本人都很热情。日本人老是说国际化，所以他们会请外国人吃一次饭，体验一点点所谓的“国际化”。当时你会觉得：“哇，他们请我吃饭。”但是，这也就是最后的晚餐。他们不会想和你有深交。毕竟日本人看不起亚洲其他国家的人。在日本待长了以后，你感到在日本生活的好的方面了：安静、干净、礼貌，而且我自己也逐渐进入了更高的层次。所以现在，我可以坐在这安静地待一会，喝喝咖啡。我还是学生的时候，如果有这样的时间，我宁愿睡觉。

（明真，受访者，2002）

苦。来日之初，苦不堪言。肉体上的疲劳与精神上的寂寞，使许多人完全崩溃。这种苦楚是无法用语言来表达的，也许只有来过日本的人才能体会。

（周彪，1998：283）

绝大部分中国留学生前往日本的主要目的是为了获取更高的学历，寻求更好的就业机会。他们当中许多人都遵循了“语言学校—大学—就职”这样的发展轨迹。进入语言学校学习往往需要一到两年时间，然后，没有本科学历的人就考日本的大学，而在来日本前已经读完本科的学生通常是进入硕士阶段的学习。如果从语言学校毕业后没能考进大学或进入硕士课程，他们可以选择进入专门学校，或是参加大学的非正式研究生课程，等待再考的机会。也有一些学生从刚开始就以非正式预备研究生身份进入日本的大学。平均而言，在日本的中国留学生基本都要花四到七年的时间来完成全部学业。

在现有的国际教育方面的研究中，有关海外留学生求学经历的讨论基本都局限于学业表现或是一些学校和课堂范围的问题（Zhao et al.，2005；Heggins and Jackson，2003；Singh and Sproats，2005）。而在中国的电视节目和小说里，留学生在校园之外的生活被描画得很多，显示出这类社会经验对留学生的重要性。[①]笔者认为，要想全方位地研究留学生对他们所在国家的影响力，理解为什么同样是留学生发展道路会如此参差多样，我们必须对留学生在校内及校外活动状况都有全面的了解。通过在日中国留学生的故事，本章描写了中国留学生在赴日初期的劳动与学习生活，同时，本章指出对于一名赴日留学生而言，短短几年的留学时间是决定他未来发展道路的关键阶段。在这一阶段，校外活动甚至会更大地影响留学生未来的发展。中国留学生刚来日本时往往同时扮演着学生和廉价劳动力的双重角色。这一阶段是对留学生身心承受能力的挑战，留学生会逐渐分化成不同的群体，导致后来各自不同的发展结果，同时这一时期也将考验他们是否能做好足够知识和技能上的准备以进入日本的劳动力市场。通过这样的经历，中国留学生逐渐了解了日本社会并建立起了其在日本社会中人际关系的基础。

第一节　从零开始

许多中国留学生都会用“从零开始”来形容自己初到日本的经历。不论他们曾经在中国有过多么傲人的工作经历，在踏上日本土地的那一刻这些光辉过去都自动被抹掉了，一切重新开始。他们当中绝大部分人都从头开始学习一种新的语言，做那些他们在中国不屑于做的低贱工作，在一个陌生的国家开启新的社会生活，为未来奋斗。语言学校或是预备班时期的生活无疑是留学生活中最艰难最辛苦的阶段。他们需要承担来自各个方面的压力：首先便是经济压力。一些早期的中国留学生刚到日本时，只带了政府允许他们兑换的8 000日元。但他们很快发现，日本的物价很高。为了生存，他们必须立刻开始寻找各种打工机会，而且往往是需要同时打几份工。许多被采访者都提到，因为每天奔波在打工场所和学校之间，睡眠严重不足。一些人甚至由于工作和心理压力超负荷出现了体力不支的情况。其次，作为廉价劳动力，他们所处的工作环境、边缘化的社会地位以及日本社会对中国留学生的负面印象，让许多留学生，尤其是那些在中国有工作有地位的人，体会到巨大的心理落差。由于刚开始日语水平低，打工日程安排又很紧张密集，绝大多数中国留学生很少有机会真正接触日本社会，很多人都承受着严重的心理压力。

① 20世纪90年代初有不少体现中国留学生在美国和日本生活实态的小说、戏剧和电视节目，如《上海人在东京》和《北京人在纽约》。1996年开始，住在日本的中国制片人张丽玲制作了一系列反映在日中国留学生生活的电视纪录片。

一、打工学生

Cornelius 等研究者（1994）指出，日本政府的留学生政策实际上是为劳动力移民打开了一扇边门。到达日本之后，每一名留学生都可以申请打工许可（在日本称为“资格外活动许可”），日本政府允许他们每周打工不超过 28 小时。在正规大学学习的留学生中，只有 10% 的人能获得日本政府给予的奖学金，而且他们中大多数都是理工科专业的硕士或博士。大部分留学生都需要自己承担相当一部分的学费和生活费。语言学校的学生几乎不可能得到资助。由于日本和中国之间物价悬殊，收入差距又大，除了政府资助的人以外，其他中国留学生都不得不靠打工或是借钱来维持在日本的生活。JASSO（独立行政法人日本学生支援机构）在 2009 年所做的一项调查显示，在受访的 7 000 名大学自费留学生中，有 75.5% 的人在兼职打工。[①]

根据笔者的调查，对于很多留学生而言，最艰难的时期往往是在读语言学校的时候。虽然大多数留学生都得先进入语言学校学习日语，但在语言学校的学生无法获得政府或财团的资助。因为绝大多数语言学校都是私营企业，他们甚至没被当作真正的教育机构。因此，语言学校的学生没有一般学生的资格，得不到学生专有的交通补助，也无法享受使用公共设施的折扣待遇。[②] 学费、生活费，再加上债务的压力，使几乎所有来自中国的留学生都需要打工。在笔者的调查中，每一个接受采访的中国留学生都在语言学校期间有过打工经历。语言学校也因为学生需要打工，调整了课程设置，学生可以在上午课程和下午课程中自由选择，以便于自己安排打工时间。

（一）打工渠道与劳动力市场

中国留学生在日本找到的第一份兼职往往都来自亲戚朋友的介绍，有一些人则是通过语言学校或老师的介绍，也有少数人是通过在日华人开设的中介机构找到的。这些中介会从中收取一些手续费，有时候手续费会高达好几周的工资。因为日本的餐厅和店铺经常在门上贴出“招人启事”，一些比较大胆的中国留学生会直接进店问询。最近几年，前往日本的中国留学生也开始通过街头免费的刊载招聘信息的杂志或是上网来找工作。在笔者曾经采访的 44 位在校学生中，39 人

① 根据 JASSO（2009）的统计，63.8% 的外国留学生称他们获得了一些奖学金补助，但是这些奖学金完全不足以负担整个学费和生活开销。

② Japanese Schools Fight Image War, *Japan Times*, May 5, 2004.

都在打工。其中有23人是通过朋友或熟人介绍，2人通过中介机构介绍，6人通过语言学校的老师或前一份兼职工作的老板介绍，还有8人是看到街边张贴的广告直接去应聘找到的工作。

20世纪80年代末至90年代初前往日本的中国留学生赶上了日本经济快速发展、劳动力严重短缺的时期，那时候想找兼职零工非常容易。那时候有些人刚到日本，就已经有亲戚或朋友为他们找好了工作，随时可以带着他们去见老板。正如一位采访对象说的，“只要你想要，到处都是打工的机会”。这位受访者于1991年来到东京，下飞机第二天就开始打工了。那时候她同时打着三份工，早晨做清扫，周一到周五的下午至晚上在餐厅洗碗，周末去宴会做服务员。虽然打工机会很多，但工资有高有低。20世纪90年代的中国留学生打工的时给大都在600日元到1 000日元不等，而一些工作，比如宴会服务员，时给能超过1 500日元。从90年代中期开始，经济萧条导致劳动力需求缩减。2000年后，中国留学生数量大幅增加，但日本经济却没有太大改善。许多留学生都抱怨打工不再那么好找，而日本人对外国移民的不友好态度也让这一状况雪上加霜。以下是笔者和上一章提到的福建留学生郭晓冬的对话。他在2002年前往东京，2004年采访时他正就读于一所专门学校。

笔者：你现在打工的地方是通过朋友介绍的吗？

郭晓冬：不是，我自己找的。两年前我通过一个招工情报的网站找到的。我自己把简历用电子邮件寄过去的。但是从去年开始，我用同样的方式申请了许多打工的地方，要么没人回应我，要么是直接说没法雇佣我。

笔者：是因为你是中国人、福建人或是外国人的缘故吗？

郭晓冬：我想主要是因为我是外国人。他们没办法通过我的口音判断我是哪个国家的，有时候他们会说，“对不起，我们不招外国人”。

笔者：我印象中很多人都通过朋友介绍来找工。

郭晓冬：对，很多在日本没有（合法）身份的人会这么做。因为你自己找的时候，他们都会向你要一些身份材料。而且，没有（合法）身份的人往往日语都不好，所以他们只能通过介绍。我的第一份工就是通过介绍找到的，因为我当时不会说日语，花了三个月才找到工作。20世纪90年代初，日本经济很好，日本人都有很稳定的工作，像餐厅这样比较脏的活儿都留给了外国人，所以很好找工作。但是现在，经济这么不景气，很多日本人自己也想做这些工作，如果能雇到日本人，他们当然不会想要外国人。只有像工地那种地方还在招外国人，因为日本人不愿意去。

2002 年至 2003 年期间，笔者每周去中国人的社交舞会进行观察，在那儿认识了聚会组织者的侄子。他来自吉林省长春市，当时 20 岁，在一所语言学校读书。他在舞会入场口给大家发喝水的纸杯，并负责收门票。来日本半年多了，但他一直找不到打工的地方。聚会的组织者，他的姨妈也在帮忙到处打听工作机会。“他父母用中国的工资哪里付得起他在日本的生活费”，她说起来显得很沮丧。这位年轻男士也抱怨外面打工的机会太少。

（二）打工类型的决定因素

在日本，海外来的劳工大都是“3K”（累、脏、险）廉价劳动力。他们一般在餐厅、超市、工厂和建筑工地工作，还有一些人则进入了色情服务行业。餐厅是留学生选择最多的打工场所。在笔者当时的问卷调查中，有一项关于打工场所的问题，有 36 名当时在读的留学生做了答复，其中 23 人都回答“餐厅”。在有关工作经历的多项选择题中，181 名有着不同背景的合法在留者当中有 90 人都选择了“餐厅”一项，其次是工厂和建筑工地，有 62 人曾在这类地方工作过。郭晓冬对笔者说：“日本的餐厅，尤其是像‘天狗’这样的大型连锁店，在里面打工的基本都是中国人。也许会有些日本人做前面的服务生，但后面的厨房里全是中国人。”

在留学的不同时期，中国留学生的打工类型受到几个因素的影响，如性别、语言能力，还有社会人际关系。在工厂和建筑工地中，性别差异体现得尤为明显。表 3－1 显示了中国留学生在不同工作类型中的性别分布差异，这张表格所统计的对象都是最初以留学签证进入日本的中国人，不涉及在调查进行时他们的工作或者签证资格等其他因素。

表 3－1　2003 年受访在日中国留学生的打工类型（单位：人）

打工类型	男	女
餐厅	24（30%）	35（57%）
工厂/制造业	26（33%）	11（18%）
建筑工地	16（20%）	0
零售店/超市	8（10%）	9（15%）
娱乐场所	5（6%）	6（10%）
总计	79	61

来源：笔者在 2003 年所做研究采访。

有一点需要说明的是，笔者的这份调查问卷中有关工作经历的题目包含了多重选择，许多留学生都选择了至少两项以上。调查结果显示，留学生当中男性往往更倾向于在工厂和建筑工地打工。有一个乍一看有点奇怪的现象是不仅有女性，很多男性也在一些陪酒俱乐部和色情按摩店这样的娱乐场所打工。在以往的有关在日移民的研究中，女性移民与娱乐产业和性服务行业存在很多关联（Douglass，2000）。但是在中国留学生当中，涉足这一行业的男性和女性都有，他们从事的工作不同，收入也不一样。在陪酒俱乐部，陪客人喝酒聊天的往往是女性，男性则扮演“领班”（chief）的角色，负责调酒或是准备各种零食。在按摩店，男性工作人员则往往为客人介绍不同的女性按摩人员。一位来自上海的留学生就曾经在横滨的一家俱乐部做了五年的“领班”，而他的妻子也在同一家店做“吧女”。为避免尴尬，他们一直对俱乐部隐瞒两人的夫妻关系。

首先，除性别差异之外，语言能力也是影响中国留学生在日本打工类型的重要因素。对于一个刚到日本只会说几句简单日语的中国留学生而言，第一份工作往往是餐厅的洗碗工。这类工作工资最低也没人愿意做，却是许多刚到日本的中国留学生的打工起点。好几位受访者回忆起曾经在餐厅洗碗的日子时说：“我已经把下辈子要洗的碗都洗完了。”当他们的日语水平逐渐提高时，这些中国留学生会希望从厨房打杂人员变为服务生，可以负责点餐和结账收银。不少留学生在同一家餐厅打工好几年直到毕业。还有一些留学生在精通日语之后去其他餐厅寻求更高的收入。

其次，社会关系也影响着留学生的打工类型。所有收入丰厚的工作一般都是由上一任介绍给下一任。例如在一家“扒金宫”（弹珠赌博店）做地板清扫和为客人添茶，每小时可以拿到1 000日元以上，而提升到店铺经理后月收入能达到30万至40万日元。但这样的工作机会相当稀少，只有朋友或亲戚才会介绍。其他一些受青睐的工作，例如中文教师，也需要一定的人脉关系。有时候同学、老师、保证人会给中国留学生介绍中文教师的工作，虽然这份工作做的频率不够高，收入也难以平衡生活开支，中国留学生依旧很乐意接受这样的工作机会，因为这样的工作名声好，并有更多机会和对中国感兴趣的日本人接触交流。

再次，人际关系效应在娱乐服务行业的打工机会的获得上体现得更为明显。虽然留学签证不允许学生从事“风俗行业”（有色情性质的娱乐服务行业），但风俗行业和一般的酒吧及咖啡店的界线没有那么明确。在笔者的调查中，不少留学生，特别是女性都曾经在“斯纳库”打过工。不是所有的陪酒女郎都会涉及性服务，但她们的工作内容几乎都包含一些与客人的应酬，比如陪客人喝酒、聊天，或唱歌。一位名叫关静的受访者，曾经在一家斯纳库打过工，那里三分之二的客人都是当地邮局的员工，他们下了班经常会去那里喝一杯。其他一些受访者在银座、赤坂和新宿等不同地方的俱乐部打过工。中国留学生通常通过熟人介绍进入这样的打工场所。

前文介绍过的林丽华，在到达日本的第三天，就经自己的姐姐介绍进入了一家韩国人开的俱乐部打工。她姐姐以前在那里打工，在进入博士课程并获得了政府给的奖学金后才不做了，介绍给了自己的妹妹。当时林丽华的日语不好，所以都用英语跟客人交流。那家店在赤坂，之后她又在那附近几家中国人开的俱乐部打过工，这些店都是她姐姐的朋友开的。笔者在 2001 年见到她时，她正在读硕士而且一直在赤坂的俱乐部打工。

方莹的故事也在之前的章节中简单介绍过，她在 20 世纪 80 年代从上海到日本，在一家俱乐部打工，到怀上孩子的第四个月辞职的时候，她已经在那里工作了十年。在拿了四年留学签证后她在日本非法居留了下来。有一天笔者去她家拜访时，她丈夫的侄女敏敏也恰好在。敏敏当时 22 岁，在语言学校读了一年多了，正在申请大学。方莹在她刚到日本的时候就介绍她去自己朋友开的俱乐部打工。那一天她俩聊起打工的情况，方莹还教给她一些留住常客的技巧，以及如何与妈妈桑（俱乐部女老板）打交道等。

由于上海学生在娱乐风俗行业打工较多，不仅在日本的中国人圈子里，就是远在上海，人们对这个情况也有所耳闻。一些受访者都觉得这是非常普通平常的工作。例如，林丽华就相信在日本长得好看些的中国女性一定都在俱乐部工作过。因为她们身边的朋友、亲戚、同学都有在这样的地方打工的，即使这种工作名声不太好，他们都觉得在风俗行业打工没什么不正常。

最后，留学生的时间安排也是决定打工类型的重要因素。一些中国留学生之所以刚到日本就进入俱乐部打工，是因为这里不仅收入高而且时间自由。林丽华每周去俱乐部工作六天，从晚上七点到半夜。月销售额决定她每天的收入，以前能达到每天 13 000 日元，后来有些减少。当笔者采访她时她每天工作五个小时，大概能拿到 1 万日元，时给相当于 2 000 日元。如果第二天没有课，她有时候会在打完工后陪客人出去吃晚饭，这样还能另外拿到 2 万日元交通费。除去 3 000 日元的打车费用，她自己能剩下 17 000 日元。相比之下，在餐厅打工每个小时收入只有 600 到 1 000 日元。要想拿到像林丽华工作五小时的收入，至少要在餐厅厨房埋头苦干 10 到 12 个小时，而且这还不算她的小费等收入。关静曾经工作过的邮局旁边的小俱乐部每小时的工资为 1 400 日元，比一般的餐厅和超市时给高出一半左右。

为了更自由地安排时间，清扫写字楼的工作也备受中国留学生的青睐。由于一般写字楼都需要在每天早上上班前做好清扫，留学生正好可以把打工时间安排在去学校之前。和俱乐部的工作不同，清扫工作不会带来有损道德或名誉方面的顾虑。三十多岁的乔安就向笔者描述了她曾经在大学期间清扫男厕所的经历。

刚开始打工的时候，我不太习惯。在那之前我哪做过这种又脏又臭的工作，而且有时候我们在打扫的时候会有一些男性进去使用小便池。但很快我就习惯了。我们两个女孩可以很自然地闯进男厕所大声喊："清扫时间到了。"有些男的会很尴尬地立刻出去。我俩会在那边哈哈大笑。

二、地位落差和孤独感

中国留学生经常会抱怨因为要做好几份兼职，他们为之筋疲力尽。而且除了身体上的疲惫，心理上的苦恼也普遍困扰着他们。从一些中国留学生的自传和笔者所做的采访调查中，可发现影响留学生心理的一个重要因素是身处异国的他们不再拥有往昔的成就和社会地位。一位早期赴日的留学生这样描述自己的失落感：

应该说就像出国必须注销户口一样，当我们走出国门后，实际上过去的尊严和体面也一同被注销了……好在直到博士课程（8 年时间）完成，我与蓝领阶层接触的机会要远远多于白领阶层，道路共识、运输公司、建筑工地、海上钻井、清扫事业……反正从事的是体力劳动。我过去的工作经历是无关紧要的。

（林晓光，1998：642～643）

一些人原本在国内是自己社交圈中的精英，可来到日本之后，就只是普普通通的在日华人了。由于日本媒体对来自中国的偷渡者和中国移民犯罪行为的报道，在日本身为一个中国人并没有值得骄傲的地方。留学生来到日本之后，对那里中国人经济地位上的弱势和日本社会对中国人的负面态度，渐渐变得敏感。

到日本之后，明真也说服自己的丈夫来到日本学习。但当时她的丈夫在国内已经是副教授，他无法承受这种巨大的社会地位落差感，来日本一年就回国了。最后他们以离婚结束了两人的关系。

除了地位的落差以外，中国留学生还经常在早期移民生活中感受到社会的排斥或是经历过日本人不友好的对待，这些经历会加深他们的地位落差感。许多受访者都有过在找房子和工作时被拒绝的经验。因为他们从事的是廉价的劳动力工作，所以工作时打交道的经常是一些"低阶层"的日本人（吴小穗，1998）。在那样的打工场所他们遇到日本人粗鲁和排外的行为更普遍。受欺负甚至暴力冲突也不时发生。来自福建的周彪，在1988年前往日本，当时32岁。他通过“蛇头”帮忙进入日本，进了一家台湾人开的语言学校。校方把他和另外11名中国留学生安排在了一间仅有15平方米左右的房间，向每个人收取3万日元的月租。那位台湾人还给周彪介绍了一份时给为600日元的清扫工作，并收取了4万日元的中介费。周彪生活十分艰苦，他写道：

苦和累对我们这一代来说已经习以为常，最不能忍受的是人格上的侮辱。有一次，我在汉堡包店打工，不慎把牛肉饼多烤了30秒钟，结果店长把牛肉饼往我脸上甩过来……

（周彪，1998：283）

除了沦为廉价劳动力之后的地位的落差感之外，在日本的中国留学生，尤其是早期的一批人，还带有作为留日学生复杂的自卑感。因为早期许多语言学校的学生到日本都是为了打工，所以在中国国内的人看来去日本的留学生远不如去美国的留学生有面子。20世纪80年代末至90年代初，中国留学生以背死人和卖淫为生的故事在上海大街小巷流传。事实上，许多留学生也是因为没去成美国才无奈到日本留学。林丽华的“理论”：“去日本的中国人都不是一流的，一流的都去了美国，只有二流、三流的中国人才到了日本。”明真还说了她侄女的一个故事：

有一次我跟我侄女说我会寄一张圣诞卡到她的学校，她说不要。我问她为什么不要，她说“从美国寄来的卡才有面子”，如果是从日本寄来的，其他同学会以为你是在日本“扒分”。那时候就是这样，在国内的人看来，去美国的人层次比较高，他们能去是因为他们考下了托福、GRE，都是学习成绩好的。相反，去日本的人都是靠借钱过去的，而且大部分留学生都是在语言学校上学。看看，就连我这个才上中学的外甥女也这么想，很多人都觉得在日本的留学生都在酒吧打工。

除了缺乏自豪感，在日留学生因为刚到日本时语言能力不足，有很大的孤独感。若林敬子（1990）指出，1989年前往日本的语言学校的学生当中，只有8%的人会说日语。中国留学生大多在语言学校开始学日语。即使是那些去了研究生预备班的人，日语水平也不高。因为语言不通，即使刚到日本很快就开始打工，这些中国留学生也依然无法和日本人正常交流。如明真所述：

在那段时间里，最苦恼的就是没有机会说话。我每天早上起来就打开电视来营造语言环境，然后才去上课。在课上我也很少能真正说话，教授也很少会问我问题。下课之后，我就去餐厅刷盘子。刷盘子也不需要说话。干完活店长说一句你可以下班了，我就回家，一天就这么过去了。

三、比“吃苦”更苦

虽然所有的中国留学生在坐上前往日本的飞机时都做好了“吃苦”的心理准备，但后来所吃的苦还是超出了他们的想象。要学语言、参加考试和争取进入大学的同时还要打多份工，许多中国留学生到后来身心都疲惫不堪。在紧张到透不过气的日程安排和巨大的心理压力之下，他们常常受伤了也不自觉。正如明真所说：

实际上真正感到苦是后来的事。当我处在那个情况下的时候，我感觉不到苦和累。第一年我没拿到任何奖学金，所以我不得不打工。我也做不了“吧女”什么的，我自尊心太强了，所以只能在餐厅打工。在那段时间里，每次我打完工骑上自行车时，感觉就是……啊，我终于找到了个能坐的地方。现在每当我想起这些，我都想象不出自己是怎么熬过来的……真的，在那段时间里，我们压抑了自己所有的需求，包括睡觉。

在刚到日本的那段时间里，很多留学生受过伤。每天在水槽边一站就是六到八个小时，每周好几天把手泡在碱水里，许多在餐厅打过工的人的腰和手都严重受损。一个曾经在建筑工地打工的留学生从脚手架上摔下来，由于没有获得足够的休养，一条腿留下了后遗症，天气一变就痛。王婷在事故五年之后还一跛一跛的。她说：

我到东京后找到的第一份工作就是在六本木的一家中国餐厅洗碗。你想不出那家店生意有多好，每天的营业额能到两三百万日元。我一辈子没洗过那么多碗，每次打完工都觉得身体要散架了。有一天，我穿了一双有跟的鞋，结果上自己家楼梯的时候摔了下来。当时是半夜，周围没有人，我动都动不了。我等了两三个小时才有一个人出现。那个人帮我叫了救护车，随后我被送到医院，结果医生说我脚踝以下的骨头都断了。

作为一名专门学校的学生，王婷的医疗费用以学生医疗保险的方式支付了一部分，区役所（区政府）也帮她补贴了剩余的钱。但她还需要自己负担在医院的食费。得知自己以后有一段时间都不能工作，她在获得了医生许可后以最快的速度办理了出院。摔断腿后一个月，她给自己买了一张机票，从医院借了一把轮椅，自己去了机场。她说一路上都有人帮她，别人把她抬上了飞机。着陆后，她又再次被大家抬下飞机并通过特殊通道出机场。家人赶来厦门机场接她，让她在家休养了六个月。考虑到自己已经借了60万日元支付学费，她毅然决定回到日本。在回国之前，王婷拿的是一年的留学签证，于是在2001年2月签证到期前她返回日本，虽然脚跟的骨头还处于松动状态，但她马上又开始在一家餐厅做服务生。

2000年到日本的陈斌来自内蒙古，他说在语言学校的两年“不堪回首”。那时候，他从没停止过打工，最艰苦的一段日子同时要打四份工。在到日本之前，他借了将近200万日元，当时还钱的期限已经临近，而他还得要为即将入学的硕士课程准备学费，还要存钱回国结婚。虽然他和女朋友都在日本，但在福冈的他两年中从没见过女友。除了上课之外，他每天下午到晚上去建筑公司和快餐店打工，早上送报纸，在写字楼里做清扫。他说每周他只睡大概十个小时，一个月最多休息一天。到两年后他终于有机会第一次回国时，脸已经瘦到只有原来的一半。由于不敢让父母看到自己的样子，回国后他就先在未婚妻家里住了半个月，想尽量把自己养胖些。

在巨大的压力之下，许多中国留学生都出现由紧张引起的各种疾病。不少女生提到日本留学开始时她们的月经会停掉好几个月。虽然极度缺乏睡眠，不少人还是患上了失眠症。有一名女生甚至一时失聪（吴小穗，1998：223）。明真在回忆自己的经历时说道：

一般人都要用两年时间来准备硕士入学考试，但当时我已经30岁，考虑到自己的年纪和经济情况，我决定争取用一年时间通过考试。我是4月来的，但从10月开始我就得写研究课题，1月就要参加笔试和面试。那段时间压力巨大，10月的时候我得了一场大病。现在回想起来，都是精神压力太大造成的。有很长一段时间我的胃疼得要命而且还有慢性腹泻。后来情况变得越来越糟，有一天，我把头转过去就怎么也转不回来了。我吓坏了。研究室的同学把我送到了学校医院。那时候我日语还不太好，当医生问我问题时，我的眼泪顿时止不住地流。医生给我开了一些药，可能是镇静剂。我就这样侧着脑袋自己骑自行车回家了。吃了药睡一觉之后，第二天就感觉好些了。

在正式进入大学之后，中国留学生的情况通常都会出现好转。一些人能从学校获得学费减免或是获得一些民间财团奖学金。即使这些民间奖学金无法负担所有的学费和生活费，但至少能减轻一些留学生的打工压力。此外，随着在大学的人际关系圈的扩展，一些留学生也开始获得机会去企业实习或做兼职。可是，在日本的大学里依然有一大批没有任何经济资助的留学生。肖雄，在东京新宿同我喝茶聊天时，指着一栋女子大学的崭新高楼说道：

这是用我们的学费盖起来的。我在那上学的时候，这栋楼还没建起来。我先是进了它的“短大”（短期大学），当时的学费每年超过100万日元。之后我进入了他们的四年制大学，还要多交两年的学费，每年70万日元。算下来我共付了将近400万日元的学费。我在一家餐厅打工，一打就是四年。我的两个姐姐都在学费上帮了我。想想看，400万日元，还不包括我的生活费！我每个月还要付4万多日元住在一个只有厕所没有浴室的小房间里，我每次洗澡用的都是外面5分钟投币式的洗澡间。

肖雄一直同时打着三到四份工——早上做清扫，下午到晚上在餐厅，周末还做其他工作。她说：

说实话我没什么时间学习。刚开始的四年里，我只回过两次国。第一次是在来日本一年后，之后三年没回去。我实在是没有精力、没有时间也没有钱回去。直到三年后我再次回国时，母亲看上去都老了很多。我扑进她的怀里，我们两人就抱头痛哭。

第二节　在磨炼中成长

虽然繁重的学业和生活压力让许多留学生身心俱疲，但刚开始的几年对他们而言是积累知识和社会资本的重要时期，会直接关系到将来的职业发展。学历固然很重要，但这也只是人力资本（human capital）的一部分。更为重要的是，在这一段时期里，留学生掌握了日语，增进了对日本文化和日本社会的了解。校园以外的经历——繁重的打工、在打工时受到的侮辱，各种社会文化冲突和挫折，以及对日本职场文化的了解，都成为他们将来在日本生活和工作的重要资本。与此同时，他们也内化了很多社会规范和价值观。也有不少人建立起了有用的社会关系，给他们今后在日本的生活提供了各种帮助。总而言之，虽然笔者所采访到的每一个人都认为刚到日本的日子非常艰苦，但他们都认同这是在日本的留学生涯中最宝贵的经历。

一、掌握语言

笔者见到的大多数中国留学生到日本以后日语进步速度很快。为了进入日本的大学，中国留学生都要参加日语能力一级（最高级别）考试。因为日本大学入学考试一般安排在每年的年初，如果是4月前往日本，他们最多有两年不到的时间来准备这场考试。9月来的留学生则只有一年多的时间来准备日语考试和大学的入学考试。虽然在语言学校上专门的日语课程，但许多中国留学生都相信如果不是打工，他们的日语水平不会提高得这么快，生存的压力创造了语言能力的奇迹。来自北京的李珊，2001年到日本的时候是22岁。以下是她的故事：

刚到日本的时候，我只会说“あいうえお”。有人跟我说一开始不会说日语没关系，有这个语言环境，我三个月就能学会。来日本一个半月后，我在家附近看到一家餐厅贴着招工启事。我就进去了。当时我还说不了多少日语，老板问我会不会说日语，我说“会”。他们问我来日本多长时间，我说“三个月”。老板看着我，让我读一个数字。我记得非常清楚，是4 389。我一下子读不出来，只记得说“四千”，但“三百”怎么说给忘了。于是我说：“这个，好像不行。你们不想要我，没关系。”他们便说：“等等，我们没说不想要你，坐下来，告诉我们你能做什么。”我说我能洗盘子，他们说他们不要洗碗工，要招的是服务生。我觉得自己完全没有希望获得这份工作，但他们看着我说：“我们先试用你一个月，如果你能做的话就留下来，如果不行，我们只能让你走。”我说：“试用我一周吧，行不行我自己会知道，如果不行，不用你们说我自己也会走。”他们说好，就递给我菜单。菜单上一共有105个菜，当时我都不知道该怎么读那些菜名。他们厨师很好，给所有字加了注音。回到家以后，我就开始背菜名，从晚上六点一直到深夜两点，虽然不知道那些字是什么意思，但记住了发音。但第二天醒来，我发现自己全忘了，当时就慌了，因为那天我得去打工。到学校以后我把这件事告诉了同学，他们告诉我不用紧张，最重要的是记住饮料，我得记住“生啤”还有“瓶啤”。当客人点餐时，我可以让他们告诉我那些菜在菜单上的号码。他们说日本人挺随和，我只需要说自己是新来的就没事了。打工的第一天非常紧张，但也完成了，回到家以后，我觉得自己应该从带汉字的菜单开始背起，因为记起来比较容易。第二天我就觉得轻松多了，可以很快在单子上找到菜名并完成点餐。其他服务生一般都需要2～3分钟去找全部菜名，我只需要几秒钟，那本菜单我翻了那么多遍，都被我翻破了。

据一些留学生说，他们选择去陪酒俱乐部打工的好处就是那里能提供语言环境，他们的日语在那里提高的速度更快。林丽华称因为在俱乐部打工，到日本四个月后她就可以开口说日语了，她认为这也是为什么在日本的中国人里女生的日语水平普遍比男生好的原因。

一些留学生在打工的地方也遇到了比较和善的老板，可以帮助他们提高日语。段跃中，《日本侨报》的发行者和总编辑，当回忆起之前在餐厅打工的日子，他非常感谢当时的老板杉山。店里不忙的时候，他就和杉山练习对话，杉山经常帮助他纠正日语发音。每当用日语表达困难的时候，他们就用写汉字的方式沟通。回忆起当时，段跃中说："我在他的店打了整整一年的工，刚去的时候，我只会说几句简单的问候语，到离开的时候，我已经可以用日语写短篇文章了。"（段跃中，1998：362）

二、学习日本职场文化

不管是学校还是打工场所，都教给了中国留学生各种日本文化，如工作精神、生活方式和社会规范等。和日本人一起肩并肩地工作，因为文化差异而不时发生的摩擦，让中国留学生从打工的地方学到了在语言学校学不到的日本职场文化。明真描述了她的相关经历：

在我开始打工之前，一个朋友告诉我："和日本人一起工作，你需要记住两件事——干活速度不要太快，但是不能停。"我这个人做什么事都很快，但日本店长并不高兴，他会觉得："为什么我要付钱让她站在这？"所以我学会磨洋工放慢速度做事情。只要看到我不停地在做，店长就高兴。我后来也逐渐理解了他的立场和感受。只有和日本人一起工作，才能真正了解日本社会。我感到从这些地方学到了好多东西，所以我认为打工真是很重要的经验。

笔者经常会听到中国留学生抱怨在打工的地方老板对他们态度粗暴。身心上双重的压力让一些留学生认为这是针对中国人的歧视。但是，虽然不喜欢，许多人还是能够理解这些其实就是日本职场文化的一部分。刘欣欣通过这个机会改掉了自己势利和骄傲的毛病。他现在不仅是一名艺术家，还是一家设计公司的老板。他描述了1985年27岁的他刚到日本时做第一份洗碗工的经历（刘欣欣，1998：607）。当时带他的人是一位日本老太太，不太识字，已经在那家店做了三十年的洗碗工。她把刘欣欣支使来支使去，而且总是对他挑三拣四。在他就要忍无可忍的时候，正好来了一个年轻的日本人也到这里打工。那个人干活勤恳认真，并且面对老太太的严苛总是礼貌地说“是，是”。刘欣欣当时想这个人一定是刚从监狱出来不得不需要一份工作。一次偶然的机会，刘欣欣从其他同事那里听到这个年轻人是早稻田大学的博士生，其父亲还是日本一家著名企业的董事长。之后有一次两个人一起坐电车回家，刘欣欣问他为什么愿意在这家店像奴隶一样做洗碗的工作。那位年轻人很诚恳地回答道：“和你比起来我很惭愧。你每天洗碗十个小时，而我只洗四个小时。我的父母已经为我支付了学费，我想通过打工挣到自己的钱……”刘欣欣便问他是不是找不到更好的兼职，他笑着回答：“我不会一辈子洗碗，但我现在正在做这份工作，所以我想做好。”刘欣欣被深深地震撼了。

虽然有时候中国留学生会抱怨日本的职员得不停地向老板鞠躬，工作上也是各种吹毛求疵，还有严苛的等级制度，但几乎所有的中国留学生都会惊叹日本人的敬业精神。在日本完成正式的学业时，中国留学生已对日本的职场文化有足够的了解。随着在日本生活的时间越来越长，许多人都已经将日本的工作习惯内化，并且开始看不惯其他中国人的草率懒惰。一个极端的例子就是，笔者采访一位中国移民企业家时，他声称相比中国人更愿意招日本人，因为他觉得中国人懒惰而且不容易管理。

三、理解日本文化

笔者最初在日本做田野调查时，还在美国就读博士课程。当时几乎每一个受采访的中国留学生都会问笔者如何比较在美国和在日本的中国人。[①] 由于笔者对在美国的中国人没做过很深的研究，所以经常回答说由于人和人差别太大，很难比较。在一再追问下，笔者会提到在美国的中国人似乎生活得更加自在，虽然在美国，中国人经常还保持着自己的生活方式，并且他们在生活中和其他美国人的接触也较少。具有讽刺意味的是，在被中国人描述为“排外国家”的日本，中国人的生活方式似乎都和日本人越来越接近，并且接受了很多日本文化习俗。来自东北的李立群向笔者讲述了她去美国看望朋友的一段经历。她的那位朋友十多年前去美国留学，但直到现在仍然保留着中国东北人的生活习惯。她说：

① 相反，即使作者提及自己正在做在日留学生的调查，在美国的中国留学生也没人问起过中国人在日本的情况。

看到她拿着一个大碗来回甩，就为了把水甩干，我吓了一跳。在日本我们已经完全被日本的生活习惯影响了，我们用的都是小碗，都是用干净的毛巾来擦碗！

每天和日本人一起挤电车，在人行道上摩肩接踵，在日本的餐厅和酒吧工作，中国留学生在踏进日本的第一天，就立刻被日本文化和生活方式包围。做陪酒女郎的留学生认为和客人聊天让她们更好地了解了日本社会。林丽华就是在俱乐部学到了许多企业文化，因为她的客户几乎全是公司白领或商人。她了解他们的收入，甚至知道他们每个月拿多少生活费给妻子。自从关静在邮局附近的小俱乐部工作，她就了解到了邮局局长在社区中的地位，以及日本居民区生活的方方面面。

另一个帮助中国留学生更深地了解日本社会的工作就是兼职做中文教师。教中文是最受中国留学生青睐的工作，因为只有在业务上或者社交上和中国有往来的人或是对中国文化有兴趣的人，才会愿意自己出钱学中文，他们对中国留学生的态度也很好。许多中国留学生对日本人的良好印象都来自教中文的经历。黄俊，一位年轻的大学生，曾经教 12 个日本人学中文，他说："学生们对我都非常亲切，因为课程时间是从傍晚开始要教四个小时，他们经常会给我带些吃的，特别友好。"一些中国留学生都会被邀请到日本人家里做客，尤其是女生，似乎和这些日本人家庭的关系更为亲密。

在语言学校期间，关静曾经给一个日本人家庭里的孙女教了几个月的中文。后来她被当作家人一样对待。她的学生的小儿子喜欢叫她的中文名字，还经常向家人问起她。她曾经住得离那户日本人家很近，每天都去他们家一起吃晚饭。当笔者采访她时，她依然每个月会去一次：

如果他们家有任何一个人觉得有一点不舒服、对我有什么不满，我都能感觉得到，但真的是没有。我可以随时给他们打电话说过去吃晚饭，他们随时都欢迎，真的就像我的家人一样。

她说这户日本人家庭教给她更加正面积极地理解日本文化的心态：

我曾经租了个房子。租金每个月 5 万日元，每个月银行自动转账定期付房东房租。我每个月都会往自己的账户里存钱，但有一次我忘了，她那个月没有收到房租，她对我说："你还没有付这个月的房租。我想提醒你一下，因为延期的话下个月你就会被要求支付 10 万日元，那对你来说太多了。"我马上向她道歉，并立刻往账户里存了钱。之后我跟婆婆说了这件事，我说："她很会说话，明明她担心的是房租，但她让我听起来感觉是在关心我。"婆婆听了便说："她能特意提醒你，是好心，你要感谢她。”说得我当时非常尴尬，觉得自己怎么老是把别人往坏的地方想。我意识到自己看事情的角度和她完全不一样。

在接受笔者采访时，李珊也正在教人中文，那户日本人家成了她了解日本文化的一扇窗口：

他们是我唯一的日本朋友，非常的亲切和善。他们是付钱给我上课的，但他们还是会帮助我纠正日语。我和一个朋友打算开一家饺子店……上次我就做了两种饺子，韭菜馅和青椒馅的，拿到他们家让他们尝，我让他们说说真实想法。他们都非常喜欢。他们说从来没吃过青椒馅的饺子。他们觉得韭菜馅的不适合午餐，因为味道太强烈，一般的公司职员不会希望在上班时间吃气味这么大的东西。

四、建立社会关系

在日本，中国留学生经常依赖社会关系来维持生活和拓展未来的发展道路，在日本走出的每一步都需要各种社会关系的帮助和推动。除了中国人自己圈子的社会网络，和日本人的社会关系也会对留学生在日本的生活和未来发展产生重要作用。虽然一些中国人可能对日本人总体上有一些负面的看法，但绝大部分的人同日本人有很好的个人关系，包括他们的邻居、老板、教授或是通过集体活动认识的人。

可以这么说，如果没有和日本人的社会关系，很多留学生不可能来到日本。直到近些年，自我担保赴日留学才变得可能，在这之前大部分中国留学生都需要通过日本保证人来申请签证。一些保证人是由语言学校花钱买来的，其他则是他们自己或家人认识的日本友人做的担保。一些留学生在来日本之前时就已经通过学校或工作认识了一些日本人。比如说，有一些曾经在面向日本客户的公司或是在日资企业工作过的，会请他们公司的日本老板做赴日留学的保证人。虽然大部分情况下留学生和保证人仅限书面材料关系，但是一些留学生同保证人一直保持着不错的关系，还有极少数的留学生在入日本籍时选择了保证人的姓氏。[①]

除此以外，中国留学生还会从日本朋友那里获得照顾和帮助。拿关静的例子来说，那户日本家庭把她当自己家人一样对待，给了她精神上的支持和鼓励，这

① 日本法律允许中国人在入籍时保留他们的中国名字，只要日语里有同样的文字。但是，许多中国人选择改成更加符合日本传统的双字姓氏。

样的温暖对于身处异国他乡而又经济拮据的留学生来说，无异于雪中送炭。还有一些留学生讲到了日本人给他们提供物质帮助的故事。沈洁，带着孩子在日本读研究生，生活只能维持温饱。当儿子到了上小学的年龄，她没钱为儿子买什么东西。还是她的教授出钱买了一个新书包，她的房东去三越百货给她的儿子买了一套小西装（沈洁，1998：417）。此外，中国留学生在日本租房时都需要保证人，而且最好是日本公民，所以打工场所的老板或者经理也经常成为中国留学生租房的保证人，有时候甚至会提供住宿给他们。

学校的导师和研究室的教授也会对中国留学生的职业前途有很大影响。在日本，机构之间的关系和学生求职有着紧密联系。如果一家公司一直在某所大学招收雇员，那么该校的毕业生前去求职的成功率就会大大提高，如果公司负责招聘的主管也是从这所大学毕业的话，那往往更愿意招到自己的校友。在笔者的调查采访中，不仅仅是硕士、博士生会通过他们导师的个人关系找到学术方面的工作，一些本科学生也通过教授的推荐，去他们之前教过的学生所在的公司求职。① 有的博士生毕业后会继续跟着自己的导师从事博士后的研究工作。一位博士留学生所就职的公司遭遇破产，导致失业，他回到以前的大学，通过之前的导师的帮助获得了日本学术振兴会的研究基金并成为博士后研究员。沈超，在一家企业工作一段时间后，与以前学校的导师合伙开办了一家做跨国业务的公司。

对于在日本的中国留学生而言，在学校期间结识的日本朋友也会成为重要的社会资本。已经获得永住权的陈安琪，1992 年到日本，从语言学校毕业后，她进入了一家“短大”。后来跟她关系要好的很多日本朋友就是在“短大”读书时结识的女同学。有一段时间由于工作不定，她在一位同学家里连续住了两年。那是一个祖孙三代同居的家族。当笔者问她她同学家的房子有多大时，她说他们的不是一栋房子，而是一套三居室的公寓，她和朋友住在同一个房间并且每天和她的家人一起吃饭。

第三节　塑造未来

中国留学生在学生时期的经历以及他们所做出的选择对他们之后的职业轨道和社会倾向都会产生极大影响。他们打工的类型、就读的学校、求学的道路，还有学生时期自己的社会及心理体验，都塑造着他们自己。

① 由于日本学校尤其是硕士和博士课程非常重视师生关系，因此一旦学生和老师发生不合将会产生负面影响。作者的此次调查中就有两位受访者表示和导师之间存在矛盾，影响到他们的学业发展。

笔者在之前的章节中提到过，语言学校是第一个筛选点。一些早期的语言学生怀着明确的赚钱目的前往日本。他们很多人来日本的时候既没计划要待多久，也不知道自己该做什么。当时繁荣的经济环境和丰富的打工机会，让一些人一直留在了廉价劳动力的队伍中。此外，打工的类型也影响到留学生会选择留在学校还是离开。例如收入可观的陪酒女郎工作就让一些留学生失去了求学的动力。有几个笔者采访过的女留学生就是因为金钱的诱惑选择退学。还有一些学生在语言学校的时候就与日本人结婚，有两位受访者在做陪酒女郎时和客户结婚并很快退学。

从语言学校毕业后，大部分中国留学生都尝试去大学继续求学。已经有本科文凭的学生会报考硕士课程。如果没有成功，他们就会进入非学位课程的学习项目，或是退而求其次进入专门学校。之前在国内没有本科文凭的学生会参加大学入学考试，如果第一年失败的话，他们当中很多人就会进入专门学校。

大部分自费中国留学生就读人文和社会学科。本科学生往往进入日本的二流或三流私立大学。一方面，这种选择源自学生自己的学业能力、对劳动力市场的理解以及对自己学术潜力的评价；另一方面，这也是他们留学日本的两个突出特点所造成的结果——有限的入学考试准备时间以及签证的制约。没有经济资助，大部分中国留学生只能不停地打工以赚取学费和生活费，还要偿还之前欠下的贷款。求学心切的学生会在入学考试前暂停打工来专心准备考试。笔者采访过的一位留学生就曾经为了入学考试放弃打工数月，用所有的时间来学习。到参加考试的时候，她口袋里只剩2 000日元。为了在日本生存，许多留学生不敢像她这样冒险，顶多只敢减少一部分工作量。因为中国人可以轻松掌握日文里的汉字，在语言学校又肯用功苦读，许多中国留学生都通过了日语能力一级考试。但要想考上日本的好大学，往往还需要通过英语笔试，还要用日语参加数学考试。由于私立大学，尤其是二三流的学校，往往通过面试招学生，它们自然成为许多对自己的学习能力没有自信的中国留学生的选择。中国语言学生把乐于接收外国学生且报考难度相对较小的大学被称为“热门大学”，这些学校的相关消息在学生中很快就人尽皆知。这就造成了中国留学生中的这样一个现象：一个人考进了某所大学，很快大家就会跟着都报考这所学校。

敏敏是笔者在拜访方莹家时遇到的年轻女生，当时她正在申请大学的商务管理专业或经济专业，她尝试了N大学和D大学，两所都是私立大学。

这两所我肯定都进不去。今年有太多（中国）人报D大学，竞争变得很激烈。去年还很容易，上一届只有三个人申请这个专业，全都被录取了。可是今年大家都知道了这个消息，就一窝蜂跑去报名，估计有两百人。

随后，笔者问了一下A大学的情况，那是一所基督教大学，林丽华说他们在20世纪90年代末特别容易考。敏敏大声说道："今年有好几百人都申请了A大学！以前这所学校很好进，现在都成了竞争最激烈的地方了。"

签证是制约中国留学生在学业上做选择的另一个重要因素。语言学生持有的签证期限至多两年。这就意味着在两年之内，中国留学生如果不想回国，就必须找到下一个落脚点。敏敏最终决定去一所大专院校就是因为她的签证还有不到六个月就到期了。和其他一部分学生相比她依然还算是幸运的，因为她到日本时是4月，拿到了两年期限的留学签证。许多中国学生都是10月到日本，由于日本的大学往往在冬季招生，这些留学生顶多只有一年多的时间来学习日语和准备入学考试。一些留学生最终因为时间不够，无法充分准备考试而失去进入大学的机会。洪振进入了一所三流的私立大学，就是因为她的签证在1月到期，她当时急需一份入学许可书以延长签证，而只有两所大学在12月招生。

许多中国留学生的大学生活及就职前途，由于进入了不怎么样的三流私立大学而受到影响。首先，肖雄的故事告诉我们，由于私立大学收取高昂学费，但只提供少数奖学金，那里的学生不得不花所有时间出去打工，大部分学习时间被占用。他们无法真正用心学习。其次，随着日本少子化问题的加剧，现在的日本社会正进入能够全员进入大学的时期。如果愿意，所有的日本高中毕业生都可以进入大学。根据最新统计，40%的私立大学招不够定员人数。这些私立学校于是便依赖外国学生的学费来维持生存。①不仅仅是这些学校的教学质量令人担忧，他们能否维持运营也是个问题，少数学校有可能会在学生毕业前就倒闭了。最后，这样水准的教育机构会减弱学生以后在劳动力市场的竞争力。即便中日两国的经济往来的快速增长可以为中国留学生就业提供很大优势，他们所就读的院校还是会限制他们毕业后可以选择的公司类别和职位，在雇佣薪资待遇上他们也经常处于弱势。日本法务省的统计显示，虽然近年来日本企业雇佣外国留学生的数量明显增多，但越来越多的留学生就职于规模小于50人的公司，月薪低于25万日元。下一章将会详细阐述留学生毕业后的就业状况。

① 引自日本经济新闻，http：//www.nikkei.co.jp/news/main/20060724ATIG2402124072006.html。

第四节　本章小结

本章着眼于中国留学生的日本打工经历，并分析这些经历如何影响他们在日本的早期的生活和未来的发展道路。中国留学生在学校期间的打工经历显示，国际教育，尤其是近年在日本不断增加的语言学校，已经成为外来廉价劳动力的输入口。几乎所有的自费中国留学生在校期间都出去打过工，特别是那些语言学校的学生和读非学位课程的学生。打工的同时会产生正面和负面效应。一方面，中国留学生在长时间的打工和学习压力下变得身心俱疲。他们往往和日本的工人一起从事又脏又苦又危险的工作，文化差异和沟通障碍导致各种冲突的发生，许多中国留学生也会由于社会地位的落差感和极度的孤独感而痛苦。除此之外，打工往往需要花费大量的时间和精力，导致许多留学生无法专心准备升学考试以进入优质的教育机构，从而限制了他们未来的职业发展道路。

另一方面，通过打工，中国留学生迅速地掌握了日本的语言文化，并了解了日本的职场文化，使他们能更快适应日本的社会环境。通过学校、打工场所，有时出于法律上的需要，中国留学生和日本人建立了良好的社会关系。这样的联系不仅可以为他们提供社会关系上、经济上和精神上的支持，还可以帮助他们更好地洞察日本社会。

应该指出，虽然本章介绍了留学生的一些共同经验，但笔者并不认为中国留学生是一个均一的群体。留学生进入的教育机构不同，最终取得的学历的差异也很大。例如，到日本之前有没有获得大学文凭对中国留学生在日本所受教育和职业发展轨道会产生重要影响。由于没有系统的相关数据统计，笔者还无法建立留学生移民前学历和职业背景与其在日本的发展间的关系。但是，下一章中将显示，无论留学生求学的教育机构的排名如何，学历有多大区别，毕业以后他们会经历相似的求职过程，并在日本的劳动力市场上占据特殊的职位。

第四章　在日本跨国经济中寻求职业发展

在日本的学校待了几年之后，许多为了拿到学历而吃尽苦头的中国留学生终于可以告别廉价劳动力市场，开始在日本谋求正式的工作。找到工作，拿到工作签证，中国留学生也就正式成了高技术劳动移民。由于留学生在国际劳动移民研究中往往被忽略，因此留学生进入移民国家劳动力市场的过程还没有被单独列为社会学课题加以研究。本章将着重描述留学生以技术劳动者的身份进入移民国家劳动力市场的经验与体会。通过观察他们在移民国家职业发展道路上所历经的不同阶段，笔者集中阐述以下几个问题：为什么中国留学生希望留在日本找工作？他们怎样进入日本的劳动力市场？他们如何规划及寻求自己的职业发展道路？

首先，笔者分析了中国留学生进入日本劳动力市场的经济和社会文化动机，从两个国家的收入水平差距、两国之间日益紧密的经济联系，以及近年来中国经济的繁荣发展对于中国留学生的多重影响来分析留日工作潮流。笔者认为，在日本的工作经验已经成为许多中国留学生未来职业发展必不可少的要素。另外，他们留在日本就业不仅出于经济上的考虑，还出于对日本的生活方式的留恋。

其次，笔者描述了中国留学生在日本求职的过程。以往的移民研究往往突出人际关系在移民找工作时的重要性（Waldinger and Lichter，2003），但在日本，中国留学生普遍通过正式的有组织的方式参加就职活动，并利用公开的信息渠道找到求职信息。这种趋势在近年留日学生中尤其明显。留学生和日本学生的就职过程往往很相似。

最后，本章还具体分析了中日之间跨国经济的迅速发展对中国留学生就业的影响。许多日本企业，尤其是中小型企业，正面临人才短缺问题，而且许多日企希望扩展跨国业务。这为中国留学生创造了前所未有的就业市场，越来越多的中国留学生因此顺利进入了大大小小的日本企业。在为两国之间创造更多的贸易商机和经济联系的同时，中国留学生也积极地为自己夯实事业基础。虽然如此，中国留学生能进入日本的劳动力市场并不意味着他们和日本人同样具有稳定的职业发展机会，也不意味着他们可以消除中国留学生作为外国人在日本劳动力市场中面临的差别待遇。各种有利及不利条件造成了中国留学生特殊的职业现象，比如频繁跳槽及非正式驻在员的出现。此外，女性中国留学生的就业经历和职业流动性也似乎说明在经济全球化的趋势下，日本企业中的职场性别问题开始面临挑战。

第一节　从学校到职场

虽然至今为止没有公开的数据显示究竟有多少中国留学生留在了日本，又有多少人回国，根据独立行政法人日本学生支援机构（JASSO）公布的数据可知，2013 年从日本大专院校毕业的 39 650 名留学生当中，只有 31.1% 的人回国，1.8% 的人去了别的国家。剩下三分之二（67%）的人都留在了日本。全部毕业学生中一半以上（51.1%）留在日本开始工作或继续读书（JASSO，2014）。① 日本法务省关于近年来外国人口在留资格变化的统计显示，从 1991 年开始，从留学生签证转到工作签证的人当中超过半数，有时甚至超过三分之二都是中国留学生（见图 4－1）。在 20 世纪 80 年代中期之前，在日本获得工作签证的中国留学生总数不过几十人，而在 2013 年，7 637 名中国留学生在毕业后进入日本职场，约占全部人数(11 647 人)的 66%。从留学移民初始的 1983 年到 2013 年的 30 年中，毕业后获得工作签证的中国留学生总数加起来已经达到 83 065 人。目前还有成千上万的中国留学生正在日本各所院校就读，从这样的现状来看，今后中国留学生进入日本职场的数量必然呈现不断增长的趋势。

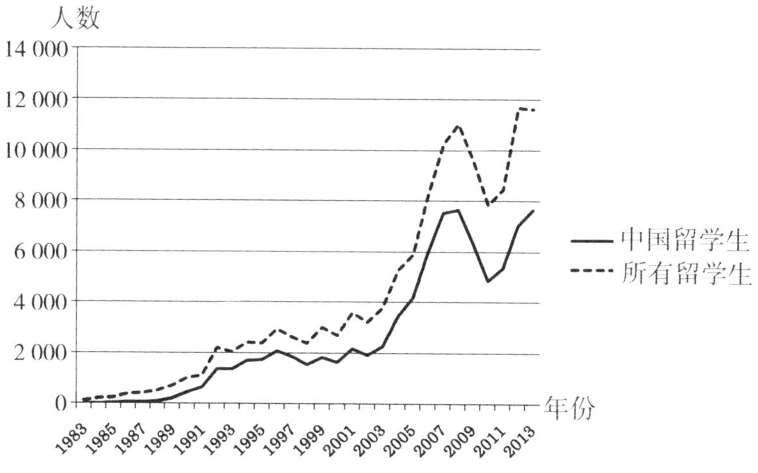

图 4－1　1983—2013 年在日本拿到工作签证的中国留学生情况

来源：日本法务省，1983—1999 年的数据引用自王津的统计（2001：385）。

① 以上数据来自《平成 25 年度外国留学生近路状况调查》，http：//www.jasso.go.jp/statistics/intl_student/data14_d.html#no1。

除了进入日本劳动力市场的人数快速增长之外，中国留学生就业的一个重要特征就是他们从事的职业类型。大多数中国留学生获得的签证为“人文知识/国际业务”① 项目签证。在2013年，所有获得工作签证的中国留学生当中就有5 455人（占71%）拿到了这类签证（MOJ，2014）。这一签证主要是为一些“对外国有特别知识和文化能力”的人所提供的②，而且获得的人绝大多数都是被日本企业雇来专门从事面向中国的跨国贸易业务，特别是从事翻译和海外销售类别的工作。

笔者在2003年对218名中国人的问卷调查中发现，在35名之前在日本留学后来留在日本工作的人当中，除去9人没有填写具体职业内容外，有10人的工作职称为“海外业务代表”或者是“业务代表”。在123名深入采访的受访者当中，有43名之前以留学生身份进入日本的人当时已在日本企业就职或是自己创业。在这43人当中，有20人当时在从事面向中国的销售或市场业务，另有8人曾经从事过这类工作但后来成了企业老板。2013年，有1 468名中国留学生获得了技术类签证。这类签证往往提供给信息技术或是其他相关技术领域的专业人士（MOJ，2014），③ 但许多技术人员往往到后来寻求转到面向中国的销售或市场业务部门工作。随着海外生产的快速扩张，许多工程师和软件工程师都希望成为“架桥工程师”（bridge engineer）或是“架桥软件工程师”（bridge software engineer），在日本客户、开发商、中国生产商之间充当桥梁，起到联络纽带的作用。

这些有关中国留学生在日本劳动力市场的调查数据显示出，留学已经成为一种通过教育渠道实现劳动移民的形式。不仅如此，中国留学生在毕业后普遍进入日本企业从事面向中国市场的贸易业务工作的现状，也说明中国留学生在日本企业中占有独特位置，形成职业利基。这种利基是嵌在跨国经济贸易之中的。

第二节　进入日本劳动力市场

2009年JASSO有关日本大学中自费留学生的调查显示，进入日本企业工作是他们最理想的选择，其中本科留学生的就业志愿尤其强烈：63.4%的人希望毕业后留在日本就业，只有27.2%的人打算毕业后回国（JASSO，2009）。由于这份调查中有近三分之二的受访者来自中国大陆（6 004人中有3 727人），这一结

---

① 从2015年开始，“人文知识/国际业务”与“技术”签证合并为一种法律身份。

② 相关签证类别解释详见日本入国管理局《“技术”及“人文知识/国际业务”签证类别》，日本法务省，http：//www.moj.go.jp/nyuukokukanri/kouhou/nyukan_nyukan69.html。

③《平成25年における留学生の日本企業等への就職状況について》，日本法务省，http：//www.moj.go.jp/nyuukokukanri/kouhou/nyuukokukanri07_00080.html。

果也清晰地显示了中国留学生在毕业后进入日本劳动力市场的意愿。

一、留在日本的动机

大多数中国留学生希望在毕业后至少留在日本一段时间。他们的这类想法往往受到以下三个因素影响：经济动机、中国劳动力市场的制约，以及日本生活方式的吸引力。

（一）经济动机

从中国到日本的留学移民多少都会受到经济因素的驱使。鉴于中国和日本之间的收入差距，毕业后留在日本工作成为许多人最初决定留学的基本动力。在留学期间一边上课一边打工，许多留学生都相当贫困，只有少数人能存下一些钱。只有从事全职工作的时候，他们才能攒下一些积蓄，汇款回国帮助家人改善经济条件。一位博士毕业的中国留学生说道："我至少得赚到足够的钱给老婆和孩子在北京买一套公寓。如果是在国内工作的话，我不知道何年何月才能攒够这笔钱。"不仅如此，20 世纪 90 年代中期以前，中国还处于较贫困和落后的时期，两个国家之间巨大的物价差距，像"一碗面条要花掉国内教授半个月薪水"的说法给一些留学生留下了深刻的印象。能够留在日本工作从而改善经济条件是当时许多中国留学生对于未来的理想期望，正如张天所说：

老实说，我从没想过我会待这么久。我 1990 年来的，读完语言学校之后，我又到 T 大学读研究生，两年后拿到硕士学位时，我不打算再接着往下读了，但我也不想那么快回国，于是决定在日本找一份工作。那时候是 1995 年，北京和上海还不像现在这么发达，国内和日本的差距还非常大。

在中国内陆或其他经济相对落后的地区长大的留学生会对中日之间的经济差距感觉特别强烈。廖静从小在沈阳长大，她的父母把三个孩子都送出了国。当笔者问到孩子都不在身边，她父母怎么想时，她说："他们很高兴我们出国，他们说：'去吧去吧！这里已经没有什么能给你们的了。'"为了在海外寻求更好的经济收入，在 2000 年前，前往日本的中国留学生很少把回国当作一个真正的选择，经常是因为就业不顺利才不得已回到国内。如之前提到过的受访者之一关静所说，一个留学生在日本的正常发展轨迹是上几年学，然后在日本工作。考虑到在日本上学所付出的巨大投资，回国工作赚取微薄的薪水对在 20 世纪八九十年代赴日的留学生来说，实在没有吸引力。

（二）中国劳动力市场的制约

近年来，随着中国经济的快速发展和中日之间经济联系的不断加强，留学生选择进入日本企业的动机之一也包括为将来从事中日之间跨国贸易业务的职业做准备。先在日本工作几年是他们职业规划里的一部分。郭晓冬对笔者说：

从日本的大学本科毕业后，我计划学经济专业拿到硕士学位，然后在日本找一份工作干三到四年，拿到永住权之后，我再回国自己开家公司。我打算自己做生意，像贸易之类的。

事实上，中国留学生希望在日本获得工作经验也是因为国内劳动力市场的需要。以前在海外学成回国的留学生往往被称为“海归”（海外留学归国者），回国后的身价也会有所提升。自从近些年海外留学人数的大幅增加和1999年国内大学开始不断扩招之后，高学历在国内“平民化”[①]，“海归”们也不得不面临和国内毕业的高学历人才竞争的残酷现实，在国内找到高收入的工作也变得越来越难，单凭一张海外文凭已经无法保证留学生的竞争力。事实上，越来越多的“海归”正在成为“海待”（国内对于留学回国待业者的称呼，也称“海带”）。根据中华人民共和国国务院发展研究中心的一项调查显示，在1 500名“海归”当中，就有35%的人无法找到满意的工作。香港《亚洲时报》的一篇文章做了如下分析：

如今许多“海归”找不到好婆家，已被戏称为“海待”或“海草”。绝大多数“海待”都有一个共同特征：在国内一读完高中或本科就立即留洋镀金，毕业后又马上回国，因而没有海外工作经验，又或雇主需要的沟通技能。他们所得到的待遇不比国内毕业的学生好。一些“海待”所学的专业则过于冷门，难以找到好东家。

中国的雇主们如今更加理性和实际。他们需要的是了解中西方文化、能说流利的普通话和一门外语、有海外工作经验的人。单有一纸外国文凭在手，找工作就畅通无阻的时代早已过去。在此告诫打算回国的“海龟”一句：海龟，海龟，有备而归。[②]

---

① “平民化”一词引自于《留学选择多元务实，今天该怎样看自费留学》，Bi Jianyan。原文刊发于神州学人网站的“中国教育新闻版”，http：//www.chisa.edu.cn/chisa/article/20060110/20060110012848_1.xml。

② 引自 *Huasheng News*，一家由中国侨网发行的网络报纸，http：//www.chinaqw.com.cn/lxs/rdjj/200701/12/57633.shtmlan。原文刊发于《亚洲时报》，标题为“海归，海归，最好有备而归”，Olivia Chung，2007年1月6日。

对于在日本留学的中国人来说，形势则显得更加严峻。由于早期赴日中国留学生就被视为“扒分者”，在国内，对赴日留学生的印象都是轻学业重打工赚钱，所以，从日本回来的留学生往往会受到质疑。从没有什么名气的日本私立大学获得的人文或社会科学专业文凭则让他们更加没有竞争力。从日本留学回来却在中国连普通收入的工作都难以找到的故事屡屡出现，只有拥有在日本的工作经验才能帮助这些中国留学生在国内找到理想的职业并获得可观的收入。

（三）日本生活方式的吸引力

一些中国留学生期望留在日本工作还有一个原因，是他们喜欢在日本的生活方式。这种想法在女性留学生当中尤为明显。戴美华，在日本生活十年之后和丈夫一起回到上海，却一直对在日本的生活念念不忘。在日本的时候，她曾经和一户邻居的关系非常好，甚至称他们为“爸爸”“妈妈”。那户人家在当地开了一家肉铺，每次戴美华路过店铺时，他们总会用报纸包一些猪肉和牛肉给她，而且从来不要钱。除此之外，戴美华还喜欢日本的一些文化礼仪：

每一年我都会寄贺年卡。一开始我每一张都用手写，后来就用电脑，有时候为了准备这些卡片要花我好几天的时间，但是我觉得很有意思，很喜欢做这个，因为其他人同样也会寄给你卡片。在新年那一天，我打开邮箱，里面满满的都是贺年卡，那时候我会觉得很开心。头一两年的时候，一些人可能不知道你会送他们卡片，但时间久了之后，他们知道你每一年都会这样做，所以从第三年开始他们也会给你寄贺年卡，我们就这样保持了很多年。

戴美华很喜欢给房东和日本朋友送小礼物。“我碰到的日本人对中国人都很友好，在那里我从来没有遇到过什么坏事，但我很清楚要想获得尊重首先要自己做得好。”因为太喜欢在日本的生活，她感到即使已经回国三年也依然无法适应在上海的生活，觉得那里又“吵”又“杂乱无序”，许多公共设施服务都“不够人性化”。

在日本生活的另一个好处是可以自由地去其他国家旅游。许多中国留学生选择出国就是因为想看看外面的世界。直到最近几年，对很多中国人而言，出国旅游依然是件很困难的事情。如果是在日本进一般的企业工作，中国人可以很轻松地获得去世界各地的旅游签证。实际上，可以自由旅行已经成为许多中国人选择“归化”（加入日本国籍）的主要动机之一。如同关静所述：

对我而言，这（归化）不过就像在国内改一下你的户口，我觉得一大好处是你可以自由旅行。玲玲（另外一位归化的华人）问我这个圣诞节要不要和她一起去新加坡。她说："你有日本护照，所以我们拔脚就走了，其他人还需要申请签证什么的。"

二、求职历程

在日本，参加就职活动是大学生临近毕业的一项重要活动。毕业生会通过各种有组织的招聘活动并运用自己的人脉资源找工作。原本穿着随意、发型个性的学生在求职期间突然染回黑头发、穿上黑西服、打上领带。这往往成为日本大学校园的一道有趣的风景线。外国留学生也同样会参与求职活动，中国留学生在日本求职往往通过几种途径——参加大型招聘会或专门的企业说明会，运用自己的社会人际关系又或者是通过网络来找工作。

（一）企业招聘

在发达国家中，日本以其在面向大学毕业生招聘时的组织性和规范的制度性而闻名（Teichler，1998）。每年一到春夏，日本各大城市就会出现许多大型招聘会以及各家企业自己的说明会，有时候也会在大学校园里举办活动。由于政府制定了引进海外人才的策略，日本厚生劳动省（MHLW）也在积极运用各种资源和渠道帮助海外留学生进入日本劳动力市场。每年冬季，在就职高峰期到来之前，东京和大阪的就职服务中心就会为即将在来年毕业的留学生们开办就业指导讲座。[①] 和日本学生一样，中国留学生毕业前也会投入大量的精力参加各种企业的面试。对大部分学生而言，参加几十场企业就职说明会是很正常的事，因为能进入面试阶段的机会极少。在每年冬季，有一些学生会提前拿到录用名额，成为内定，笔者调查中的不少受访者都是通过这种方式找到了工作。

万晓云，2006年从日本东北地区的一所国立大学毕业之后便到东京工作，她向作者描述了一般学生的就业过程：

日本的大学生一般从大三暑假，最晚不超过大三下学期就开始找工作了。[②] 最初你需要收集各种企业的信息，并分析你自己的就业方向和潜力。然后去参加

---

① 例如2006年11月至2007年3月，东京外国人雇佣中心开通了五个专用窗口为2008年3月毕业的外国留学生提供就业信息服务，以便让留学生为新一季的就业高峰期做准备。

② 日本各所大学的学年普遍从4月开始至下一年度的1月或2月初结束。

这些企业的就职说明会，提交自己的简历。大部分企业的就职说明会一般都在每年3月到6月。所以在这短短几个月里要么你被录用，要么就得决定下一步了。技术工程专业的理科生相对容易获得学校和导师的推荐，文科生的机会就比较少了。

在找工作的过程当中，一些中国留学生在经过各种尝试后能成功找到工作，而其他人则有时会遇到投出去上百份简历却连一次内定都收不到的结果。如同万晓云所说，如果是学IT或技术工程专业的学生，在日本找工作会容易些。但是，除了专业背景和面试表现之外，其他一些因素也会影响到留学生在日本劳动力市场中的就业情况。

在日本，大学的知名度很重要。例如，东京大学法学专业毕业的学生很容易进入日本政府机关工作。从知名度比较高的国立或私立大学毕业的学生相对而言不需要花费太多的时间来找工作，而且他们往往更容易被知名大企业录用。但是，这种学校知名度的优势有时候是因为母校的校友关系。陈兰从一个主攻农林专业的私立大学毕业。她之所以找到她的第一份工作是因为公司老板和她毕业于同一所大学。张天就职的著名钢材制造公司已经有三百年历史，虽然他也是从知名大学毕业，但并不是同事里面学校背景最好的一个。他能进入这个公司是因为同一所大学毕业的留学生前辈。他回忆道：

公司里有一个比我早一年入社的同事，来自上海，他已经在日本待了一段时间，而且入了日本国籍，我俩都是同一所大学毕业的。当时我和东京大学的另一位中国留学生一起进入公司，他之前毕业于清华大学，是非常聪明的一个人，公司直接去东京大学录用了他。而我那个来自上海的前辈因为在公司表现很好，所以公司信任我们学校，这也是他们会录用我的原因。

除了学校知名度和校友之间的人脉关系，学校所在地也会影响到毕业生的就职结果。能够提供给留学生的工作机会绝大多数集中在大城市，特别是东京首都圈地区①。面向留学生的就业服务中心也在东京和大阪。根据日本法务省在2013年所做的有关留学生就业情况地域划分的统计，将近半数的留学生（11 647人中的5 359人）进入位于东京的企业；在大阪的就业机会占到了9.3%（1 084人）。由于这种地域影响，那些从中小城市的大学毕业的中国留学生需要花费更多的精

① 东京首都圈，指以日本首都东京为中心的都会区。一般包括东京都、神奈川县、千叶县、埼玉县，因此又称为一都三县。

力来找工作。一些留学生会在暑假从地方搬到东京住好几个月，就为了参加招聘会和企业说明会以获得面试。一位从北海道毕业的学生希望在当地找工作，但投出去上百份简历之后他只收到了一份录用通知，最终别无选择只能去那家公司。

（二）网络就业

中国留学生频繁地用网络进行各种沟通交流，不少人会在网上寻找就业信息。近年来，网上求职市场的发展速度非常快，许多企业都会把自己的招聘信息发到网上，中小城市的企业尤其善于利用网络吸引求职者。

对于由于某些原因无法参加招聘会、错过就业高峰期的学生或是非应届毕业生而言，网上就业信息渠道更为重要。来自福建的姚琳，1998 年毕业于东京一所私立大学的经济学专业，一直到大四暑假她都没有找过工作，由于家里大多数亲戚都在东南亚国家生活，她原本打算毕业后直接通过亲戚介绍去新加坡的一家银行工作。但是，受 1997 年亚洲金融危机的影响，她改变主意决定留在日本找工作。通过在网上收集信息，她向五六家公司投出了简历，获得了两次面试机会，最终进入了一家中型贸易公司。

还有一些学生倾向于在网上寻找就业机会是因为这样更有效率。陈芳在 2003 年从日本东北地区的一所大学毕业，拿到了硕士学位，她也是通过网络找到了工作机会：

一开始我也去参加了很多线下的企业招聘会，但那些地方能为文科生提供的就业机会不多。每家企业的就职说明会都有上百人参加，但录用名额都非常少。而且当时我还在忙自己的硕士毕业论文，所以我放弃了这条路，改成在网上投简历，这样我就可以在研究室里同时写论文和找工作，轻松得多，我也不用到处东奔西跑了。

除此之外，网络招聘自然也是更有技术含量的求职渠道。正如一位受访者称：“如果你想从事电脑相关业务，那除了网络之外你还会去哪找工作呢？”当留学生想换工作的时候，考虑到一般企业招聘会都只面向应届毕业生，网络自然成为非常重要的求职渠道。

（三）社会关系

国际移民研究者们早就强调社会关系网络对于移民就业的重要性。对在日本的中国留学生而言，虽然求职是制度化的过程，但个人关系还是相当重要。在我的受访者当中，有半数是通过朋友或老师的介绍找到第一份工作，还有另外一半是自己参加公开的企业招聘会和说明会找到的。但是，当被问到第二份工作是怎么找到的时候，受访者的回答往往都是依靠自己的人际关系，因为如同之前提到过的，公开的企业招聘会往往只面向应届毕业生。

有些时候公开的就业渠道也会和个人关系圈出现交集。以张天为例，虽然他是通过公开招聘找到的工作，但实际上公司里同一所学校毕业的前辈为他的顺利入职创造了很大的机会。这种微妙的人际关系效应在日本的理科毕业生当中体现得尤为明显，导师和学生之间往往更像是师傅和学徒的关系。这些学生所属研究室里的导师经常会为他们的就职提供帮助，大多数时候导师的人脉关系可以在很大程度上帮助中国留学生找到工作。但是这样的成功率也不是百分之百。毕业于一所私立大学建筑学专业的陶喜林就有过并不愉快的求职经历：

我快毕业的时候，导师把我推荐给了一家设计公司，因为之前他有一位学生就进了同一家公司工作。刚开始面试的效果很好，老板曾经去过中国，也很喜欢中国人，所以那次谈话很愉快。面试完了以后，他突然问我来自中国哪里，我说福建，他好像一下子没听明白，于是我那位同一所大学的前辈就又重复了一遍说“福建”，老板的态度立马就变了。几天之后，我打电话过去问面试结果，他说他们会商量一下。然后他们便寄了一封信给我们研究室，上面写着“我们很遗憾……”。这是第一次也是最后一次我遇到这种歧视，我已经被导师推荐了，而导师的推荐往往就代表了最好的保证……这次的经历给我的打击很大，因为我是被推荐过去的，而且面试的时候他们也表现得很积极。我的导师甚至在写推荐信的时候跟我说：“如果他们录用你的话，你一定要去，因为是我推荐的你，如果你最后没去我会很没面子。”

由于许多中国留学生都是通过亲戚或朋友帮忙才到日本，这些亲戚和朋友往往都已经在日本有了稳定的工作。而且留学生在学校也会结识一些同学，这些朋友和同学在提供就业信息和机会上也起着非常重要的作用。当张天还在写硕士学位论文的时候，他就已经拿到了五家公司的录用通知，其中就有两家是通过朋友介绍的。

另外，还有一点值得注意的是，早期来日本的中国留学生在找工作时更依赖于社交关系。在 20 世纪 90 年代初期，当中国留学生从学校毕业时，中国和日本之间的经济联系还没有现在这么紧密，许多中国留学生除了依靠家里的亲戚关系之外，自己也通过边上学边打工的方式积累了一些人脉。顾爱玲来自广州，1986 年刚满 20 岁的她还在读大三的时候就来日本留学，并在 1993 年获得硕士学位。她的工作都是通过社会关系介绍的：

在进入M公司之前，我曾经在一家研究所工作过……那是一家非营利性质的机构，隶属于外务省。我通过一位广州的朋友介绍获得了那份工作。她丈夫的父亲是军队干部，这个故事说来话长。很早以前我还在国内读大学的时候交了一个男朋友，他有一个朋友的爸爸就是军队干部，那个人的女朋友就在日本，后来他们结婚了。我毕业之后先是被一家大型食品公司录用了，在那里我主要是负责为他们去中国东北地区开合资企业时做翻译。当时他们很喜欢我，也希望我继续留在那家公司工作，但前提条件是必须要在东北待半年。这对我来说太难了，我没办法在东北生活。但我签证马上到期了，结果那位广州的朋友正好来找我，还问我有没有兴趣在研究所工作，说是工作内容无非就是有中国的代表过来的时候做做翻译，没有的时候就做一些有关中国经济的市场研究，定期交一交报告就可以了。于是我接下了那份工作，大部分时间我都在给一些来访的中国干部做翻译，因此认识了不少当官的人。

顾爱玲在那段时间里认识的人当中有两个人后来都成了她的老板。在研究所工作了一年之后，她去了M公司——日本的一家著名大型企业，并担任该公司对中国地区的业务负责人。四年后，她又跳槽去了N集团——一家电子机械领域的龙头企业，依然从事中国地区的市场经营。

第三节　在跨国经济中寻求事业发展

留学生常常被看作是未来的技术移民、信息技术领域的人才，如果他们学成后留在国外工作，人们往往会认为这是一种“头脑流失”或者是“头脑循环”的开始。中国留学生在日本的就业情况显示，在全球化经济发展背景下将留学生在海外就业仅仅定义为技术移民显得有些狭隘，虽然多方面因素造成中国留学生在日本的就业机会不断增加，但其中很重要的一个原因是日本劳动力市场对于中国留学生填补跨国贸易业务缺口的需求。日本法务省有关毕业生就业情况的调查数据显示，在日本就业的大部分中国留学生持有的签证类别是“人文知识/国际业务”。2013年外国留学生就职最多的几项职业种类分别是：翻译/通译（23.8%）；贩卖/营业（23.6%）；情报处理（8.1%）；教育（7.3%）；海外业务（5.2%）。[①] 除了情报处理以外，其他四类职业都明显有多语言技能或是多元

① 《平成25年における留学生の日本企業等への就職状況について》，日本法务省，http://www.moj.go.jp./content/000125770.pdf。

文化背景的要求。

一、在跨国经济中寻找定位

经济全球化是促使中国留学生大批进入日本劳动力市场的主要推动力。近年来中日两国之间经济联系不断加强使中国留学生越来越有可能在日本企业里从事跨国贸易工作。对于日本而言，中国已经成为最大的生产加工基地和消费市场，而且作为贸易合作伙伴的角色也显得越来越重要。在日本，尤其是进入21世纪之后，有关中国经济飞速发展的消息随处可见，比如全日空公司曾在地铁上和电视里，大力推荐飞往中国的各种航班，并将其称为“飞往高速发展的中国”。有关中国经济发展的书籍和杂志也陆续登上书架排行榜。2002年6月，《经济学家》（*The Economist*）杂志制作了名为“中国企业：从世界工厂到巨大市场”的专题报道，在里面将近30篇文章中，经济学家分析了日本每一项产业在中国的潜在市场，从自动化、软件到机械电子，从化妆品、时尚流行到快餐甚至零食。其中有一篇文章标题醒目地呼喊“中国：最后一个宏大市场的起跑点”。另一篇文章则介绍了在中国拥有工厂的日本中小企业，称他们是在中国“赌上自己的命运”。事实上，越来越多的日本企业已经陆续开始在中国设立自己的工厂或分公司。进入21世纪之后，中国经常是日本对外投资最大的国家。[①] 2002年，日本直接向在中国开设的工厂投放了4.2亿美元的资金（Belson，2004），并且成为除香港之外中国大陆市场最大的境外投资商[②]。日本也是中国商品的最大进口国，不仅仅是像NEC或马自达这样的大型企业会将大部分产品交给中国工厂生产加工并在中国销售，许多中小企业也会效仿这种做法。综上所述，在日本的中国留学生往往会因为其原本具备的中文能力和有关中国的文化知识背景而在就业后的跨国贸易业务中发挥独特优势。中日两国政府虽然在政治和历史问题上一直存在分歧，但同时也在极力推进两国的经济交往。从2003年9月开始，中国政府面向日本公民开放了最长15天的免签政策，这在中国的外交政策上还是首例。在这样的经济大环境下，日本企业也更加倾向于招募同时具备两国语言能力和知识文化背景的人才。

更值得一提的是，中国留学生能在跨国经济中找到自己的事业利基并不仅仅是出于日本企业的市场拓展战略的需要，也是他们自己积极寻找自我定位的结

---

① 日本对外直接投资（国・地域别），日本贸易振兴机构，http：//www. jetro. go. jp/world/japan/stats/fdi. html。

② 《按国别（地区）分实际外商投资额》，中国国家统计局，http：/data. stats. gov. cn/easyquery. htm?cn = Col & zb = A060A & sj = 2002。

果。正如刘达年所说：

日本不是一个开放性的社会……因为这是一个岛国，我不是说他们会隔离其他人，而是如果一些问题他们可以自己解决的话，就不会想到去靠外部解决。如果你是个外国人，你就需要找到自己的定位并且认真发展……所以作为一个中国人，你可以去做和中国有关的商务贸易；如果你是个欧洲人，你就专做欧洲贸易。我个人并不认为日本企业具有非常适合外国人职业发展的环境，但是日本的企业却有很强的意愿走向海外，这就是外国人的机会所在。

除了有这样的机会存在，中国留学生在跨国经济中的定位也同他们的文化资本有关。中国留学生在日本大学本科中就读社会科学或人文专业的比重非常大，日本企业招募外国职员的一个主要依据就是考察他们是否拥有日本缺少的技术或才能。没有理科专业技术能力的中国留学生要想在日本找工作的话就要在自己身上找到日本人所不具备的条件——中文和中国文化背景。如同一位受访者所说："如果只是面对日本本土市场的工作的话，他们为什么要雇你而不是日本人呢？日本人自然会比你的日语说得要好。"正是因为目前日本劳动力市场上有大批掌握两国语言并且接受过日本教育的留学生，他们往往能接受较低的工资水平，因此一些之前从没雇佣过外国人的中小型企业也会开始雇佣中国留学生，并试图在中国市场寻找商机。

一旦被录用之后，中国留学生在帮助公司开拓海外市场的同时，也会在公司拓宽自己的能力施展空间，这也为其他中国留学生制造了就职机会。如毕业于法学院的沈超，当日本一家经营技术产品的公司录用他时，看中的是他的专业知识和英语能力。他进入公司后担任的职务是知识产权的法律顾问，刚开始工作的几年他经常去欧洲和北美旅行。到20世纪90年代后期，沈超向老板提出建议说中国在专利技术上存在很大的市场潜力。很快，作为全公司里唯一的一名中国人，沈超开始全权负责公司在中国大陆的市场业务，而且公司也因此雇佣了更多中国人来一起拓展这项业务。

日本劳动力市场的扩展为中国留学生提供了前所未有的就业机会。但是，这种机会并不能帮助他们消除日本企业制度和人事结构方面的约束。他们的外国人身份还是会限制他们在日本公司的职位上升空间以及收入水平。这种机会与约束共存的状态在中国女性职员身上体现得更为明显。作为外国员工又是女性，中国女性在日本企业中面对的是双重不利因素。但因为她们的双重语言文化能力，她们在日本企业中也会得到一般日本女性职员无法拥有的机会。

二、职业利基中的流动性

中国人在跨国经济中寻找自己的职业利基，他们的职业发展往往和日本职员有着很大区别。在日本，直到最近，大型企业中的男性职员的流动往往都呈垂直形态，即所谓的年功序列。许多日本公司的职员一旦被录用之后就会兢兢业业工作直到退休，他们在公司的职位可以反映出其学历背景和进公司年份，很少有人会跳槽。到20世纪90年代中期，仍有超过80%的日本企业职员一直在同一家公司工作（Ishida et al.，1997）。相比之下，中国职员的职业为水平流动。和日本同事相比，他们跳槽的频率要高得多。这种职业流动类型，一方面，反映出日本企业虽然对中国员工有需求，希望吸引更多的人才进入跨国贸易领域，但无法调整死板的公司制度结构以更好容纳外国员工；另一方面，也反映出中国人对自己在日本就业的机遇和瓶颈的估算，以及他们自己的职业规划。此外，笔者认为，随着进入日本劳动力市场的中国人的增加，日本社会也正面临着转型，尤其是企业文化中性别差异的问题面临挑战。

（一）跳槽

跨国性的职业利基是一个具有层级的事业渠道。“海外业务代表”这项职务包含了从事事务辅助的销售助理、翻译、销售到监理不同级别。在信息技术领域，“架桥软件工程师”是能同时在日本和中国市场负责软件推广的项目负责人。要想成为“架桥软件工程师”，就需要在之前有过IT行业项目负责人或是一般软件工程师的工作经验。但是，在日本企业中的中国人很少能有机会快速攀升到这种职位，所以他们会通过跳槽这种方式来实现自己职位的提升。造成这种现象的原因可以归结为两点：一是，中国留学生缺乏足够的就业保障；二是，他们的职业发展空间往往存在瓶颈。

留学生所就职的企业和他们的职业发展道路都是造成他们缺乏就业保障的主要原因。他们往往在中小企业里工作。日本法务省的统计数据显示，有一半从日本大学获得本科以上文凭的海外留学生在毕业后就职的公司规模不超过100人，而且三分之一以上的月薪为20万日元以下（MEXT，2014）。虽然这项数据统计包括了全部的留学生，但其中三分之二为中国留学生，基本代表了这一群体的就职情况。从学校毕业之后，为了尽快在日本找到工作，许多中国留学生并没有太多的机会去考虑企业的规模和福利待遇水平。由于毕业院校水准参差不齐，因此能够进入大型企业工作的人并不多，而进入中小企业又无法保障就业安全。近年来随着经济环境不景气，小规模企业越来越难生存。许多日本企业都把希望寄托到了中国市场和廉价的劳动力上。他们雇佣在日本的中国留学生来拓展在中国的业务，但是由于本身的条件和规模限制，他们很难为中国留学生提供就业保障。加上留学生本身也需要考虑签证问题，因此他们当中许多人都会在日本的中小企业之间频繁跳槽。来自中国内地的郑佳曾经在日本一家小型贸易公司工作过，她的工资很低而且经常需要长时间加班，但她觉得自己已经别无选择。以下是她对公司情况的描述：

我能找到这份工作都已经算是幸运的了。你看，这已经是我的第二份工作。我去的第一家公司刚过了一年就倒闭了，而且事情发生得太突然，我都没有任何准备，当时我的签证有效期就只剩下两周了！一个已经在日本待了12年的朋友把我介绍到了另一家公司面试，但他们要第二次和第三次面试，我已经没时间了。我又去找了就职中介。现在这家公司刚好发出了招人启事，于是我立刻就被安排去这家公司面试。记得那时候是夏天，特别热，我穿着西服过去，见到我之后，公司的女老板显得很高兴，她说一周后会通知我面试结果，但那天我刚回到家，她就打电话来问我第二天能不能上班，我毫不犹豫就答应了。那时候因为签证我真的是别无选择，虽然后来也有其他公司打电话来通知我二次面试，但我都推掉了，因为我已经没有时间等他们的结果。

即使在规模相对较大的公司，工作也不一定有保障。一般而言，在日本大型企业里工作的正式职员都很少会辞职或跳槽。[①] 但许多中国留学生经常是跟公司签短期合同，而且只有一部分人以后有机会转成正式员工。张天就认为他很幸运选择了现在这份工作，而没有去他朋友介绍的那家大型机械电子企业。

他（那位朋友）以前去了S电子产品公司，但那里和外国职员只签临时短期合同，每年合同就必须更新一次。当时我毕业的时候他也有介绍我去那家公司，而且他们也有意愿招我。S公司在中国有大批的业务项目，我那个朋友也经常会去中国出差。但后来情况变得越来越糟糕，到四年前，他收到老板的通知说他负责的那个项目被叫停了，公司给了他三个月的工资然后再没续签合同。

造成中国职员在日本频繁跳槽的另一个原因是相对封闭的职业发展空间。就中小型企业而言，内部职位结构往往比较单一，如果一家公司只有几十个职员的

① 《2006劳动统计》，日本劳动政策研究和研修机构，http://www.jil.go.jp/kokunai/statistics/kako/documents/2－11.pdf。

话，就很难有升职的空间。陈兰说：“在这样的公司里就是一个萝卜一个坑，作为外国人，你很难有机会爬上部门主管的位置去领导一批日本职员。”而在大型企业里，很多外国人又只是契约雇员，他们被招进公司往往是为了做短期项目。以顾爱玲的例子来说，她在一家跨国电子产品企业的市场部工作，和其他日本同事享有同等待遇，但她既不属于临时雇员，也不像其他日本人一样属于A类职员。作为外国人她被划分到了无限期任职但没有退休金的B类职员当中，除非若干年后她考虑改变国籍变成日本公民，否则就无法改变这种情况。除了要频繁奔波于日本和中国之间，每天还要承担超负荷的工作压力，而且顾爱玲对于未来短期之内的升职空间也持悲观态度。由于缺乏稳定的生活和安全感，在日本的中国人很少会认为自己应该在一家公司长期待下去，而且跨国贸易市场的不断发展也让他们有足够多的空间持续跳槽。

对于已经有工作经验的中国人来说，他们往往会在日本通过像“Hello Work”这样的政府服务机构、朋友介绍或是越来越多的人力资源服务公司来寻找下一份工作。由于中国留学生比比皆是，为了在竞争中能更突出自己的国际市场开拓才能和文化资本，许多人开始努力提高自己的英语水平。一些人会在网上购买英语课程，一些人会去上商务英语培训班，还有一些已经在日本待了多年的人甚至会选择去一些英语语种的国家锻炼自己的语言能力。例如原本在一家食品企业做海外业务代表长达六年的陈安琪就在获得了日本永住权之后辞掉了工作，前往英国专门学习英语。

（二）升职

随着日本企业在中国市场业务拓展的增加，一些中国人也开始在日本企业中寻找升职空间。一些人从销售助理的职位升为专门负责跨国贸易业务的销售专员，还有一些人被提到了管理者的位置。但是，在笔者的调查采访中，获得升职成为管理者的绝大部分都是男性，特别是持有日本的永住权或是加入了日本国籍的人。文科出身的中国雇员能有“海外业务代表”以外头衔的人更少。文科出身做管理的经常是在日本公司中业绩突出、举足轻重的人。张天在一家历史悠久的传统日企工作，专门负责中国市场。他已经在这家公司工作了十六年之久，工作到第八年的时候，他就被提升为组长。当时他已经为公司在中国开拓了很多客户，一旦他离开的话，客户资源也会随之流失。另外，如果他们加入日本国籍的话，会有更大的升职机会。沈超，在帮助自己所在的公司成功打入中国市场后，就曾经被他的老板问道是否愿意加入日本国籍，这样的话就可以升成部门主管。“要想升职就必须加入日本国籍，他们需要我向他们证明自己的忠诚度。”

在具有理科背景的中国留学生当中，企业里的头衔对他们并不那么重要，他们更重视自己的实际工作性质和是否能负责实体项目。IT业人士的能力显示在他们的专业资格证书和工作经历上，能不能成为“架桥工程师”是在日本从事IT行业的中国人衡量自己成功与否的一个标志，因为这最能体现他们在技术领域和跨国领域的领导角色。

（三）准驻在员

对于许多在日本就业的中国人来说，没有比被派回中国的分公司或当地办事处做管理者更有吸引力的了。一些人为了能被派回中国而跳槽，“回家”对很多人而言是在跨国企业中职业规划的终极目标。但是，绝大部分在日本的中国人所期望的“回家”只是回到中国一线城市工作，并不一定要回到他们真正的家乡。张天就是一个典型的例子。

从小在中国东北长大的张天在上海买了一套高级公寓。在笔者作第一次采访时，他还在和老板协商，提出想要负责公司在中国的一处分公司，但老板说比起中国，在东京的总部更需要他。听老板这么说，他动了离职的想法，开始在外找工作，看是否有公司会把他派遣到上海或上海附近的城市。为了回去，他愿意降低自己的工资。事实上，工资削减，衣锦还乡是回国之人经常有的情况。按照日本企业的逻辑，因为中国的物价和收入水平较日本低，中国职员不该要求日本的薪资水准，但这种逻辑并没用在被派往中国的日本职员身上。相反，他们往往享有更丰厚的待遇，因为他们希望保持和以前一样的生活水平——吃从日本进口的食物，就连浴室清洁剂都要用日本生产的。这种差异就为既有在日本工作的经验又同时熟悉两国文化背景的中国职员提供了机会，他们成为“准驻在员”，介于日本驻在员和中国本土职员之间，戴美华的丈夫便是这样的情况。

戴美华的丈夫曾经在日本一家顶级规模的电信企业里工作，公司在中国市场也有业务发展。在日本待了十二年之后，他们一家开始寻找机会回上海。通过工作关系，他认识了现在的老板，把他直接派到了上海工作。戴美华说：

> 我丈夫工作一直很努力，所以那位老板非常喜欢他。在日本工作了这么多年以后，他也了解了日本企业的管理方式，而且知道在工作中怎么和日本同事相处。虽然经常连周日都要加班，但他从来没抱怨过工作压力，也从来不要求加班费。那位日本老板也需要他去和公司里的其他中国职员沟通。所以他的角色更像是一个沟通中介和本地专家。招到他的那家公司也很聪明，因为同样的工作他能比日本职员做得更好。但是公司没有答应提供像免费住房或是其他补贴的福利待遇，因为他们知道他家就在上海。

笔者在调查中发现，获得像这样在中国大城市的工作机会是许多在海外工作的中国人的理想目标。首要原因是他们终于可以摆脱日本那种沉重压抑的工作环境。此外，在日本，他们作为外国人难免受到排挤。从高中开始就学日语并且幸运地在日本找到合适工作的张天依然认为“日本是给日本人的”。他不认为日本人对外国人有多歧视，但是他相信中国本土的生活环境还是更适合中国人。中国职员希望以“外籍职员”身份被派回国内工作的第二个原因是，至少在笔者做调查时，同样的薪资待遇可以让他们在中国生活得更优越而且享有更高的社会地位。最后，孩子将来的发展也是他们决定去留的一个重要因素。许多受访者都因为各种原因不打算让孩子在日本长大。他们有的已经把孩子送回中国接受教育，有的有这样的打算。本书第六章会详细讨论中国移民跨越国境的生活和家庭安排。

（四）独立创业

许多在海外的中国人都有一个创业梦。中国人一般有两种创业方向——一是从事有民族特色的生意，如中国餐馆；二是跨国经商，从事中日间的贸易。有些人由于在日本企业的工作经历不愉快，选择自己做老板，例如蒋建华就因为不满意之前公司的薪资涨幅而辞职自己开了一家餐厅。

1995 年从日本一所私立大学毕业之后，蒋建华进了一家中等规模的日本贸易公司。三年之后他辞掉工作回中国相亲，结婚后他又回到日本，在一家小型贸易公司找到了工作，他对老板说自己在第一年不会要求高薪，但他希望老板在一年后根据他的业绩给他相应的报酬。蒋建华很有自信也很有能力，虽然当时经济不景气，公司在那一年失去了一半销售人员，但他依然做得很好。到 4 月的时候，老板给了他很高的评价，但每个月的工资只给他涨了 2 万日元，蒋建华对此很不满意。有一天，他和妻子散步，看到一家中国餐厅愿意出让，于是他决定盘下那家店并立刻付了押金。随后他向老板提出辞职，老板不舍得他，立刻答应给他每月涨薪 8 万日元，但他已经做出了决定。他果断离开了公司，开始做起了自己的餐厅生意。

现在，只要遇到合适的机会或是有好的资源，越来越多在日本的中国人都选择自己创业做跨国生意。对于在日本从事 IT 行业的中国人而言，自己出来创业已经成为普遍认同的职业规划方式。因为在许多软件工程师看来，做真正的软件开发和编程，需要头脑、精力和对最先进技术的了解，适合年轻的时候做。而做老板靠的是实践积累起来的商务经验和人脉资源。一些中国人在日本 IT 行业工作多年，已经了解了公司的运营机制和获取客户的渠道。不仅如此，因为在中国拥有的专业知识背景和更加便利的人脉关系（例如同学），他们可以更有效地节省拓展市场以及在中国招募专业人才的成本。

许多之前在日企从事海外业务代表或是销售市场工作的中国人在自己创业的时候，选择的事业经常和在原来日本企业的工作相关。在下一章中会具体讨论到，有过日企工作经验的创业者开办的公司业务往往和他之前所属公司的业务内容有着惊人的相似之处，要么成为之前公司的竞争者，要么成为同一行业链条上的客户或是服务方。通过在日本企业工作，这些中国人学到了大量的贸易知识和技巧。实际上，他们之前的工作经验不仅有利于后来自己管理公司，也帮助他们更便利地招募职员或是寻找合作商。一些创业者甚至会在离开公司时也同时挖走以前的同事，或邀请原来的上司一起参与他们的创业。

三、企业中的中国女性

尽管中国女性在日本企业里工作的情况与中国男性有许多共通之处，但是日本企业的性别差异问题以及日本社会对于女性的观念都让中国女性在日本的职业发展渠道显得更为复杂。

一方面，和日本女性相比，中国女性具有一些职业上的优势。和日本职业女性经常进入“一般职”（一般事务型工作）的情况不同，由于日本对多语言人才的需求，中国女性往往在日本企业里更容易获得“综合职”（负责业务并且岗位经常调动型工作）（Brinton，1992）。她们经常在企业中成为业务销售代表，并独自去国外出差。有少数受访者认为，外国人身份可以缓解日本企业里普遍存在的性别差异问题对她们的影响。在日本一家制造企业里做销售代表的陈安琪每个月都要独自一人去台北和上海出差。她说自己是公司里唯一一位不用穿粉色制服的女性职员，而且也是销售部里的唯一一名女性。事实上，陈安琪认为中国女性不太可能会按照日本企业里一般职业女性的“传统轨迹”走下去，因为她们不太适合这样的职业规划。她认为，首先，中国女性没有从小受到日本性别文化的熏陶，因此她们做不了日本女性在公司里承担的角色。其次，在中国长大的女性往往抱有男女平等的观念，将男性奉为上宾且为他们服务在中国女性看来很难接受。笔者调查中的大部分女性受访者都称，她们的日本男同事普遍认为她们太“强悍”。顾爱玲1986年就到了日本，在笔者见到她时她的人生中已经有一半时间都在日本度过，但即便如此，她还是说：

我觉得自己个性和韧劲都不像日本女生。有一次我和一位日本同事聊天，我说很多人都觉得我很像日本人。他当时特别惊讶地说：“哈？”因为他觉得我一点都不像日本人……在日本公司里，女性经常担任的是助理角色，男同事只要说

“复印这个”，她们就会乖乖拿着资料去复印，这种情况很可悲。我现在工作的这家N公司还好一点，因为是一家高科技公司，之前工作过的那家M公司才是真正的可怕。那里有一位女职员，毕业于御茶水女子大学（日本知名大学）而且去美国留学过一年，英语非常好，但她在那家公司里就只是个助手，打打下手。还有一位五十多岁的女同事，很多年前从“短大”毕业，已经在那工作了将近一辈子。每天早上她都要在公司为其他男同事准备好茶水，她已经习惯了这样的工作，在办公室里她的地位是最低的，任何一个新来的男同事都可以随便对她呼来喝去。

虽然大部分中国女性避开了为男同事端茶送水的命运，但她们还是避免不了日本社会的性别歧视，这让她们在日本企业里职业发展的空间受到限制。日本劳动政策研究和研修机构的一项调查显示，相比男性，日本女性进入小型企业就职的情况更多，并且经常是作为临时雇员。从1989年到2008年，日本女性的收入水平一直只有男性的60%～68%，即使在同样规模的公司，同样的职位、学历背景和工作年限，女性职员的工资水平也依然只有男性职员的75%左右。[①]

虽然日本企业里存在这样明显的性别差异待遇，大多数中国女性还是默默接受了这一事实。郑佳认为：

在我之前来的女同事都是这样，经常加班工资又很少。刚进公司的时候，我们和男同事的工资标准就不一样。两年过后，这种差距变得越来越大。在日本，往往女性会在结婚生子之后就辞掉工作，所以一旦有加薪或升职机会的话，他们都会给男职员，这已经是不成文的规则了，大家彼此都心照不宣。

和低收入相比，一些女性职员更介意的是职业发展空间受到限制。陈兰认为既是中国人又是女人，这种双重身份让她们的情况更加不利：“虽然我已经在公司里负责主要业务，但我永远当不成部门主管，更不用说去做公司经理。日本男人没办法接受一个中国女人的职务比他高。”

姚琳在满30岁的时候离开了已经工作了五年的一家贸易公司，她说：“日本男人的心眼太狭窄，知道他们在公司里都经常跟我说什么吗？‘年龄差不多了，你也该结婚了吧？’我被他们说得烦死了，就干脆辞了职。”

由于自己外国人和女性的双重不利身份，一些像姚琳这样事业心较强的职业

① 《2010劳动统计》，日本劳动政策研究和研修机构，http：//www.jil.go.jp/kokunai/statistics/kako/documents/15_ p193－202.pdf。

女性到后来都选择了自己创业。2002 年，当作者采访姚琳时，32 岁的她仍是单身，但已经是一家小型贸易公司的老板。到 2005 年，陈兰也辞掉了工作，和之前的部长合作一起开了一家同类业务的贸易公司。其他一些中国职业女性则选择了频繁跳槽。

也有中国女性接受了一般日本女性的工作模式，林颖就是这样的例子。她从日本大学本科毕业后的第一份工作是在一家小型贸易公司任海外业务代表。很快她就申请加入日本国籍，新的公民身份迅速帮她拓宽了职业道路。之后她便跳槽到一家大公司做服务中国分公司的事务助理。林颖说自己做这样的选择是因为她对事业并没有太大的野心，她只希望自己有更多的个人空间，在这家公司上班她可以保证每天下午五点半准时下班，可以随意安排自己的生活。“如果你做销售的话，你每天工作的时间就很长，压力也非常大，我觉得这不是我想要的生活。”当被问到做销售的人是不是收入也更多，她说是，但是他们拿不到加班费，总的来说，如果把长时间的加班成本也算进去的话，他们的收入就没那么大差别了。林颖唯一觉得遗憾的是不做销售她就没有太多出差旅行的机会，但她同时也觉得如果一个人总因为工作出差而到处旅行也就没那么有意思了。她对自己公司的福利待遇很满意，员工食堂既好吃又便宜，而且公司办公大楼里还有商店，她可以买到打折的进口化妆品和衣服，而且工作相对轻松，她以前甚至可以在上班时间随意上网浏览。虽然后来公司在这方面管得比较严了，但她还是可以在上班时间写私人邮件，而且还有很多时间和其他同事聊天。

另外，一些中国女性也遵循了日本传统女性的职业轨迹，在结婚之后就辞掉了工作。林月玲以前在中国做过编辑工作，从日本的大学拿到硕士学位后她进入了一家日本企业做了海外销售。虽然这种职业道路和很多中国人相同，但她发现自己不喜欢做销售而且觉得工作环境太过压抑。当有人向她求婚时，她选择了接受，结婚可以让她远离工作而且还能留在日本。虽然她怕在日本企业工作，但更怕两手空空地回国，在国外除了增加了几岁，没有任何其他成就。而且，她也不知道回国能做什么。当笔者见到她时，她已经结婚多年并时而做做中文家教。

以“准驻在员”身份回国的中国女性十分稀少。陈安琪虽然遇到了类似的机会，却没能最终获得她想要的事业。做了六年海外销售并拿到日本永住权之后，她被一家日本公司雇佣并派到上海工作。当时公司答应给她副主管的位置和 20 万日元的月薪，还有公司提供的职员公寓。但令她失望的是，在上海的工作几乎都是陪着日本老板和客户去酒吧，还要在他们和别人调情聊闲话时做翻译。因此仅仅工作了一个月后她就又回到了东京。

第四节　本章小结

留学生是潜在的技术移民群体，中国留学生在日本劳动力市场的表现便验证了这一论点。本书通过记录中国留学生在日本就业的动机、找工作的过程和职业发展轨迹，填补了国际移民研究中有关留学生在移民国家就业状况的空白。更重要的是，中国留学生在日本企业的就业经历显示，通过留学转为技术移民的就业领域要比以往研究发现的更为宽泛。在全球化经济环境下，即使没有专业理科技术背景的留学生也可以通过多语言和多元文化背景为自己在海外劳动力市场中进行职业定位。中国留学生在日本的情况就是如此，他们往往会进入跨国贸易公司从事中日两国间的业务联系工作。基于这样的职业定位，加上日本与中国之间跨国贸易的迅速发展，中国留学生的就业机会也在不断增加。而且通过在中国本土的业务发展，中国留学生能有效帮助中日两国实现更为紧密的贸易对接。

此外，中国留学生的职业流动性显示虽然就业机会不断增加，但他们依然需要面对职业发展道路上的各种制度和文化障碍。许多留学生因签证限制，为留在日本而进入小型企业工作，常常因此没有足够的工作稳定性。也有人作为外国人，在企业内没有太多升迁机会。但是，有迹象显示近年来日本企业正在努力改变，在不断扩展留学生的职业利基。留学生拥有越来越大的职业发展空间和越来越多的机会。中国女性在日本企业的工作经历就是一个鲜明的例子。由于日本市场缺乏多元化人才，越来越多的中国女性进入原本男性主导的职场。虽然她们当中很多人都在日本的职场中遇到收入不公以及升职受限的问题，有些人甚至因此辞职，但我们依然可以看到通过教育渠道进入日本劳动力市场的移民群体不仅仅在跨国经济发展中扮演着重要的角色，而且从企业内部也在逐步改变着日本社会。

第五章　从底层开始的全球化经济——移民的创业

今后，中国将变成世界上仅剩的一个大市场，许多希望在中国投资的日本企业特别是中小企业，为了比较顺利地在中国投资，必定要利用“华侨人脉”。而十几万有着在日本长期学习、工作和生活经验的留学生就会成为联系日本向中国投资的桥梁。

（蒋一超，1998：316）

做跨国企业家是许多在日本的中国留学生的梦想。2013 年，有 5 057 名中国人在日本的身份为投资经营者，在所有海外投资者中排名第一（日本法务省，2013）。但这个数字无法反映中国人在日本创业的真实情况，因为许多创业者已经拥有永住权或日本国籍。欧美的研究普遍认为：移民的创业行为是他们为改善自己在移住国家边缘化的社会地位和经济状况而采用的生存策略（Guarnizo and Smith，1998；Portes，1996；Portes et al.，1999；Portes et al.，2002）。他们把近年来出现的这种跨国型经济活动看作是一小部分移民找到的适应现在经济环境的生存方式，很少有研究者把移民的这种经济活动同全球化经济动力联系起来，没有充分认识到全球化经济环境下移民跨国创业的形态和意义，并忽略了移民创业在实现自我生存的同时也参与并促进了全球化经济发展进程的事实。

通过分析中国移民在日本创业的经历，本章指出，移民跨国型的创业行为是与全球化经济进程密不可分的。全球化经济给在日留学生创造了前所未有的创业机会，同时这些留学生也在推动全球化的进程。在日本工作生活多年的中国留学生，拥有对中日两国的文化理解和社会常识，懂得在不同的体制环境下运用自己从母校或企业获得的各种资源和社会关系在两国间的经济空间内寻找机会、利用优势，为两国间的跨国经济发展做出了重要贡献。他们创业不仅仅是为了生存，他们所拥有的专业技能、贸易经验、双语水平以及跨国人际关系使他们不但能进行中日之间的贸易，并能延伸发展到中日以外的地区，如东南亚和美国。

但是，中国留学生毕竟还是移民群体，具有移民创业的特征。本章具体阐述在日中国留学生跨国创业者产生的制度、经济与社会背景，以及他们创业及实现生存发展的策略。

第一节 中国留学生创业者

笔者在本书中将跨国型移民创业者设定为那些从事跨国型经济活动，并且以这种活动为主要经济手段的人群。因此，本章的分析不包括偶然参与跨国贸易行为的人或那些被企业常勤雇佣的职员。传统的移民创业者，像经营中国饭店的企业家，其主要市场在日本，没有频繁的跨国活动，故不作为本章的分析对象。

本章的分析主要利用了笔者在2001年至2007年之间所做的定性调查中出现的跨国创业者的事例，以及段跃中（1998）所编《负笈东瀛写春秋》一书收集的明确描写自己跨国创业经历的那部分在日中国人自述。在笔者定性调查的123名受访者当中，有16人是跨国创业者；段跃中书中所收集的104篇自述中，有19篇的自述者是来自中国的创业移民。35位跨国创业移民中，绝大多数都有着良好的教育背景，年纪为中年，在日本拥有永住权，并且大多数人有过在日本企业的工作经历。因为自传中有2人没有提到自己的年龄和赴日年份，表5-1记录了其中33人的年龄和进入日本的时间。笔者研究的调查对象情况与北美的研究相符，开始自主创业的移民往往都已拥有安定的长期居住的法律身份（Portes et al.，2003）。

表5-1 受访创业者的赴日时间（单位：人）

年龄	赴日时间					
	1980年前	1980—1984年	1985—1989年	1990—1994年	1994年后	总计
50岁及以上	1	0	3	1	0	5
45~49岁	0	0	7	1	0	8
40~44岁	0	0	6	4	0	10
35~39岁	0	0	0	5	3	8
30~34岁	0	0	0	2	0	2
总计	1	0	16	13	3	33

来源：段跃中（1998）书中在日中国人的自述以及笔者所做的研究采访。

在这35名创业者当中，27人最初以留学身份来到日本，并且绝大多数都是从语言学校学习开始，也有一小部分是通过研究生的身份入境。受访者当中只有两人是直接进入大学以及硕士课程。至少三分之二的创业者都有过在日本企业工作的经历。[①] 另有2人大学期间在日企打过工，这些打工经历给他们启发，激发他们创业的想法。对这些企业家来说，在日本的教育背景和日企工作经历对他们日后的跨国创业行为有深刻的影响，是他们成为中日贸易桥梁的一个重要条件。

本书中的中国移民创业者绝大多数从事贸易、信息技术、咨询/广告、文化/娱乐、旅游、航运、投资以及制造业，同时面对中国和日本市场。表5－2和表5－3统计了这些受访对象的企业规模。由于一些创业者，尤其是段跃中书中的一些自述者涉足不止一个行业，因此统计结果总数超出了全部创业者人数（35人）。此书也记录了当中不少创业者在日本和中国开设多家公司的案例。由于这些创业者大多数都没有具体描述自己的企业规模，因此企业规模的相关统计总数少于总创业者人数。

表5－2　中国海外创业者：行业类别

行业类别	人数
贸易	14
信息技术	5
咨询/广告	5
文化/娱乐	7
旅游	7
航运	2
投资	2
制造	3
总计	45

来源：段跃中（1998）书中在日中国人的自述以及笔者所做的研究采访。

表5－3　中国海外创业者：企业规模（员工人数）

企业规模	人数
50人以上	1
11～50人	2
6～10人	2
2～5人	9
1人	2
总计	16

来源：段跃中（1998）书中在日中国人的自述以及笔者所做的研究采访。

① 段跃中书中在日中国人的自述中，有一部分人没有记述海外创业者在日本的全部工作经历。

第二节　投身跨国创业

前往日本的不少中国留学生之所以会做出个人创业的决定，往往是因为受到移民过程中所经历的机遇和约束的双重影响。首先，近年来中日之间经济贸易交流的增加为中国留学生在日本提供了前所未有的经济机会。其次，他们在留学期间及后来在日本企业工作的过程中积累了人力资本和社会资本，为他们实现个人创业提供了重要条件。最后，他们自己在日本文化和社会所处的边缘地位也激发了他们实现自我独立和跨越中日两国间体制约束和障碍的渴望。

一、经济机会

在日中国留学生的创业动机源自于近年来中日跨国贸易活动的增加。从20世纪90年代初开始，中国进入经济快速发展时期，成为日本重要的贸易合作伙伴，在日本经济发展中扮演着愈发重要的角色。这一趋势不仅增加了当代中国移民在日本劳动力市场的就业机会，也给他们提供了创业的可能性。新一代在日华人的经济形态，和“二战”前进入日本的中国移民相比，有显著不同。

早期前往日本的中国人被称为“老华侨”，他们当中绝大多数人都是在日本以从事民族行业（ethnic business）起家，例如开中餐厅。如拥有留学背景的新一代移民创业者张丽丽所述：

和老华侨相比，新一批前往日本的华侨有很大的不同。以前的老华侨基本都集中在横滨中华街，而新华侨都聚集在东京银座；老华侨主要以开中餐厅为主，新华侨则涉足技术、计算机、贸易等多个领域……

老一代华侨的创业机会在很大程度上是受当时经济环境的限制。在“二战”结束后，中日两国间的经济贸易往来经历了整整30年的冰封期。在几乎完全断绝经济往来的情况下，跨国型创业根本无法生存发展。和老一代华侨相比，新一代中国移民幸运得多。中国已逐渐成为日本重要的产品生产基地，同时也是最主要的消费市场之一，各种商业机会由此产生。

在中日贸易发展的初期，日本市场的一个主要需求就是与中国经济贸易文化有关的信息，以及能够实现商务对接的中介者。李年古是早期创业的留日学生。他认为日本当时对于中国的了解非常粗浅：“（许多去过中国或是与中国打交道的日本人）去中国经商办实业时，往往忽然变得放心大胆起来，或是认为文化同根同源，抱着串门走亲戚的心理就来了；或是拿自己当拯救贫穷落后的救世主，抱着下乡扫盲的使命感阔步而入，那心态一如曾响彻中国大地的日商广告：‘车到山前必有路，有路必有丰田车’——自我感觉良好。结果是到处‘塞车’受阻，于是大呼上当受骗。”（李年古，1998：601）于是，中国留学生创业先驱者中，开设了一些向日本企业提供教育、海外接待以及咨询的服务机构，为两国之间的贸易活动铺平道路。他们创办期刊介绍中国市场情况，组织日本企业去中国调研，并协助国内的政府机构人员来日本，向他们宣传介绍各日本企业，寻求将来合作的可能性。一家留学生创办的企业发行了名为“中日新报”的双周期刊，并在1992年至1997年间前后组织了117个日本企业代表团到中国寻找合作商机。在他们当中，有37家日本企业后来成功地在中国实现了投资（刘成，1998）。

近年来，日本经济环境持续不景气，日本消费者也越来越重视商品价格，对海外生产的廉价商品接受能力增强。“百元店”的兴起便是一例。在日本，这些称作“百元店”的卖场里所出售的商品基本都是在劳动力相对廉价的亚洲国家生产出来的，例如中国、越南。于是许多在日本创业的中国人从劳动力差价中寻找生意机会。在笔者的调查中就有一些企业通过投资中国的工厂来制造面向日本市场的商品。例如，苏启明和他的日本合伙人成立了一家专为日本家庭提供空调安装及维修服务的公司，并在中国开办了一家空调零部件制造工厂。对于自己的投资，苏启明显得很有自信：

在日本，空调的零部件往往都卖得很贵。在中国开制造厂以后，我不仅可以把这些零部件用在自己的生意上，还可以低价卖给其他空调维修厂商。每年在日本有七百万户家庭安装空调，在中国有两千多万。你想想那是多大的市场！

还有一些创业者则活跃在中介领域。当笔者前去采访小川——一位已经加入日本国籍的中国移民企业家时，他正在与一位中国商人进行业务洽谈。小川问对方是否可以生产如袜子、内衣或饰品类的小型商品，他对每样产品都进行了细致的描述。后来，他向笔者解释说有一家日本企业想通过自动贩卖机零售这样的商品。他们想要非常便宜的价格，甚至比百元店还便宜，因此委托小川帮他们在中国寻找能提供最低价格商品的生产厂家。

中日之间的劳动力成本差异也扶持了大批中国IT跨国企业。中国的“软件公司”（日语称为“ソフト・ハウス”）不仅可提供廉价的程序外包服务，还可从中国高校直接招收人才，让他们到日本参与派遣项目。2003年，一位经营软件公司的在日华人告诉我，当年上海的计算机专业应届毕业生的月工资水平只有

2 000 元人民币，比日本从事同样工作的员工的工资少很多。

另外，由于中日文化交流的悠久历史，源于中国的中药及一些饮食文化也是日本人民日常谙熟的。此次调查当中有一些创业者就专门向日本市场推销中国生产的减肥食品或是营养品。还有三位受访者从事艺术品交易。近年来，中日两国也迅速成为彼此的热门旅游目的地。自 2003 年 9 月起，日本公民获得了可以免签在中国短期停留最长 15 天的入境资格。之后，日本也放宽了对中国公民特别是沿海省市居民的签证发放。中国的旅行社也因此活跃了起来。许多日本的旅行社不仅面向中国公民出售折扣机票，还提供旅行团服务。一位从事旅游行业的受访者还开设了面向日本高中生的中国毕业旅游项目。

总体而言，中日两国间的经济贸易联系已经越来越紧密。随着经济联系的不断加强，社会文化方面的交流也逐渐深入，这样的经济环境也为早期前往日本的中国留学生提供了更加多样化的创业机会。

二、从公司职员到跨国创业者

很多中国海外创业者都有过在日本企业工作的经历。他们最终做出独立创业的选择往往是因为对自己在日企中的工作状况及职业发展前景有所不满，同时也是因为他们从在日企的工作过程中积累了经验知识和社会资源。日本企业的锻炼使他们成长为成熟的商人。

（一）劳动力市场的制约

北美的研究指出，移民之所以选择创业往往是因为自身语言能力问题、没有相应学历或受到种族歧视，或无法从事白领职位而被迫选择的另一种经济手段（Min，1988）。在日本的老一代华侨的自主创业也往往同以前日本劳动力市场的限制有关。在日华侨华人协会主席曾德深说：

老华人从事餐饮业有历史原因。第一代在日华侨只能从事餐饮业，因为日本企业不雇佣中国人。我 1963 年从日本大学毕业，学理工科的，当时中日两国邦交没有正常化，就业很困难，找不到工作只好回来帮助父母从事餐饮业。我们这一代很多人就是这样。1972 年中日邦交正常化以后，两国经济交往增多，日本企业需要懂中文的人才，开始聘用华人子女。华人子女只要有能力和才干，就不愁找不到工作。从此华人子女从事餐饮业的人越来越少。最近一些老华人为没有子女继承家业而伤脑筋。①

尽管就业机会在不断增加，但许多当代中国移民仍然感觉到日本劳动力市场的制约，从而选择自主创业。这种制约往往包括职场上的不平等待遇、职业稳定性的缺失以及职业流动性和发展空间的限制。除此之外，日本独特的企业文化也让许多中国雇员无法适应。许多创业的受访者在提到当初离开就职企业的一个共同原因，就是不满日企墨守成规、死板且根深蒂固的企业“个性”。类似于“我不是那种替别人工作的人”的说法经常会出现在他们的言谈当中。他们特别会提到封闭的等级管理制度、缺乏创新以及个人发展空间受限，认为“日本社会就是充斥着各种规矩和条条框框”，或是“日本的企业文化太过压抑”。虽然他们意识到这些都是日本企业的普遍情况，并且他们身边的日本同事都在老老实实地工作，但是他们还是会觉得太受束缚，心情不够舒畅。许多人最终为了体验自己当老板的自由而决定辞职。

（二）社会人脉资源

日本企业文化的独特性和限制性是不少中国移民不想在日企长期发展的部分原因，更重要的原因是经过多年在日本工作，他们已经深谙如何在日本联系客户和做贸易洽谈。通过在日本企业工作，他们学到了日本的商务文化和贸易技巧，同时也积累起了一定的人脉。正如安剑星（1998：6）所说：

我常听不少中国朋友说：“想做生意，但没有资金。”其实，资金在做生意的诸多条件中并非最重要的因素。我认为最重要的因素有两点：一是经验，即你是否熟悉你想干的事（在日本的公司工作无疑是最好的学习）；二是和生意伙伴的信赖关系。

姚琳向笔者描述了她自己在日企的工作经验：

许多女性职员往往会从公司的事务职位开始做起，也就是负责打杂。如果有客户来公司的话你要给他们倒咖啡，所有日本的公司都会让你从最底层的工作开始做起。如果连最基础的都做不好，你怎么能负责其他工作呢？刚进公司的时候，你就是新人，所有同事都是前辈。我在办公室打杂了半年之后才开始真正接

① 《六十万在日华人各有烦心事：少愁事业　老愁家业》，中国新闻网，2007年2月7日，http://www.chinanews.com.cn/hr/yzhrxw/news/2007/02-04/867497.shtml。

触一些与贸易相关的工作内容，还跟着老板一起去参加了海外的展销会。

由于在企业工作时积累的经验知识和社会资源都有行业的特殊性，采访调查对象当中有 15 名创业者在离开日本公司自己创业时选择的仍是以前从事的行业。安剑星曾经在一家建材贸易公司工作了 3 年，从准备进出口材料到市场接洽和贸易商谈的各个环节他都有经验。因此虽然公司里有 120 人，但他感到这些工作自己一个人也可以完成，只是规模大小而已。从公司离职后，安剑星自己成立了一家建材贸易公司。为了向之前的公司表现谢意，他放弃了以前拥有的老客户，选择自己发掘新客户。还有其他一些受访的创业者则通过以前的工作发现了相关的潜在市场。例如，沈超在一家研究机构专门从事知识产权研究多年，之后他自己又成立了一家专为中日之间提供技术转让服务的公司。

由于这些跨国创业者都曾在就职过的公司中担当过不可或缺的角色，有时离职并不容易。老关曾经在一家贸易公司做了 3 年市场销售。在那段时间里，他获得了很多忠实客户，销售业绩也非常突出。当他决定要离开公司的时候，老板不肯让他走。在老关反复提出离职申请后，老板终于答应，但要求他在离职前为自己的接替者进行培训，还列出了一系列条件以防止他带走客户资源。在交涉了数月之后，老关才终于完成了离职手续，他说离开以前的公司比自己创办新公司还难。

事实上，在日企的工作经历不仅训练了这些移民创业者的贸易技巧，也让他们有机会为将来自己的企业找到合作伙伴和第一批职员。一些创业者在离开公司时，也同时带走了以前的同事或上级跟随他们一起创业。

第三节　中国移民的跨国创业策略

移民群体的创业手段常常反映了他们所处社会的机会结构（opportunity structure）和他们所处群体的特征（Aldrich and Waldinger，1990）。在中国创业者当中，他们的创业策略通常包括正式移民、自筹资金、同日本人合伙、拓展全球网络，以及发展多样化生意内容等。这些策略不仅反映出中国创业者的草根性特征——他们的移民身份对他们创业行为的限制，也同时反映出他们在全球化经济发展进程当中所扮演的角色。

一、争取“移民”

Portes 等人（2003）指出开始自主创业的移民经常是那些拥有稳定法律身份的长期定居者。在日中国创业者的状况也是如此。一篇介绍20世纪90年代在日本的早期留学生下海创办IT企业的文章指出，辞职下海似乎已经成为在日中国移民群体共同遵循的职业发展轨道。文章指出：

20世纪90年代初期，在日华人形成办IT企业的风潮有主观和客观两方面的原因。从主观上来看，许多80年代初期来日的留学生用10年左右的时间完成了读书和就职两项内容。在度过了人生的一个周期之后，大多数人想寻求一种新的变化。这种变化主要包括以下三个方面。第一，回国发展。第二，在现在的公司内谋取更高的职位或者是跳槽。第三，自己办公司。许多人认为给自己当老板是一个不错的选择。大多数中国人都有一种从众心理，比较容易受周围环境的影响。一个人办了公司，同期来日的同学和朋友也纷纷效仿。“你能办公司，我为什么不能办?”这恐怕是很多人当时的心理状态。环境连锁效应这一客观因素的存在促成了在日中国人的IT公司像滚雪球一样，越来越多。对许多在日华人来说，办公司是水到渠成，跟日本经济的景气状况没有直接的关系。[①]

有时一些中国海外移民申请永住权就是为了给自己创造独立创业的机会。他们这样做的首要动机是为了消除万一创业不成功自己无法在日本继续居留的后顾之忧。绝大多数的在日中国企业没有雄厚的资金背景和制度保障，倒闭的概率很大。许多中国移民不希望因此失去留在日本的机会，都希望先拿到永住权，然后尝试下海创业。

另外，获得日本永住权还有其他一些好处。许多受访者解释，他们在开始创业时，日本法律规定没有永住权的外国人在创办公司时必须有日本籍合伙人，而且自己还不能担任公司的代表取缔役（董事长），并且公司必须雇佣至少两名日本籍职员。[②] 这项法律限制了许多中国人在日本创办公司。如果能拿到永住权，这些问题也就不存在了。

还有一些在日本的中国人想得更长远，为注册公司先申请加入日本国籍，这

① 《经过十余年洗礼　在日华人IT企业发展呈现新动向》，中国国务院侨务办公室，2006年9月15日，http://www.gqb.gov.cn/news/2006/0915/1/3164.shtml。

② 《经过十余年洗礼　在日华人IT企业发展呈现新动向》，中国国务院侨务办公室，2006年9月15日，http://www.gqb.gov.cn/news/2006/0915/1/3164.shtml。

一现象在经营贸易的创业者中尤为突出。因为做贸易需要出入不同的国家，他们换掉自己的护照为了来往方便。以下是笔者和姚琳的一段对话：

姚琳：我一产生创业的想法就去申请了日本国籍，否则我根本没法到处找客户谈生意。

笔者：拥有工作签证的中国人不可以注册公司吗？

姚琳：也可以。但当时，我自己也没办过公司。那时候日本的经济也不景气，万一我没成功……我是那种不希望被制度或外在原因束缚的人。

笔者：中国的护照会成为一种束缚吗？

姚琳：我是做贸易的。如果是拿着中国护照，我几乎哪儿都很难去。这也是最主要的原因，我的生意需要到处跑，有了日本护照之后，我去哪都不需要办签证了。

二、自筹资金

和许多其他国家的移民创业者一样，中国创业者往往都是通过自己的个人资金进行创业。如果一个人的资金不够，他们就会一群人合伙筹钱开公司。[①]因此，许多中国的公司一开始规模都很小，一些合伙人原来都是朋友或同事。也有人巧妙利用他们在跨国经济中的独特地位调拨资金。女性创业者张丽丽的初始资金就策划得非常周密。在注册自己的公司之前，她帮助过中国的一家公司购买日本的机械产品。由于创业的一个条件就是向日本政府证明她有足够的启动资金，她借用那家公司托她买机器的货款做了存款证明，成立了一家公司。另外，笔者的采访对象中有三位创业者获得过其他中国私营企业的资金扶持。他们基本上是受中国企业委托在日本开公司，因为这些公司希望在日本寻找市场和供应商。

但是，这一自筹资金的现象也反映出中国创业者在日本的移民身份的限制，以及他们对日本社会制度的不信任。他们一直认为作为外国人要想从日本的银行贷款是不可能的。正如张丽丽所说，“从银行借钱你需要极大的资信，我们一点也没有”。一位正在经营出版公司的创业者称他自己为买公寓贷款都碰壁了，为了开公司做贷款更没希望。从法律上看，所有在日本的外国人都有资格申请住房

① 根据日本相关法律，在日注册企业的最低启动资金为1 000万日元，注册有限责任公司的最低启动资金为300万日元。个人也可以申请注册为个人事业，不受启动资金数额限制。

和商业贷款。[①]但是，笔者所采访的大多数创业者从来没有尝试过去银行申请贷款，而是自然地认为日本政府和银行不会为他们提供支持。同时，他们也认为这样更加自由，可以不受制度和社会条条框框的约束。张丽丽称，“贷款会带来很多的压力，我希望自己可以享受做生意的过程，而不是整天背负着这些压力”。贺乃和是早期中国移民海外 IT 创业者中的一员。在 1996 年下海时为了成立公司投入了自己的所有积蓄，还卖了车。因为预计自己第一年可能赚不到一分钱，所以他甚至向妻子提出建议，让她出去做清扫工作来补贴家用（贺乃和，1998：103）。

三、与日本人合作

在日本，中国人创办的企业里往往多少都会有日本人，他们是顾问或合伙人，又或是公司职员。一方面，这是由于日本法律要求没有永住权的外国人创办企业时必须有日本籍合伙人和至少两名日本职员。另一方面，对于中国创业者来说，日本籍合伙人和职员也是他们打入日本市场并与日本生意界保持良好关系的手段。

日本人在这些企业里所挂的顾问头衔往往都是名义上的。笔者采访的留学生当中有两位开的是咨询公司，他们一个聘用了自己大学时期的导师，另一个则请到很有知名度的几位日本教授作为公司顾问。有一个人把已经退休的自己博士课程时的导师聘请为公司合伙人。还有一些中国的企业请日籍合伙人的理由很现实。成立了一家技术公司的周维清说道：

日本的软件行业有一个现象，就是日本客户不会相信一个百分之百都是中国人的公司。原因有两点：第一是语言问题，你真的懂客户在说什么吗？用我们软件行业的话来说，就算你听明白了客户在说什么，你又是否真的理解了他的意思呢？如果沟通上存在问题，那麻烦就大了。第二，日本企业对商务间谍有很高的警惕性，当他们碰到中国的企业时，他们很难不去怀疑你。

为了拓展自己的业务范围，女企业家张丽丽邀请了两位日本商人来合伙办公司。“我需要他们帮助公司打入日本市场，因为他们本身是日本人而且有相关的

---

① 虽然外国人在日本有资格申请住房贷款和商业贷款，但申请被拒的现象却并不少见，尤其对于没有永住权的外国人而言。在 2000 年 2 月，在向银行申请 6 850 万日元的住房贷款时因没有永住权而遭拒绝后，美国记者 Steven Herman 向银行提出了诉讼。据银行方面称，虽然 Steven Herman 有申请永住权的意向，但根据银行规定对于申请时没有永住权的外国人不可批准住房贷款。Imtiaz A. Chaudhry，《日本外来移民的“政策”及“法律”》，*UMJ NEWS*，引自日本多文化中心，http：//www. tabunka. org/newsletter/immigration_ p2. html 。

业务经验。跟我合作也有助于他们日后进军中国市场。”大部分贸易、咨询及 IT 类公司都雇有日籍职员，姚琳公司的职员甚至全部是日本人，他们负责了公司所有对外业务的联系，并推动她在日本的个人发展，下面是笔者与姚琳的对话：

姚琳：他们没有语言障碍和文化差异，由他们来联系日本客户最方便不过了，而且，我们公司的绝大部分业务都是跟印度尼西亚合作。如果雇佣中国人的话，他们既不会说印尼语也不能完全流畅地用英语表达，而且日语水平也没那么高。所以，就算不雇佣日本人的话，我也可能会招那些来自东南亚国家的华人，因为他们可以说当地的语言。

笔者：你招的人都是日本大学的毕业生吗?

姚琳：不是应届毕业生，因为我自己就不是很懂怎么做生意，所以我需要有经验的人来帮我，同时我自己也在慢慢摸索。

四、利用全球网络

日本的中国移民创业者往往都会建立自己在中国的人际关系圈，并通过在海外的企业、学校及专业技术领域所积累的人脉资源来为自己拓展跨国业务范围。笔者之前曾经提到过，许多创业者通过在日本企业工作来学习贸易技术，他们当中有不少人在离开原来的公司后都最终选择了在同一行业开办自己的公司，并同时维持两个国家的客户资源。例如，周维清之前在日本一家大型通信技术公司做技术交流的翻译时接触到了中国政府里许多有影响力的人，这些人脉资源为他后来的创业起到了重要作用。

除了企业关系圈，以前学校的同学和朋友也成了许多中国移民创业者后来拓展跨国贸易的人脉资源。这些创业者绝大多数年龄在 30 岁至 50 岁出头，他们的许多同学和同事在 20 世纪 80 年代后期中国经济的快速发展中成为活跃在各行各业的精英。因为专业技术性强，IT 行业的创业者更倾向于同在中国和日本的同学或同事合伙创业。

另外，在日本的中国企业家、工程师和高科技人员也自发组织起各种协会。创业在中国移民当中一兴起，1991 年日本便出现了名为“中国留学生创业沙龙”的组织，到第二年这一组织更名为“国际经济文化合作中心”。1998—1999 年的《在日中国人大全》（段跃中，2000a）就列举了 234 家非政府组织，包括老华侨商会、专业技术协会、同乡会、中国留学生联谊会以及校友联合会等。这些组织大多是由新一批前往日本的中国人创办的。沈超不仅自己创业，还是“在日中国科学技术者联盟”的发起人之一，他认为联盟主要有三个目标：一是加强在日本的同一专业领域的中国人之间的相互交流，二是保持与中国大陆的联系，三是加强和日本的交流。

沈超说目前来看前两个目标都已经达到了。对他自己来说，协会对他的社交关系圈起到了很重要的促进作用，同时他也和中国的一些商人及政府官员建立起了良好的关系。但是第三个目标还没有充分实现，“在年度会议上你看到的也就是一些中日友好协会或是商会代表”。他认为协会应该为中国人被日本社团接受和更好地进入日本社会而努力。“在日本有两种力量：一是个人信誉，二是团体力量。一个出名的人可以很轻松地被日本社会接受，但如果一个人没有那么出名，他就只能依靠团体的力量来获得社会的认可。”

除了帮助中国新移民之间加强交流之外，许多华人协会还在老华侨和新华侨之间起到了桥梁作用。1999 年，日本中华总商会在东京成立，共有 140 家企业成为商会成员。其中，65% 是由新一代在日华人建立的公司，18% 由老华侨所建立，其余都是中国大陆企业在日本的分公司（9%）或是日本企业（8%）。①

华人企业已经开始出现在跨国企业百强名单上（UNCTAD，2005），有关华人全球贸易圈的讨论开始出现，这种海内外华商势力增强的现象有时甚至被称为“华人贸易帝国兴起”（Hamilton，1996；Ong and Nonini，1997）。受访者中有三位创业者提到了他们希望进入海外华人商圈的想法。女性创业者张丽丽已经两次参加世界华商大会，并联系到了海外华侨贸易联合会，她希望借此渠道拓展自己在东南亚的业务市场。姚琳出生在一个华侨家庭，她的生意主要集中在东南亚地区，现在在日本的公司主要从印度尼西亚巴厘岛进口室内装饰，同时向印度尼西亚雅加达出口日本的副食品，在业务范围拓展到世界各地的同时，她的社会关系圈也随之扩大。

五、拓展多样化业务

要在跨国贸易市场中求得生存和发展，很重要的一点就是将业务内容多样化拓展。在日华人企业家通过两种方式来实现这一点：一是在中国和其他国家地区设立分公司；二是在原有公司业务基础上分出新的业务种类。

IT 公司和贸易企业往往采取第一种方式。上文提到的贺乃和的公司（PSB）就是主营 IT 业务的，现已经在中国的三个城市成立了分公司。而另一家 1994 年

---

① 《关于筹组日本中华总商会的工作报告》，刘正民（时任中国交通银行东京支行行长），http://www.soyi.co.jp/CCCJ/gb/establish/cccjliu.html。

成立的软件公司也同时在北京和美国有分公司。这种现象反映出全球化环境下的高科技人力资源配置。Saxenian（2002b）指出在硅谷新出现的 IT 创业公司（startup companies）里，有三分之二都是由亚洲人创办的，而且这些企业主要来自印度和中国。许多在日本的 IT 创业者有很多以前的同学或同行，有的留在中国，有的移居美国或加拿大。由于 IT 行业注重的是人力资源而不是物质资源，因此许多创业者都会利用校友和同行的社会关系把企业推向全球各个地区。

采访当中也有许多贸易公司在中国和其他国家地区开设办事处，这是为了和本地市场保持紧密联系的同时，利用跨国企业的形象加强自己的竞争力。许多进行跨国贸易业务的公司其实很小，全职和兼职员工加起来都不到 10 人。张丽丽的公司有 7 名员工在日本，2 名在上海。通过世界华商大会她获得了一些东南亚的贸易信息资源，并打算在马来西亚成立办事处来拓展东南亚地区的市场业务。

在跨国贸易市场上，风险与机遇并存。通过小笔私人资金起家的移民企业一不小心就会失败，但同时各种机会也不断涌现。在这样的情况下，跨国创业者往往把眼光放长远，四处寻找有可能会赚钱的业务。例如此次调查的采访对象中，两家公司定期出版期刊向日本介绍中国的商务和文化。同时，他们也在经营一家旅行社，组织中国旅行团来日本并向日本游客提供在中国的旅行服务。其中有一家旅行社还兼国际婚姻中介业务，另有一位经营艺术品的女性企业家同时在东京和北京开了两家美容沙龙。以服务业为主的一些公司也会在中国开设制造加工厂。20 世纪 80 年代之前就到了日本的老侯是日新华侨中最早的一批创业者之一。他开过一家宾馆，经营过免税店，后来又将业务扩大开了一家航运公司，帮助中国船只从日本采购商品运回中国。不仅如此，他还成立了一家贸易公司专做中日之间的跨国业务（侯明轩，1998）。简而言之，中国的移民创业者可以根据手里掌握的有效资源和市场需求快速增加产品线或是拓展业务市场。

第四节　本章小结

作为一种国际移民过程中的现象，中国人在海外创业的经历反映出了移民群体所面临的各种限制和挑战。然而，尽管大多数在日中国移民创办的企业从规模、营利性等各方面还处于企业经营的最底层，但是他们的创业行为在很大程度上已经超过了一种单纯寻求在异国生存的手段。传统的“另类适应”（alternative adaptation）的概念已经无法充分涵盖移民群体海外创业实践的范围、内容及影响力。中国移民在日本的自主创业活动证明，除了保证自己的生存之外，移民跨国创业也是全球化经济的一部分，并对后者的发展起到推动作用。

首先，在日本，中国人的创业是随着中日之间关系改善和经济联系不断加强而逐渐发展起来的。留日学生创业者多半拥有人力资源。他们当中很多人是有过日本企业工作经历的留学生，又有在学校、企业和各种社会组织活动中积累的社会关系。在他们创业的过程中，为了自己的生存并不断增加企业实力，他们积极活跃于中日之间，把东海两岸的大小企业衔接起来，还有一些人甚至将业务市场拓展到了东南亚及北美地区。换而言之，从移民经济这个特殊环境中发展起来的在日华人企业，虽然起点低，但在寻求个人发展空间的同时也推动了全球化经济的发展。

其次，中国移民的海外创业活动与跨国企业及全球性组织都有着紧密的联系。这些创业者当中很多人之前都曾经在大大小小的跨国企业工作过，并通过这些企业跻身跨国商业网络。有了这些企业的商业关系，再加上他们自己通过学校、专业协会和其他社会团体获得的人脉关系，移民创业者可以营造一张延伸至各地（包括个人和企业）有不同功能的跨国商业网络。移民的这种创业途径和他们对跨国社会关系的经营给经济全球化这个抽象的过程展示了一些具体的运作机理。

第六章　越境生活

海外移民无论对个人还是家庭都会带来深刻的影响。家庭成员异地而居是移民家庭的普遍现象。几百年来，无数中国男人为了改变自己和家人的命运抛下妻子儿女漂洋过海。近年来，在中国东南沿海地区又出现许多“寡妇村”。村里大多数男性都出国务工，家里虽盖起多层小洋楼，但只剩下妇女儿童及老人留守。同样，为了梦想，许多菲律宾和拉丁美洲国家的母亲离开自己的儿女，远赴异国去照顾陌生人的孩子（Hondagneu-Sotelo and Avila，1997；Parrenas，2001，2005）。许多移民家庭的孩子一年才有一次机会见到自己的父母，有的甚至多年见不到面（Levitt，2001；Dreby，2007）。本章将着重描写中国留学生在日本的家庭生活现状。他们当中呈现出的某些生活形态并不新鲜，是各个国家的移民历史中常见的形态。但是，一些中国留学生的家庭生活则体现了日本独特的社会环境和全球化发展趋势对其家庭所产生的影响。

第一节　跨越国境的家庭

笔者在2003年所做的在日华人问卷调查采访中发现，在有合法身份，从没离过婚，并且配偶为中国人的64位受访者当中，有28人（44%）处于夫妻在日本和中国两地分居的状态，且女方留在中国的情况多于男方留在中国的情况（见表6－1）。此外，在有孩子的受访者当中，他们的孩子74人里有41人住在中国，其中与母亲同住的有24人，与父亲同住的有5人，其余的则是同祖父母或其他家人住在一起（见表6－2）。

表6－1　本书调查中在日中国移民受访者的配偶居住地情况（单位：人）

本人性别	配偶居住地			
	中国	日本	其他国家	总计
男	22	23	0	45

（续上表）

本人性别	配偶居住地			
	中国	日本	其他国家	总计
女	6	12	1	19
总计	28	35	1	64

来源：笔者在2003年所做问卷调查。

表6－2　本书调查中中国跨国家庭的儿童抚养人情况（单位：人）

抚养人	居住中国的儿童
母亲	24
父亲	5
其他家庭成员	12
总计	41

来源：笔者在2003年所做问卷调查。

总体而言，中国留学生跨国家庭可以分成三类：先驱型、暂居型、望子成龙型。先驱型是当代赴日移民在赴日初期的典型家庭形态。因为对于移民他国的未来充满不确定性，往往选择一个人先去，看是否有可能将自己的家人带到日本一起生活。当他们在新的国家生活稳定下来之后，便会先带去配偶，然后把孩子接过来。暂居型是指那些计划只在日本短期停留的移民家庭。移民者并不打算让自己的家人全部移民，一方面因为移居的代价太大，另一方面还考虑到如孩子的教育等一些现实问题。望子成龙型则指一些已届中年的移民将自己的孩子送回中国，期望他们在国内接受更好的教育，积累人力资本。以下将详细介绍这三类跨国家庭。

一、先驱型

在20世纪90年代末以前来日本的中国留学生中，许多人已成家且年纪相对较大。还有一些单身的人，尤其是男性，是来日本后再回到中国寻找配偶的。老肖，是一位年近40岁依然单身的留学生，他在2002年的时候告诉我，他所认识的大部分中国男性还是会回家乡相亲。另外也有一些年轻人，在知道自己对象要出国的时候，便匆匆去领结婚证。许多留学生到日本后两三年内就能找到保证人，把自己的配偶接过来。配偶过来以后，大部分可以很快进入日本的大专院校深造。但也有很多人到日本后会通过打零工来支持另一半上学。

在移民前就已经有孩子的家庭当中，孩子往往会被留在国内，过一段时间才会被接到日本。另外，很多中国女性不希望辞掉工作在家当全职太太，她们当中有些人即使已经在日本，怀孕后也依然会选择回国生产，并将孩子留给祖父母抚养；或是先在日本生下孩子，然后送回国内放在祖父母身边。虽然外国人在日本也可以获得公立或私立的日托服务，但是一些年轻的中国夫妇感到工作压力太大，无法同时抚养幼小的孩子；也有一些中国夫妇在日本找不到合适的托儿所；另有一些人更加相信家人，尤其是自己的父母，觉得把孩子交给他们看护比起日托服务机构更加安心可靠。①

在日中国留学生当中，尤其是在2003年以前，有一些人签证到期后继续留在日本，因为没有合法身份，他们在最终回国之前都无法见到自己的孩子。② 合法在日的中国人经常一两年回国一次看望自己的孩子。已经决定要在日本定居的移民家庭往往会在学龄前将孩子接到日本接受学前教育，以便让他们更快地学习日语并适应日本学校的教育环境。餐厅老板蒋建华，在大女儿4岁前一直把她留在东北老家让岳母照顾。小儿子出生后，他和妻子把儿子送回了中国而把大女儿带到日本。也有一些移民家庭将孩子留在中国，因为他们对自己在日本的将来没有明确的计划，但先驱型家庭往往最终都会将家人接到日本。

先驱型移民家庭，因为夫妻双方先后移居海外，夫妻角色和家庭关系的变化相对较大。最普遍的现象就是其中一方特别是女性会牺牲自己的事业。如果妻子决定在日本接受正规教育，她就有机会在毕业后找到正式的工作。或者如果本来拥有一技之长，她甚至不需要在日本接受教育就可以轻松找到一份全职工作。但是，许多人往往由于年龄或经济原因难以进入日本的学校。如果语言不过关，日本的劳动力市场又不承认他们的学历或资格证书，他们就只能打零工。

赖东升的家庭就是如此。25岁的时候，已婚的他来到日本进入语言学校学习。之后，他考上了日本的大学并在毕业后进入一家中国人经营的IT公司做软件工程师。在和妻子分开5年之后，他把妻子带到了日本。为了跟随丈夫，赖东升的妻子辞掉了在国内当地政府部门原本稳定的工作。在笔者采访赖东升时，他的妻子正在一家快餐店打工。

先驱型移民家庭婚姻破裂的情况时有发生。如表6－1所示，分隔两地的移

① 在日本，不管是有合法在留资格还是非法居留的中国人，大多会将自己的孩子送回中国。但这一现象在非法居留的人当中更加普遍。在日本养育孩子需要很多费用，做母亲的也不能像以前一样长时间工作。而且，一些年轻的非法居留者没有正式办理结婚手续就同居，他们双方都需要向国内汇钱，支持各自家庭。因此，在笔者经常去的华人教会孩子不多，许多教徒实际上已经结婚并已生子，但孩子都留在了国内。

② 非法居留现象在2003年后由于日本法务省的严厉打击而大大减少。

民家庭当中往往男性在国外而女性留在国内的情况较多。如果移民国外的是男性，婚姻则显得较为稳定。妻子往往更有耐心等待，并且也甘于牺牲自己的事业前往日本支持丈夫。如果前往日本的是妻子，丈夫一方则比较难以接受事业上的牺牲，婚姻也更加容易出现危机。

下面的两个故事就是这两种情况的一个比照。沈超的妻子是他在国内读大学时的同学，在他1988年离开中国前两人办了结婚手续。两年后当他攻读日本的硕士课程时，妻子跟随他到了日本。谈及自己的妻子时，沈超觉得很愧疚。在日本生活这么多年，他的妻子虽然希望继续读书，却一直没有机会。刚开始的几年，她拼命打工支持丈夫的学业。他们最初的计划是在沈超找到工作后就让妻子重返学校，但后来儿子出生了，妻子进大学读研究生就成了遥不可及的梦想。沈超说："白天在公司我是领导，下属都听我的。但晚上下了班回到家，我什么事都听妻子的。我总觉得亏欠她，毕竟她是为了我才牺牲了自己的事业。"

明真就没有那么幸运。明真先来日本，她丈夫在国内已经是年轻有为的副教授，事业正蒸蒸日上。明真来日本后帮他在自己就读的大学申请了攻读博士研究生学位的资格。虽然那是一所有名的国立大学，但他来后感到无法适应从头开始的留学生活。已经是三十多岁的人却还要一边学习外语一边打零工，他不能忍受。一年后他放弃攻读博士课程的计划回到了中国，但明真还在攻读博士学位并希望在日本找到工作机会。在分居两地三年后，看不到共同未来的他们最终选择了离婚。

二、暂居型

半个世纪前，Paul Siu（1952）提出了"暂居者"（sojourner）的概念，用来描述努力在美国积累财富却一直不打算定居美国的中国移民现象。Siu从"同化"（assimilation）的立场来看待这一中国移民现象，认为他们是一种特例，因为他们与主流社会隔离，移民国家的主流文化对他们也没有明显的作用，他们是"无法同化"的一群人。近些年的移民研究认为"同化"是一种具有种族中心主义（ethnocentric）色彩的期望，不能用"同化"作为衡量移民群体是否适应社会经济的标准。如果我们抛弃Siu的理论中有关"同化"的陈旧定义，在当代寄居日本的中国移民中也可以找到许多"暂居者"。这些中国人往往认为自己在日本的生活是暂时的，他们期望在日本完成学业并积累一些工作经验，以便日后回到中国获得更好的事业发展。这其中也不乏一些为了多赚一些钱以改善在中国的生活水平的人，不少移民家庭因此无限期地分隔两地生活。

中国移民家庭甘于忍受长期分隔两地的原因有很多。前文提到的许多先驱型移民家庭中，夫妇中的一方经常不得不牺牲自己的事业。暂居型移民家庭则会更多地在这一问题上做考量。陈河西在国内获得了物理学博士学位之后来到日本，因此从严格意义上来说他不算是留学生。当笔者遇到他时，他正在日本一家私立研究机构做为期两年的博士后研究员，每一年都要更新合约。他感叹在中国就是拿到博士学位工资也不高，他在国外工作是为了挣到足够的钱在北京买套房子。他的许多老同学也一样，先后寻求各种机会去不同的国家做博士后研究员。陈河西的妻子在中国是一名教师。考虑到他前往日本主要是为了积累经济基础，提高在中国的生活水平，他放弃了让妻子辞掉工作跟他去日本的想法。

也有一些已婚女性独自在日本求学。她们当中大多数人的丈夫已经在中国建立起了自己的事业，因此，这些女性留学生一般不会劝说丈夫来日本，更不用说让丈夫放弃事业追随自己。她们经常很明确地表示一完成学业就会立刻回国。

笔者在研究中发现，有一类暂居型移民家庭的产生是因为婚姻已经出现危机。已独自在日本生活 6 年的常辉俊说道：

当夫妻两人选择分居生活时，通常他们的家庭关系已经是有问题了。现在我每年回上海两次，加起来总共三个礼拜。这样反而好，太平，如果我们一直生活在一起，老是吵呀吵的，说不定我们早就离婚了。

另外，有就学年龄孩子的技术移民中出现暂居型家庭的例子比较多。自 20 世纪 90 年代以来，越来越多的技术人员如软件工程师从中国被聘到日本，在日本企业或在由中国人在日本经营的企业工作，且以男性为主。在赴日之前，他们当中很多人已经结婚生子，之后因为公司内部派遣或以短期合约的方式前往日本。由于时间上的不确定性，他们往往独自出国工作。许多这样的移民家庭会长时间分隔两地。

三、望子成龙型

一些中国家长在日本稳定下来之后就把孩子接到日本，送进日本学校学习。而另一些家长反而把已经在日本的达到学龄的孩子送回中国接受教育。在美国，研究者发现从多米尼加或也门来的移民父母为了调教孩子，常常把“送你回去”作为一种威胁手段（Levitt，2001；Orellana et al.，2001）。对于许多望子成龙的中国父母而言，将孩子送回中国上学则是一种将移民利益最大化的策略。这有点类似于其他亚洲国家的一些父母将孩子单独送到北美上学，让他们获得更好的教育机会的“降落伞儿童”（parachute kids）现象（Zhou，1997；Ong，1999；Orellana et al.，2001）。

在日本的中国父母，特别是那些以留学或技术移民身份居留日本的人，普遍都在学历上对孩子有较高的期望。他们当中许多人对日本近年来采用的“宽松（yutori）教育”体制表示担心。[①] 虽然有一些在日本的中国家长支付高昂的学费让孩子进入日本私立学校上学，但是平时还是会把孩子送进“塾”（补习学校），还有一些家长倾向于利用自己在日本积累的经济基础将孩子送回中国的名校学习。这些回国的孩子要么住在中国的亲戚家里，要么由他们的母亲陪伴。

沈建伟在女儿读到小学三年级时，把她送回北京，让其进入了一家精英小学。他的妻子陪着女儿一同回去。沈建伟说：“这里（日本）的小学是普及型教育。在中国，学校重视的是有天分的孩子。我的女儿在这里感到无聊，（学习上）吃不饱，回北京后开心多了。她现在还跟着一位很有名的画家学习中国画。”

一些中国移民父母打算将孩子塑造成全球化人才。唐文荣的计划是将来把儿子送到美国上大学。当儿子在东京刚上小学时，她一度惊讶学校所发的教科书竟然那么薄。她又觉得在日本的私立学校学到的东西太少，支付高昂学费不值得，于是决定将孩子送到上海的学校接受国际化教育。那里的学费不仅相对便宜，孩子还可以同时学习英文和中文。唐文荣依然记得自己小学时的数学老师，经常手拿秒表盯着每个孩子做20道算术题，谁超过了时间就得去教室外面的走廊上罚站。唐文荣说：“我也不认为中国的教育方式就一定更好，但将来不论是就业还是婚姻你都得面临竞争，世界上没有不用竞争的生活。”[②]

又比如常辉俊。大部分时间他都独自一个人在日本。他的孩子进了上海的一家知名中学，妻子辞掉医院的工作在家照顾孩子。常辉俊很为儿子流利的英文感到骄傲，“还是先学英语比较好，如果先学日语的话，他在英语上就会有发音问题”。他已经做好了让儿子在中国上大学的打算，“你想，如果一家日本企业想雇佣中国人，它肯定是想发挥你的中文特长。它很有可能会希望你去给它开拓中国市场，起到沟通的作用。所以还是中文和英语更重要。日语嘛，来了日本再学也来得及”。

---

① “宽松（yutori）教育”是指日本公立学校为了促进学生的个性化和创造力发展，改变填鸭式教育方式，实行减少学业压力和学习时间的一种教学方针，是日本20世纪90年代和21世纪初采用的教育政策。具体哪年开始说法不一，全国各地实行步骤也不一致。但由于日本中小学生在近年的国际学力测试中排名下降，此政策受到指摘。日本中小学基本上于2011年后放弃这一教学方针。

② 这一案例内容来自《为了成功：人生就是人才教育和竞争》，《朝日新闻》（在日华人版），2009年3月9日。

四、越境家庭的代价

以上所提到的三类移民家庭并不相互排斥。实际上，许多家庭在不同的阶段会呈现出不同类型的特征。有一些暂居型家庭最终也会决定将国内的家人带到日本。一些先驱型家庭可能因为经济困难或为了照顾孩子而让家人在中国留守多年。其他一些家庭则在日本短暂团聚后又为了孩子的教育将妻儿送回中国。不仅如此，不论他们是先驱型还是暂居型，笔者采访到的许多在日中国人都表示希望获得在日永住权，以便为自己日后的跨国生活争取更多自由的选择空间。获得永住权需要至少在日居住十年的条件，为此，许多中国家庭甘于维持多年分隔两地的生活状态。

这类跨国家庭的生活方式会影响家庭关系。首先，一些家长感慨和自己的孩子感情疏远。他们当中有些人只能依靠网络视频或电话来和家人保持联系。周维清是一名已经拿到在日永住权的软件工程师。他尝试通过每天和儿子网络视频还有一起打网络游戏的方式来维系“正常”的父子关系。而同是软件工程师的常辉俊在家里扮演的角色则更多是经济支柱，对孩子来说他不过就是一个买漂亮玩具的人。他觉得自己在家里缺少权威，“孩子根本不怕我，有时候他调皮我说他，但他根本不听我的话”。

另外，分隔两地的生活对夫妻关系也是一个挑战。沈建飞开玩笑说分居生活让他的婚姻生活变得更新鲜。每年他都飞回北京三次和妻子女儿团聚，而妻子一年也会飞到日本看望他两次，他们一共有十周的时间在一起。“我老婆喜欢这样的安排，分开了，我也不会总打扰她，对我们来说这就是小别胜新婚。”但是，尽管持有这样乐观的态度，沈建飞依然和其他独自生活在日本的中国人一样，每个周末都去参加华人社交舞会以寻求精神慰藉。他解释道，“男人嘛，完全不闻不碰女人是不太可能的。我也没有其他非分之想，但正常的男性都需要保持与女性的适度接触”。他说自己的妻子知道他周末去舞会，也鼓励他这么做。沈建飞笑着说，在北京的妻子会定期做SPA并常去健身俱乐部，与她相比，自己的娱乐休闲方式算是很节俭了。

在日本做博士后研究员的陈河西也说，平时在研究室忙的时候还好，但到了周末和节假日，他时常会感到孤单无聊，渴望和人接触。每周末花500日元就可以参加的华人社交舞会，对许多像陈河西这样的人来说，是一个经济划算的消除孤独的消遣方式。上面提到的周维清也是我在舞会上认识的。周说：

我不打麻将也不喜欢喝酒。这些活动我感觉都不健康。但是跳舞让我觉得一周的压力都得到了发泄。有些人留在日本是为了将来回国能有更好的生活，在日本奋斗就是为了在中国能买套房子。他们在日本的每一天都很苦。我不想自己每天过得那么苦，所以我每个周末去舞会。去舞会让我觉得身心放松了，我的付出得到回报了。不管一周工作再苦再累，跳跳舞就让我有所补偿。我也试着找过其他活动让自己放松，但找不到。我又不能去吸毒。

虽然很多人像周维清和沈建飞一样，都将周末的华人社交舞会视为缓解压力的单纯休闲场所，但一些独自生活在日本的人也会同别人发生婚外性关系。分居两地不仅拉远了夫妻之间的情感距离，也增加了婚外情发生的风险（Liu-Farrer，2004，2010）。

第二节　永住还是归化？

跨国家庭往往意味着漫长的两地分居生活，这种家庭形态在进入21世纪后渐渐失去了魅力。越来越多的家庭倾向于不分开，即使跨国生活也是以家庭为单位一起移动。近年来全球化经济的快速发展拓宽了许多中国移民家庭的视野，他们看到的是更广阔的社会空间。早期前往日本的中国留学生，因为当时中国经济还远远落后于西方国家和日本，很多人想离开中国，没有想过回国，于是在达到获取日本公民身份条件后很多人会申请归化（获得日本国籍）。2000年以前，中国移民中归化的比例稳步增长。但从2000年开始，越来越多的在日华人选择了永住。从1990年至2011年的22年当中，共有85 755名中国人改为日籍，成为日本公民。获取永住权的中国人的数量增长得更加显著。2011年，在日本的中国人当中有27%（184 216人）为永住者。在2002年到2011年的10年间，平均每年都有超过11 000人获得永住身份。这一期间获得永住权的人数达到了归化人数的三倍。这一现象有趣的地方在于，不同于美国只有持绿卡的永住者才能申请加入美国国籍的规定，在日本，申请归化往往比拿到永住权更加容易。外国人加入日本国籍需要连续居住在日本5年时间，而拿到永住权则需要最少10年。[①] 即便如此，还是有越来越多的中国人选择永住权。在日本最大的华人报纸《中文导报》上曾经有篇报道解释这一现象：

---

① 也有例外。被认定为对日本社会做出重要贡献的人，或是拥有3年合法签证的日本人配偶可以不到10年便有权申请，但他们是否能获得永住权依然取决于日本法务省的判断。从2012年起，日本导入高度人才积分制，拥有高度人才的身份且在日本工作5年以上才有资格申请永住权。但几年来能符合要求，享受这项优惠政策的人相对较少。

永住者说，从长远考虑，两边的好处都能得到，比如买房、子女上学、老后生活，以后看看两边，哪边好就往哪边靠。不用跨越心灵障碍，不用丢弃国内可能获得的方便，不用去入管局续签证，不用被鄙夷为卖祖求荣……永住，在大多数华人眼中，几乎是黄金选择。而且，永住的人，可以申请归化，但归化了的人，就无法再转为中国国籍。无须赘言，永住者理所当然地增多了。①

“从两边得好处”还含有在跨国经济中求生存的实际意义。在2003年笔者的问卷调查中，有一项问题是“你是否打算回到中国发展事业”，回答的人中有92名曾经是留学生，他们当中只有4人答“不打算”，而三分之一的人答“肯定会回”，还有60%的人答“不确定”。不仅如此，在26名打算最终回国的人当中，有约三分之二（15人）计划5年内回国。对有些留学生而言，也许回国就意味着移民生活的结束，但对其他大多数人来说，“回国”意味着回中国寻找事业机会，看是否能在两边获益。因此，选择最终回国的人也希望自己仍然还有机会再回到日本。出于对保险和养老生活的考虑，他们当中很多人都不希望在没有拿到永住权之前离开日本。2007年夏季，笔者在国内做调查时发现，已经拥有永住权或日本公民身份的受访者们虽然住在中国，但也同时在向日本缴纳各种社会福利保险金。他们当中的两个人——张天和刘达年都提到自己还同时在缴纳日本的健康和养老保险。每年去日本出差的时候张天都要去参加年度体检。

笔者在第四章中具体介绍过，许多中国留学生在毕业后进入了中日跨国贸易企业工作。来回于两国之间不仅是他们事业的一个重要内容，也是他们向往的发展方向。为了获得被分派到中国的机会，刘达年离开原本就职的一家大型通信公司，进入另一家在中国拥有几十家分公司的日本企业。他在北京分公司工作了5年，但那里的业绩发展并不好。到2007年笔者采访时，他在给整个北京地区的业务收尾，并且正等待被派回日本。刘达年的妻子和2岁的儿子会和他一起搬回日本。他当时拿的还是3年的工作签证，计划回到日本后就申请永住权。他估计自己回日本也顶多待几年而已。“我回到日本只是为了寻找机会再回到中国而已。现在中日经济关系发展得不错，只要眼光放低一点，像我这样的人应该很容易找到机会回国。”

刘达年想回到中国，有部分原因是为了享受日本企业海外驻在员的特权：

物质条件是主要吸引我的地方。在国内我的身份是驻在员，工资由日本总公

① 杜海玲：《事情总有利弊　在日华人为选择永住或是入籍彷徨》，中文导报网，2007年12月6日，http：//www. chubun. com/modules/article/view. article. php/58802/c43。

司支付，公寓也由公司提供，上班还由公司的车来回接送，在国内这样的生活已经很优越了，除了工作以外我也不会受到其他干扰。

中国移民对于跨国生活的期望也反映出他们在两国收入差距前提下对经济方面的考虑。在笔者所做的问卷调查的受访者当中，有20%的在日中国人觉得自己大约有一半时间在国内，一半时间在日本。42岁的小川是一名已经归化的商人，他表示自己正在考虑和家人一起回到中国生活，虽然日本生活条件也很舒适，但他仍然向往在中国利用劳动力成本的低廉过比较富足的生活。他说：“在中国，我的许多朋友家里都有佣人，有的还不止一个。但日本人即使再富有，家里也不一定会有佣人。”虽然他的想法很好，但要同时生活在东海两岸并不是那么简单的事情。由于孩子上学之类的原因，通常这类家庭最终不得不走上两地分居的道路——丈夫辗转于两边，妻子和孩子留在其中一个国家，其中大部分情况下都留在了中国。

在日本的中国人对退休生活的计划也经常包括从两边获益的打算。许多人都希望自己退休后能回到中国生活。即使是和日本人结婚的中国人，多数也抱着这种想法。林月玲虽然已经加入日本国籍，但在上海还是买了一套房子。用她自己的话来说，“我不希望自己死在日本——毕竟不是自己的国家”。她计划在她的日本丈夫退休后与他一起回到中国生活。

一天，在一家回转寿司餐厅，一位叫静子的40多岁的中国女士坐在了我的旁边。当听到笔者和丈夫在用中文交谈时，她也插了进来。静子正要去医院看望自己的丈夫。她告诉笔者，她的日本老公60多岁，两年前她嫁给他时他已经退休了。两个人靠他每个月30万日元的养老金生活。静子对这场婚姻很满意，觉得这些钱已经足够他们生活了，并且劝说她的丈夫偶尔也可以去中国待一段时间，因为中国的物价更便宜。静子还反复强调说，即使丈夫过世，自己也有权拿到丈夫的部分养老金。“他每个月能拿30万日元，即使打个40%的折扣，我也能有十多万，这就足够我每年一半时间待在上海，一半时间住在东京。我自己可以做一些小生意，这种生活再惬意不过了。”和笔者在餐厅遇到的时候，静子正在申请永住权。她说自己之所以不考虑归化是因为永住权更方便让她来来回回，她可以随时回国常住，这样的生活更自由。

由于日本留学潮是从20世纪80年代开始的，而本书的田野调查基本是在2007年以前完成的，所以受访者已到退休年龄的人很少，笔者调查中没有碰到曾经留学日本但是现在拿着日本的退休金回中国居住的情况。反而在上海碰到不少退休以后来中国的日本人。另外有一些战争遗孤，先把孩子带到日本，在孩子长大成人定居日本后又回到中国安度晚年。

第三节　成为“新华侨”

留日中国学生一般在毕业后倾向于留在日本工作生活一段时间。有些人说最终要回中国，但不知不觉就在日本定居下来。坪谷美欧子（2008）把这些在日本的中国留学生形容为“永久暂居者”，意指他们是徘徊于短期移住者和永久移居者之间的移民类型。但是，在日本的中国人对自己早有定义，他们把自己称为“新华侨”。

在笔者的采访对象中，有些人已经加入日本国籍或拿到了永住权，他们在访谈时经常对笔者用“移民”这个词来定义他们有异议，他们倾向用“华侨”来称呼自己。为了和“二战”之前来日本的中国人区分开来，他们将自己称为“新华侨”。世界各地都有中国新移民，只有日本存在用“新华侨”[①]命名的媒体，如 1997 年发行的双月刊《新华侨》，还有 1999 年创办的《日本新华侨报》。从新华侨衍生出去，在日华人又发明了“新华人”的说法。2003 年 9 月 21 日，一批在日本的中国人成立了“新华侨华人会”。

在日本的中国人之所以选择用“新华侨”或“新华人”来称呼自己有两方面的原因。一方面，“移民”这个概念已经和美国这样的传统移民国家联系在一起。一般人会自然地把国家分为移民国家和非移民国家。在大多数中国人眼里，“移民”往往是出现在美国、加拿大、澳大利亚还有新西兰这样的国家。一个人可以“移民”加拿大，但到日本就往往只说是“留学”或“工作”，即使成为日本公民也是如此。另一方面，用“华侨”而不是“移民”来定义自己也体现了新一批留日中国人对于日本社会以及自己与日本社会之间关系的看法和感受。

一个人的身份认同往往由他在特定社会结构中所处的地位和角色衍生而来（Burke，1980）。中国留学生经常会抱怨他们所处的日本社会是一个相对封闭的社会，自己只是这个社会中很边缘的一群人。即使是已经归化或拿到永住权的中国人也很少觉得自己是日本社会中的一员。在笔者的调查中，许多受访者都喜欢用一些典型的日本文化民族主义的说法——“岛国”或“单一民族”来形容这个国家。不少人在日本生活的过程中有过各种受挫经验。2002 年到东京的李梅在回答刚到日本是否面临住宿困难的问题时表示：

李梅：是，但最后我终于找到一位好心人愿意租给我一间房子，房间很小，

---

① 笔者做了一下网络搜寻，没有在其他国家的华人网站找到“新华侨”这个说法。

只有六个榻榻米，很旧，比这个（现在的留学生）公寓差多了，价格却更贵，好像要5万还是6万日元。每次有车经过的时候我都能感受到房间在震动，而且住进去的时候房子里什么都没有，都是我自己添置的。

笔者：那你当时怎么找到这个房子的？

李梅：电车站附近有一些房屋中介公司，当时我过去挨家敲门。最后租给我房子的这家公司也是唯一一家愿意租房给外国人的公司，但他们仍然要求有一名日本人做保证人。因为我叔叔已经加入日本国籍，就由他给我签了字。

作为一个外国人，又是从一个比较落后的国家来的，中国留学生就职后有时也会碰到一些不愉快的经历。顾爱玲就和同事吵过架，她说：

我以前有个上司，他老是把所有工作都推给我。他自己平时就上上网，或是准备各种资格考试。我不是那种受欺负还忍气吞声的人，就质问他为什么自己什么都不做而把事情都推给我。你猜他说什么？他说："看看公司付你这么多钱。"我说："我工资多少是由人事处决定的。"他说："看看你们中国人在中国能挣多少，你应该感谢公司现在付你这么高的工资。"我反驳说："我现在人在日本，住着日本的房子，在日本工作，过的是日本的生活。而且中国有很多有钱人，你都不知道。"他说："你都不知道自己多幸运。"我觉得和他争辩真是一点意义都没有，他们就觉得中国穷，你能来日本都是幸运，在他们看来每月付你20万日元已经够让你满足的了。我当时就跟他说根本不够，因为我跟你过着一样的生活。以前为这种人我会气得跳脚，现在我可以笑他们。

一些受访者还用"墙壁"来形容他们被日本社会排斥的感受。来日本十多年的关静已经加入日本国籍，她在采访时说：

我有日本朋友，平时和他们就是出去逛逛街或吃吃饭。和日本人很难成为真正的朋友。不知道为什么，你就是会感到跟他们的关系无法走得很近。有时候即使已经认识很长时间，你还是会觉得不怎么了解他们。

刘达年在留学时一直拿全额奖学金，并且在毕业后成功进入跨国企业工作。然而，当在北京聊起他打算先去日本再寻找被派回中国的机会时，刘达年说："不论怎样，中国是我的祖国。日本不是一个开放的国家，它这个岛国特性比较明显，我觉得这是很难克服的。"

"新华侨"这个名称，是活跃在日本媒体的知名中国记者莫邦富在20世纪

90 年代初的时候提出的。他指出，世界上许多城市在走上全球化和多元化道路时，对于外籍人士持开放欢迎的态度，近年来已经出现“新新加坡人”“新香港人”或是“新上海人”的称呼，但是“新东京人”的说法一直都没有出现。这是因为东京虽然是一个国际型现代化大都市，但它依旧延续了“闭关主义”的文化。[①] 由于中国人持有这种对日本社会文化的本质的固定想法，认为日本无法对外来移民开放，所以在日本的中国人也无法想象自己成为日本的移民。

但是，在日本的中国人大多也没有很快回国的打算。有些人即使抱着回国的想法，也没有勇气立即付诸行动。他们在抱怨在日本生活压抑的同时也会抱怨中国的混乱和嘈杂。他们经常说到国内的服务多么没效率、不专业。这种失落感经常从他们走进中国的机场时就已经产生了。也正是这种失望让许多中国人宁愿留在日本。2002 年在接受笔者采访时，陈建表示自己正计划回国。但是 2007 年再次遇到他时，他仍然在同一家公司工作。在日本生活了 20 年后，即便抱怨在日本生活压抑，陈建也已经难以脱离日本秩序井然的生活方式了。

不仅如此，虽然中国快速发展的经济给人很多鼓舞和诱惑，但是在日本的中国人很多不知道回国以后自己的位置在哪里。如前所述，笔者的问卷调查中有 60% 的受访者对回国就业表示“不确定”。除了缺少就业机会以外，工资水平较低也是他们顾虑的问题之一。胡梅（1998：180）写道：

> 在这里，生活不可能有什么大的改观，我依然会活得很累。我们的收入将不会增加多少，而昂贵的房租有增无减，孩子的教育费所占的比重也越来越大。我们病不起，更老不起。有时，我感到在日本这趟列车上逗留太久，可能正在错过中国飞驰的特快列车。有时，我担心贸然下车，在嘈杂混乱的车站找不到该去的地方。

在回国的人当中，有时候对回家的憧憬在下飞机的那一刻便灰飞烟灭。张天带着妻子和 3 岁的儿子回到了中国后说：

> 我从没在日本受到过歧视，但是有时工作太累、压力太大的时候，我会有一种寄人篱下的感觉，那时候这个想法就会冒出来——啊，我还是有一条退路的，我总是可以回国。后来这个想法变得越来越强，回国的冲动变得越来越强烈。我一直在等待被公司派回中国工作的机会，等了几年，但没成。我想干脆就辞职回来。总是要回的，干吗不趁年轻一点儿的时候呢？

---

① 莫邦富：「新東京人」いつ誕生?，《朝日新闻》，2008 年 2 月。

但是，当他终于回到上海工作时，他开始后悔了：

感觉一切都太不一样了，住宾馆和住公寓不一样，坐出租和坐地铁也不一样……我在日本的时候经常来上海出差。当时我觉得上海的街道和东京很像。现在我才意识到这两个城市根本不一样，现在我对上海一点好印象都没有了。

因为全家有在日本的永住权，回东京不过就是搬家的问题。当2007年笔者再采访张天时，他已经计划自己先回东京，之后再把家人接过去。

留日中国人这种不把自己看作移民的倾向和“新华侨”的自我定义对他们在日本的社会文化生活有很大的影响。“新华侨”的说法反映了他们感情上对中国的认同。虽然2013年在日本的华人常住人口只有在美国的三分之一，[①] 但日本的华人报纸数量远远多于美国。自20世纪80年代中期留学日本潮开始以来，在日本发行的中文纸媒总数已经超过120家，从日报、周刊到年鉴都有（段跃中，2000b）。虽然这些纸媒大多是昙花一现，但随便走进东京任何一家中国超市，都可以轻松拿到十多份在日中国人发行的中文报纸。

近年来，新一代华侨积极与老一辈华侨接触，开始跨进全球华人圈。1999年成立的日本中华总商会（CCCJ）就同时吸收了新老华侨商人，商会还派代表参加两年一度的世界华商大会。2007年，这家商会还主办了在神户开幕的第九届世界华商大会，3 000多名来自世界各地的华人企业家参加了这次大会。笔者采访到的一些企业家纷纷强调他们想和老一辈华侨建立联系的心愿。在他们看来，这样的华商大会是开拓全球贸易市场的绝好机会。置身于全球华商网络让他们对自己的前途更加有信心，并让他们能在心理上超越在日本遇到的社会文化障碍。如张丽丽所说：

我认为我们没有必要非要融入日本社会。我们无法完全融入，也不想完全融入。中国人就是中国人，我们有自己不一样的生活方式，在日本我们只是参加他们的社会，与他们合作而已。而且，现在经济发展都已经全球化。我是做医疗方面生意的，医疗是没有国界的，全世界的人都需要。所以我的生意是全球范围的，不仅仅是对日本的。

---

① 2013年常住美国且原本出生于中国的人口为2 018 000，而在日本的中国人口为650 000。详见美国Migration Policy Institute，http：//www. migrationpolicy. org/article/chinese-immigrants-united-states。

第四节　本章小结

自20世纪80年代中期中国兴起日本留学潮以来，一晃30年过去了，许多学生毕业后在日本成家立业，定居了下来。很多留学生选择入籍，成为日本公民，但更多人倾向于获取在日本的永住权。这一倾向反映出他们对来去自由的跨国生活以及同时从中日两边获益的愿望。

在日中国人的某些跨国生活形态是国际移民共同拥有的特点，比如说，移民为了积累财富、为了给家人创造更好的生活条件和为孩子创造更理想的未来。在日华人中常见的先驱型和暂居型移民家庭在菲律宾、墨西哥、土耳其移民中并不少见，在其他国家的中国人移民中也比比皆是。事实上，移民和他们的家庭长时间两地分居是一个普遍现象。但是，在日中国人的家庭生活也有自己的独特之处，一方面，它体现了留日学生这个移民群体以及日本这个移居环境的特殊性；另一方面，它也反映了经济全球化进程对移民生活的影响。例如，不少中国留学生的家庭在日本和中国之间来回迁移，并同时把在中国生活和在日本生活都列入自己的人生计划中。这是因为他们的职业和工作性质本身是跨越国境的，他们看到跨国生活能让他们同时享受到中日两国提供的机会和好处。另外，许多家庭决定把孩子送回中国接受教育，这一行为也体现出他们对于全球化经济发展的挑战和机会的认识，以及想让孩子将来在全球化环境中更具竞争力的期望。

除此之外，中国留学生跨国型的人生观从某种程度上是对自己在日本所处地位的反映，是一种超越边缘性的策略。中国人普遍认为日本对国际移民有抗拒心理，从文化上对外来人口还不能完全接受，所以外国人在日本只能处于社会边缘位置。跟美国这样的大熔炉似的移民国家相比，日本从社会构成到文化都显得拘谨单一。“日本人”和“外国人”有着非常清晰的界定。因此，虽然日本社会秩序井然，日本人彬彬有礼，但中国人经常会认为日本社会不欢迎外国人，对移民有排斥的态度。就连已经拿到永住权或是成为日本公民的华人还是会感觉被挡在了日本主流社会的围墙外。

因此，近年来前往日本的中国人更倾向于把自己称为“新华侨”（一个由在日华人发明和推广的标签）。虽然他们将自己认定为中国人，并积极地融入全球海外华人圈，但不可否认的是他们已经成为日本社会的一个重要组成部分。作为一个有强烈自我意识的民族群体，虽然相对居住国国民而言仍然只是少数民族（ethic minorities），但也许在无意之中，他们正在帮助日本成为一个多元文化和多民族共生的国家。

结语　从打工者到跨国人才

近年来国际教育在全球日趋兴盛，每年有上百万的人奔赴异国他乡学习新的语言、文化和先进技术，这使留学不仅成为世界上许多年轻人人生历程中的重要一环，而且被作为劳动移民的一个重要渠道。可是，尽管国际流动的学生人数如此庞大，留学生群体本身只在最近几年才成为研究关注的对象。① 以前的研究往往把他们物化，只把他们当作人力资源，在所谓“头脑流失”或“头脑引进”之类的政治经济话题中论及，而他们具体的移住经历和在劳动力市场的实践被基本忽略。本书通过记录中国留学生在日本的社会经济活动，意图展示这一特殊移民方式错综复杂的过程，以及这一移民群体的真实生活面貌。同时，通过中国留学生的案例，本书也探究了当今时代经济全球化和国际人口流动之间的相互关系。在结语里，笔者将回顾近年来这种从中国到日本的以留学为渠道的劳动力移民的现象，强调中国留学生在日本劳动力市场不同的出路，并分析当代移民跨国型生存方式里所包含的机会和制约因素。另外，笔者也为今后的研究提供一些建议。笔者认为，关于经济全球化和国际移民对于男女差别问题的冲击值得更深入的研究，除此之外，为更好地理解从中国到日本留学过程的特征及普遍性，与其他国家和地区的留学情况进行比较研究也很有必要。

一、以留学为渠道的劳动力移民

2013 年，居留日本的中国人约有 65 万，而其中在读留学生人数占将近六分之一。不论是劳动力还是留学生，从中国移民日本不是最近才出现的现象。几百年来，无数商人、工匠和劳工陆续奔赴日本寻找各种赚钱机会。另外，从 19 世纪末到 20 世纪中期，有不少中国人前往日本留学。但是，20 世纪 80 年代以来的中国学生留日大潮是前所未有的，并且，我们看到，当代的留学移民和劳动移民

---

① 留学生最近几年已经获得国际教育研究者越来越多的关注。Marginson et al.（2010）一书具体描述了在澳大利亚的留学生的经历和困难。由于亚洲留学生群体在欧洲日渐庞大，欧洲对亚洲留学生的研究也在最近几年开展起来。

之间的界限已经非常模糊，这是一种新的现象。[1]

随着知识经济（knowledge economy）的快速发展，市场对于有专业技能的劳动力的需求越来越大。一些国家已经出台移民政策试图留住外来人才。对于一些来自发展中国家和地区的留学生而言，在发达国家就业不仅仅是留学的一个成果，也是他们当中许多人最初决定出国的原因。但是，以往的移民研究多半只关注那些科学技术类专业的研究生，并把他们看作间接的技术移民。本书一方面强调了留学作为劳动力移民的一条重要渠道的论点，另一方面指出留学生是一个复杂的移民群体，在奔赴异国他乡时怀着各自的目的、不同的学历背景和人生计划。因此，他们进入居住国的劳动力市场的方式迥异，在这个国家中的地位和与当地社会形成的关系也各有不同。当代赴日中国留学生的经历显示，留学生不仅仅是未来的技术移民，而且还给当地社会提供了急需的底层廉价劳动力。

20 世纪 80 年代到 90 年代，许多中国人都是抱着打工赚钱的目的前往日本留学的。当时，由于两国之间在收入水平和物价水平上存在巨大的差距，即使在日本做最苦最低薪的工作对许多中国人依然有吸引力。日本政府对于留学签证审查标准的放宽和语言学校的大批开办掀起了早期的“留学日本潮”，特别是吸引了大批来自上海和福建的中国人。实际上，从 20 世纪 80 年代末到 90 年代初，很多来自这两个地方的学生在日本都成为名副其实的“扒分者”。虽然收入差距仍然对有些人存在诱惑，但还是有中国人利用学生身份前往日本打工。20 世纪 90 年代末以后，随着中国经济的飞速发展和日本对于留学签证管制的加强，以单纯打工为目的前往日本的中国留学生越来越少。

本书提到留学生形成的廉价劳动力中有一部分人是非法居留者。如第二章所介绍，在非法居留的在日华人留学生当中，一些人最初的动机就是利用留学生身份出国赚钱，并在留学生身份过期之后继续在日本打工而变成“黑户”；还有一部分人虽然一开始并不是抱着单纯赚钱的想法，但由于在日本的生活环境和其他方面的原因，例如特定打工环境、学校规范化问题以及社会圈子的封闭——最终造成非法居留。在他们当中，一些打特定性质临时工的人似乎更容易变成非法居留者，例如在陪酒俱乐部或是“斯纳库”打工的人就是典型的例子。由于这类工作能带来高收入，一些中国留学生，尤其是女性，即使一开始是抱着求学的想法前往日本，在从事这类工作后，一心想着赚钱，最终也成为非法居留者。此外，打工环境的安逸和稳定也让一些留学生对失去法律身份缺少危机感，从而走上非法居留的道路。

---

① 在有关在日华人的历史记载中，有少数提到了中国留学生参与日本的劳动力市场，以打工为生，由此可以想象，历史上一些留学生也是通过在日本打工来支付自己的学费及生活开销的。

另外有一大批中国留学生进入了日本的私立专门学校。这些学校教学质量没有保证，学费也是相当高，而且从这样的学校毕业出来的留学生在日本的就业率较低。近年来，面对本国学生市场不断缩小的问题，越来越多的私立专门学校以大力吸引来自中国的留学生来获取利益。有不少学生从这类学校毕业后由于找不到正式的工作也考不进正规的大学而最终成为非法居留者。当然，社会圈子狭小也是造成部分留学生非法居留的原因之一，这个现象在福建留学生中尤其明显。笔者指出，因为福建学生的社会圈相对封闭，并且身边非法居留者出现的概率高，这些留学生也渐渐接受了这种现象，并把它正常化。不仅如此，他们当中不少人都是通过“蛇头”拿到留学签证的，因此很多人从出国的第一天开始就背负了沉重的债务负担。为了还清这些债务并改善家里的经济条件，一些来自福建的留学生被迫中途退学以便全力打工，从而导致非法居留。

尽管如此，对于大部分的在日中国留学生而言，打零工仅仅只是在海外留学经验的一部分，是留学过程中的一个阶段而已。他们很多人之所以选择前往日本留学，就是因为在那里靠打零工也负担得起自己的学费和生活费。本书第三章详细描述了中国留学生在日本打工的不同种类，讲述了他们怎样找到工作，以及怎样在一个语言文化都不熟悉的社会勤工俭学，经受肉体和精神的历练的情况。留学生打工有利有弊。对于那些就读语言学校和大学预备课程的留学生来说，他们的打工时间远远多于去学校的时间。但是，通过打工，他们也锻炼了自己的日语水平，了解了日本的工作环境，并对日本社会有了更加直观深入的认识。这些经验和阅历成了他们以后进入日本企业工作的重要储备。廉价劳动也给他们带来很多负面影响，很多人因此身心疲惫，无法集中精力学习。尤其在早期的留学生当中，既要赚学费又要挣生活费，有的还要还债或往国内家里汇款，沉重的经济负担往往让很多人不得不在上学的同时做多份兼职。长期缺少睡眠和超负荷劳动使他们当中许多人的身心留下了不少创伤。

另外，从国内到日本后的地位落差、孤独感、精神压力、对工作场所管理方式的不适应和偶尔遭遇到的差别待遇，都给一些中国留学生在感情上对日本社会的疏离感埋下了种子。与此同时，打工和上学往往无法达成平衡。由于过于紧密的打工安排，一些中国留学生很少能腾出学习时间，因此很难在日本本科和硕士入学考试中有竞争力。一部分人因而选择了比较没有名气但容易进入的私立大学、短期大学或是专门学校。由于这些地方学费很高，奖学金名额相对较少，中国留学生不得不继续依靠打工来赚取学费并维持生活，从而继续向日本的非正规工作市场提供自己的劳动力。可惜的是，这样的教育背景也让他们毕业就职时在日本的工作市场的竞争力变低。

虽然本书中笔者的研究对象主要是 20 世纪 80 年代末到 21 世纪初来日本的

中国留学生，但勤工俭学在2000年后赴日的新一代留学生中还是很普遍。这些年来中日两国的经济情况和人口结构的确都发生了很大变化。如今前往日本的中国留学生年纪较轻，大多是独生子女，他们往往来日本时带了至少够半年的生活费，但很多人还是出去打工赚取一些自己的学费和生活费。只是和之前的留学生相比打工时间缩短，经济负担大大减轻。笔者采访发现，在2005年左右或之后前往日本的留学生平均每周打工20～25个小时，而且和老一辈留学生一样，餐厅和超市依旧是留学生主要的打工地点。

二、专业技术人才与跨国移民经济的新形态

留学生给居住国所带来的一个主要影响是作为技术人才资源的注入。如澳大利亚这样的国家就出台了一系列把留学生和技术劳动力挂钩的移民政策。澳大利亚不仅鼓励留学生进入当地的劳动力市场，还邀请他们申请永住资格。这些政策背后，是决策者们相信通过在本国接受教育，留学生既锻炼语言能力又对本地文化有深入理解，跟直接从海外引进的人才相比，更能适应居住国的环境（Ziguras and Law，2006）。

中国留学生在日本工作市场的出路也说明他们的确被当作未来的专业技术移民。如本书第四章所述，大部分从日本高校毕业的中国留学生都进入了日本企业工作。不过，和之前有关技术移民研究中所提到的“头脑流失”现象明显不同的是，大多数活跃在日本劳动力市场的中国留学生代表了经济全球化大环境下的新的技术移民形态。

首先，在日中国留学生毕业后大多在日本企业中从事有关中日贸易的工作，这也是两国贸易往来不断增加所造成的结果。如果中国没有成为世界的制造业工厂，如果两国之间的贸易往来不频繁，大部分中国留学生也无法顺利地在日本找到工作。其次，这类职位要求的更多的是语言文化能力而不是专业技术。大部分中国留学生前往日本都是进修人文社会科学专业，所以他们在日本就业市场中的竞争力多半来自于汉语和日语的双语优势和对两国社会的了解。这些知识和能力，很多是留学过程中积累的生活经验和文化知识，不一定是在学校学到的东西。因此，日本企业会直接从国外引进工程师技术员，但从事市场营销的外国员工多半毕业于日本高校。他们所掌握的语言文化技能帮助许多日本企业拓展中国市场，从而增强两国间的经济往来，同时，这种跨国经济的发展也扩大了中国留学生在日本就业市场的利基。

在日中国留学生的职业发展有几个特征。第一，他们的就业过程，特别是从学校到职场的转换，和日本学生很类似。虽然人际关系也起到部分作用，但大多

数留学生还是更依赖有组织的活动和公共资源。他们参加各种就职说明会，在网上查找就业信息，并通过政府或私立工作中介机构来寻找就业机会。第二，尽管中国留学生在日本劳动力市场有自己的利基，可以通过他们的双语能力和对中国文化了解在日本企业找到工作，他们依然需要面对一些法律限制和体制上的不平等对待。为得到工作签证，他们的职业选择有限，且往往受制于用人企业，外国人的身份也让一些人在公司里处于相对边缘的地位。第三，虽然中国留学生的就业机会已经随着国际贸易市场的扩大而增加，但这些就业机会依然大多集中在日本的中小型企业。这些企业由于规模限制，只能支付相对低廉的工资，职业发展空间狭窄，缺乏工作保障。但是对中国留学生来说，即使进入日本的大公司工作，作为外国职员，他们也只是合同制的雇员，享受到的员工待遇同日本本地雇员有差别，工作也相对缺乏稳定性。基于这样的职业发展环境，许多中国留学生跳槽比较频繁。一些人哪怕收入打个折扣，也希望被日本公司派回中国，在国内进入企业管理层。还有一些人则在从事了一段时间的跨国贸易工作后选择了独立创业，并和之前就职的公司成了竞争对手或上下游企业关系。

中国留学生在日本的就业情况展示了国际移民新的跨国形态。他们的经历显示，移民的跨国经济活动是可以同时以个人和体制的形式存在的。移民的跨国经济行为不仅仅局限于向家乡汇款，或在家乡做些个人投资，他们也是企业全球化的一环，帮助企业发展开拓国外的业务。他们的价值就体现在成为两国之间商业往来的桥梁，并加强两国经济的相互依存度。

在日中国留学生的创业行为也体现了他们与经济全球化进程的紧密联系。留学生创业者往往有着企业的就业经历，成为独立的商人是他们事业成就的里程碑。他们的创业活动有时候是在日企发展事业不顺利和在日本社会自我感觉边缘化的结果。在创办公司的过程中，他们采用的手段同其他国家的移民创业者有共通之处。但是，无论是行业选择、目标市场还是牵涉到的社会网络，在日本的中国创业人士经营的已不仅仅是传统的移民企业，他们已汇入全球化的经济大潮中，以一己之力推动着全球化的进程。

未来，中国留学生将在中日之间的经济贸易往来中扮演更加突出的角色。从30年前中国的日本留学潮兴起以来，中国经济经历了飞速的发展，而中日之间的经济交流也变得日趋频繁。从20世纪80年代到90年代初，和日本比起来，中国的经济实力过于薄弱。虽然那时候也有不少日本企业在中国投资，但行业领域和企业数量有限。到21世纪初，中国已经成为日本最重要的经济伙伴之一。例如，国际休闲品牌优衣库就在2009年9月宣布，将在上海开设最大的旗舰店。

在2010年5月，优衣库对外再次宣布计划2020年之前在中国开设1 000家店铺。[1]

如今，日本的经济越来越依靠亚洲邻国的劳动力以及日益扩张的亚洲市场，越来越多的日本跨国企业也自然而然地对海外留学生打开了大门。作为日本第二大24小时便利连锁店，罗森便利店在2008年宣布计划招收110名到130名应届毕业生，并将其中三分之一的名额留给中国留学生。[2]这是因为，随着海外生意的不断扩张，罗森需要通过吸收更多的外国员工，使其参与到产品和各项服务的策划中来。

此外，中国人留学日本的风潮还在滚滚而来。日本政府计划在2020年达到接收30万留学生的目标，鼓励日本高校积极招收海外留学生。在世界金融危机后的2009年，有3.5万名中国留学生来到日本，再次刷新了历史纪录。不仅如此，日本还出台政策帮助留学生更顺利地进入日本的劳动力市场。在这样的环境下，越来越多的中国留学生会留在日本就业。毋庸置疑，中国留学生在日本企业中的利基将继续扩展，在中日跨国贸易中，他们的存在不可或缺。

三、越境生活的自由与制约

经济发展的全球化和技术的日新月异使中国留学生看到超越国界的自我发展空间。许多在日本的中国留学生都很向往自由的越境生活，希望同时在中日两地营造自己的生活。为此，不少中国人选择了在日本申请永住权而非加入日本国籍，因为永住权让他们心里有底，觉得如果他们想回中国就可以回去，想再来日本也没有问题。而且很多人相信永住权能让他们从双边获益而不必只是选择其中一方。

中国留学生这种对自由来去的生活的渴望同他们在日本的移民生活有关系。在很多中国人看来，日本并不是一个适合永久定居的地方，一些人称自己在租房和找工作的过程中遭遇过日本人的歧视，还有一些人抱怨日本的生活方式过于压抑，而且中国人往往觉得自己在日本社会被边缘化——在他们和日本社会之间存在着一堵隐形而坚实的“墙”，将他们排除在真正的社会成员之外。由此，在日本寻求生存的他们更倾向于将自己定义为“新华侨”。

留学生的这种对跨国生活的向往和“新华侨”的自我认定，在某些方面符

---

① 详见《优衣库，至2020年在中国推出一千家店铺并销量一兆日元》，http：//www.afpbb.com/article/economy/2726422/5752526。

② 《罗森便利店，三分之一新人招募面向外国人》，日本经济新闻（网络版），2008年4月22日，http：//woman.nikkei.co.jp/career/news/article.aspx？id＝20080422ax017b1。

合当今移民理论中对移民跨国行为的认识。美国的移民研究指出，如果在所在国的种族和社会阶层结构中处于下层地位，移民经常会维持出身国的自我身份认同（identity）（Glick Schiller and Fouron，1999；Goldring，1998；Smith，1994）。跨国生活形态实际上是移民对在居住国的边缘化社会地位的一种反应（Portes，1999）。例如，Robert Smith（2005）对纽约的墨西哥移民的研究显示，在美国出生的墨西哥裔年轻人在美国所处的社会地位较低，而在父母的家乡却居于社会的顶层，是被人羡慕的对象。所以这些墨西哥移民后代更愿意认同自己墨西哥人的身份，并通过继续参与墨西哥社会，享受衣锦还乡的优越感以获得一种心理补偿。

但是，本书同时指出，中国留学生对跨国生活的计划和渴望超出了美国研究中描写的那种保持与出身国的联系，通过消费家乡东西在国外营造一种出身国的生活环境的做法（Guarnizo，2003）。中日间繁荣的跨国经济贸易，无所不在的因特网，频繁的飞机航班及地理距离的接近使一种越境的生活方式变得容易想象，许多人甚至计划同时生活在两个国家。但这种想法可行吗？

这种跨国生活似乎可以通过两条途径实现。有一部分在日本的留学生，由于在日本企业的工作或自己开创的事业与跨国经济密不可分，出于工作需要，或为了拓展事业，也出于为后代寻求更好的教育和生活环境的考虑，带着家庭来回迁移于两个国家之间。虽然工作与跨国经济相关，大部分中国人在日本的职位本身往往越境流动性并不强。因此，很多在日本的中国人把跨国生活设定为在日本工作，退休后回到国内生活。除开这两种可能，跨国生活其实只是一个梦想，是身心疲惫时中国留学生的一种自我安慰，不是很现实的目标。大多数所谓的跨国家庭实际上是被拆散的家庭。就像笔者在第六章所述，不管是为了什么目的两地分居，视频聊天和国际电话无法代替共同生活，夫妻不和以及与孩子的感情疏远是很多在日本的中国人“跨国生活”的后果。

四、女性、跨国移民与经济全球化

跨国移民和经济全球化对于女性社会经济地位有怎样的影响？本书中虽然对此已有所提及，但需要更加系统深入的分析。有研究指出，经济全球化对于女性经济地位的影响来自两个方面——国际贸易和海外投资。一方面，国际贸易促进了出口加工业，因为出口加工业很多是手工劳动密集型企业，女性被聘用的概率较高，因此国际贸易给发展中国家的女性提供了参与劳动力市场的机会。①另一方面，海外的投资使外资企业增加，而在外资企业中，男女收入差距相对较小，给女性职业发展的机会较多，从而促进了在工作市场上的男女平等（Villarreal and Yu，2007；Ono，2007）。笔者对留日学生的研究认为，经济全球化推动了国际劳动力移民，对男女平等有着第三种潜在影响。

当代留学日本的中国人中，女性不少于男性。这些女留学生在留学移民过程中和男性有着相似的经历，都体验过艰苦的打工环境，都得承受经济压力并受到法律身份的牵制。她们在日本企业的角色，特别是在中日跨国经济中起到的作用、享有的机会和受到的制约，使她们在劳动力市场上有同大多数日本女性截然不同的经验。

日本企业中女性的职业发展普遍会遇到各种制度上及组织上的障碍。和拥有同等学历的男性相比，在同一企业中，女性职员往往被安排在责任较轻、工资增长较慢、升职潜力较小的职位上（Brinton，1992）。在日本企业中，男性往往被配置到“综合职”，受到全面的业务培训，有义务服从公司调拨随时去国内外的各分公司或部门任职，且升迁机会较多。女性职员则往往被分派到“一般职”，属事务辅助类型的工作，不用出差或往其他地方调动，且升职空间有限。在普遍的社会观念中，女性职员在结婚生子后就会退出公司。1986 年日本首次颁布《男女雇佣机会均等法》，并在随后多次修改，而日本的许多企业内部也已经取消了造成男女差异的“职位体系”（course system）。但 2000 年日本厚生劳动省对 5 681 家 30 人以上规模的企业所做的调查显示，有不少受访企业的销售和技术职位只招收男性。在所有的日本企业中，能够真正将女性派到“综合职”的企业仍然只占少数。②

外资企业给日本女性带来了更多的事业发展机会。Ono（2007）针对日本本地企业和外资企业职员的职业形态所做的比较研究显示，由于外资企业注重短期效应，采用的是以市场为主导的运营方式和重视个人能力的管理方针，外企比本地企业更能为女性提供较高的收入和较多的工作机会。因此，不少日本女性自费前往美国的学校接受教育并希望通过这种方式进入日本的外企工作（Sugano，1990；Ono and Piper，2004）。

值得一提的是，通过留学，日本女性得以脱离日本企业的劳动力市场；而通

① 许多社会学家都对出口行业中的女性雇佣体制提出了批判。因为出口行业往往是劳动密集型企业，如服装或电子行业，只给工人提供低廉的工资而且没有相关保障，一些学者认为这些企业里的女性雇佣体制实际上是对女性劳动力的剥削（Pyle，1999）。

② 在实行“职位体系”的企业当中，有 90% 表示“一般职”往往面向女性职员；85% 表示“综合职”里只有 10% 是女性。日本厚生劳动省，http：//www. mhlw. go. jp/houdou/0105/h0528 - 1. html。

过留学，中国女性获得了进入日本企业的机会。因为中国女性拥有日本企业所需要的进行海外业务拓展的技能，她们因此很少会被安排做传统女性的办公室事务，她们更多的是被派做责任更重、独立性更强的销售和市场开拓业务。但这种职位上的进步，并不意味着中国女性已经冲破日本企业中的性别障碍，她们的职业发展空间依然受到重重阻碍。虽然有中国女性成功获得职位晋升，但笔者所采访到的大多数女性抱怨她们得到的只是责任，却很少有相应的回报。有一部分中国女性因此选择离开日本企业自己创业，还有一部分则入乡随俗，放弃了对事业的追求。但不管怎么样，虽然中国女性在日本企业的事业发展阻力重重，她们的经历表明经济全球化和国际移民的确可以动摇日本社会一直以来的男女有别的职业构造。笔者做了以下的推测。

首先，在日本企业内部劳动力市场中引进这种不分性别却以市场需要为基础、以员工能力为重的人才运作模式有可能带来今后企业组织结构上的转型。前面提到过的 Ono（2007）的研究显示，因为外企注重实效，看中的是有市场价值的人力资源，很少区分性别，所以日本女性为了追求男女平等的待遇和职业发展空间倾向于进入外企工作。包括前日本首相小泉纯一郎在内的许多日本精英都非常重视外企的经营模式，他们鼓励更多的外企投资日本以促进日本企业的运营方式的改革。但是，Ono（2007）同时指出，从结果来看，在日本的外企并没有比日本企业更有生产效率和经济效益。而且，外企存在于日本企业组织结构之外，最多是日本企业的竞争对手，日本企业不可能突然照搬外企的人才管理模式。笔者认为只有通过把外来元素引进到公司内部来，成为公司运营的一部分，日本的企业才会真正发生结构转变。如今许多日本企业的命脉已经和中国及东南亚市场密不可分。随着大批外国留学生进入日本，日本企业也出现了越来越多的外国职员。他们通过自己掌握的技能为日本和母国的经济贸易搭起了桥梁，中国女性留学生的经历显示，这种职业利基的存在给她们在工作市场中提供了更多机会。出于市场的需求，她们已经在一定程度上打破了性别差异的壁垒。随着这种不论性别只论才能的职业利基在日本企业中出现和扩张，笔者认为，日本企业不得不对人才管理和组织文化进行调整。

其次，随着加入日企，中国女性也将自己原本持有的男女平等的观念带入了日本企业。作为外国人，有的中国女性觉得自己可以无视日本企业的一些传统性别模式。[①] 例如，在日企的办公室内，不管具体职位如何，端茶倒水和复印资料等琐碎的服务工作习惯上都由女职员承担，但一些中国女性职员会打着外国人的旗号，拒绝做这类工作。不仅如此，她们还会对一些日本惯有的企业文化视而不

---

① 虽然中国未必真正实现男女平等，但许多中国女性主观认为自己持有平等观念。

见。例如，许多日本职员会认为必须要等到上司离开公司后自己才能下班，而顾爱玲却说她会比其他日本同事早离开公司。“我做完我分内的工作就会下班，不像其他日本职员一样还要等科长先走。我跟他们说再见时注意到了他们的表情。他们其实挺羡慕我的，因为我是个外国人，我可以这么做。”

外国女性职员享有的这些机会和面对的挑战也许会给日本职业女性一些追求工作机会平等的自信和理由。实际上，本研究中的一些受访者称她们时常会和公司的日本女同事聊性别规范和对女性的一些要求之类的问题。尽管因为数据有限，笔者对中国女性给日本企业可能带来的变化只是推测而已，但她们的故事说明，虽然日本政府对移民仍持犹豫的态度，但移民有可能从里到外改变着日本的社会。

五、有关留学移民的比较研究

国际教育在不断扩展。出国留学已经成为许多年轻人成长过程中的一个环节，是他们教育和职业发展计划的一部分。澳大利亚的一家教育咨询公司 IDP 在 2002 年预测，到 2025 年全世界的留学生将超过 700 万人，而近年来的实际情况比预期增长得更加迅猛，而且无论是出身地区还是留学的目的地都越来越多样化。

一方面，不论在哪，中国学生都是留学的主力。在中国，越来越多的高中生选择出国读大学。而且，随着中国高校的不断扩招，2007 年中国的大学生数量是 2000 年时的近 5 倍，从 107 万人增加到了 495 万人。中国教育部担忧这些大学毕业生里有 150 万人有可能找不到工作。[①]无法被中国劳动力市场吸收的许多大学毕业生选择出国继续深造，一些人希望通过获取海外的学历和工作经验以求在国内就业市场提高自己的竞争力。另有一些人则放眼全球寻找工作机会。2007 年，有海外专家估计出国留学的中国人超过 35 万人，而且在留学热潮之下，20 年内出国留学的中国人会达到 64. 5 万人。[②]虽然因为留学市场成熟且成本较低，许多中国学生选择留学日本，但很多其他国家也吸引了大批中国学生。美国一直是中国学生向往的地方，澳大利亚、新加坡和许多欧洲国家也在热情地向中国学生招手。此外，韩国也迅速跻身留学目的地的主流行列，从 2004 年至 2007 年仅

① 日本《朝日新闻》，2007 年 2 月 27 日。

② Geoff Maslen，《中国：前往移民国际市场的中国留学生》，2007 年 11 月 4 日，http：//www. universityworldnews. com/article. php？ story = 20071101150549773。

3 年时间，前往韩国的中国留学生数量就从 10 988 人增加到了 60 444 人。①

另一方面，留学生的来源日趋分散，有来自发展中国家的，也有来自发达国家的。每年成百上千来自印度、韩国、摩洛哥和土耳其的留学生奔赴其他国家。而像澳大利亚、美国、日本、韩国、新加坡和中国这些国家每年送出不少人去海外留学的同时，也在接收大批的外来留学生。

像在日本的中国留学生这样，在求学的时候做当地的廉价劳动力又在学成之后活跃在跨国经济中的现象，在其他留学目的地是否存在，在其他国家的留学生中是否出现过呢？笔者调查了解到，首先，勤工俭学是普遍的行为。大多数留学生都通过打零工来补贴学费和生活费。学生——不管是本地学生也好留学生也好，一直是一支非正规的劳动力大军。英国、荷兰、德国、澳大利亚、新西兰、新加坡、日本和韩国都允许留学生在课余打一定时间的零工。这种政策让一些经济条件较为拮据的留学生有机会在目的国接受高等教育。而且，历史也会重演。20 世纪 80 年代末 90 年代初大批中国留学生涌入日本，出现大批学生签证过期非法居留的现象，同样的情况在 21 世纪的韩国出现，《东亚日报》称 2009 年在韩国的 60 444 名中国留学生中非法居留者已经占到了 13%。②

其次，进入跨国企业做桥梁的也不只有在日中国留学生。Tzeng（1995）指出，许多美国跨国企业愿意聘用从美国大学毕业的台湾留学生进入他们在台湾的分公司工作，因为这些留学生有双语能力并受过美国文化的熏陶。从外表看，上海的美国商会也越来越中国化了。在中国工作的美国企业的管理层和职员，许多是拿到了绿卡或加入美国国籍的中国留学生。另外，笔者对在中国求学的日本留学生以及在日本学习的美国和韩国留学生的初步调查发现，留学是这些年轻人追求全球型职业计划的一部分。如果有工作机会，不少留学生愿意留在他们留学的国家。近年来，中国大陆出现了越来越多通过留学而长期留下来的日本与韩国学生。

但是，在跨国经济中开创事业也许并不是世界各地的留学生都能开展的经济行为。在怎样的前提条件下留学生才能扮演这样的经济角色？从对在日留学生的研究中笔者提出以下几点可能性。第一，留学生出身国的经济位置及资源对他们在居住国劳动力市场的实践有着重要影响。来自发展相对落后且和日本经济往来较少的国家的留学生在日本劳动力市场获得的机会就很有限。一位来自加蓬的留

① 《13 位非法居留中国留学生的经历》，《东亚日报》，2009 年 6 月 22 日，http://english.donga.com/srv/service.php3？bicode=040000&biid=2009062213448。

② 《13 位非法居留中国留学生的经历》，《东亚日报》，2009 年 6 月 22 日，http://english.donga.com/srv/service.php3？bicode=040000&biid=2009062213448。

学生称非洲国家的学生往往只有靠和日本女性结婚才有可能继续留在日本。[①]另外，文科和社会科学专业的蒙古和柬埔寨留学生也反映他们在日本企业找工作比较困难。第二，留学生在跨国经济中的事业和具体角色同他们出身国的经济实力，及两国的相互经济地位有关。大部分中国留学生进入的是日本中小型企业，帮助这些日企进入中国市场。而大部分在中国的日本留学生进入的是日本企业在中国的分公司，帮助日本企业管理中国员工和开拓中国市场。目前为止很少有人进入中国的企业帮助他们开拓日本市场（但将来这种可能性不小）。第三，与出身国的地理上的距离和居住国的社会环境的差异，使不同国家的留学生所从事的经济活动相差很大。通过同一些新西兰的中国留学生交谈，笔者发现在新西兰的中国留学生似乎对于进入新西兰的跨国企业工作期望不大，更倾向于回国工作。他们大多数人希望先申请当地的永住权或加入新西兰国籍，然后再回中国工作。他们对生活的计划也是跨国性的。但是，留日学生通常计划先在日本工作，退休后回到中国养老，而新西兰的留学生希望先在中国工作，退休后再回新西兰生活。这些差异表明，我们有必要对不同国家留学生的职业发展和经济活动进行比较性研究。

当然，留学移民是一个复杂的国际人口移动现象，以上这些讨论只触及这个现象的一小部分。但是，笔者希望本书中对这些当代留日学生移民的描写和分析能够帮助展示留学生在文化与经济全球化进程中的作用；说明不同的社会经济环境会产生不同的留学移民经历；强调留学生作为一种专业劳动移民，能提供的远远超过科学技术。在日本，留学生是促使日本社会走向国际化的重要推动力。

---

① 虽然立足日本企业有些困难，在日本的非洲移民也积极参与到全球化经济和文化交流当中。在拿到合法身份后，他们往往开始自己做小生意。这位加蓬学生说，是他们这些非洲来的留学生向日本引进嘻哈（hip-hop）文化。东京原宿地区有不少非洲移民经营的此类时尚店铺。

附录一　研究方法

本书中使用的数据及资料，大多来自于2002年到2005年之间笔者为博士论文所做的田野调查。调查地点主要是东京及周边地区，另外2003年夏季也在上海和福建对归国华人及他们的家庭进行了调查。在这3年当中，笔者定期参加华人休闲娱乐活动、华人教会和各种社团活动，进行观察，并对在日华人进行了深入采访。与此同时，笔者设计并收集了218份调查问卷。其他很多政府机构的统计数据、在日华人的报刊文章和书籍也应用到了这项研究当中。2007年，在获得日本政府的研究经费后，笔者又得以在日本东京及中国北京和上海做了追加采访。

此次社会调查的初衷是尽可能收集各种在日华人的案例。2005年，我参加了日本社会安全研究机构资助的田嶋淳子教授主持的在日华人研究课题，收集了大量来自福建的非法居留者的采访资料。尽管如此，留学生依然在笔者采访对象中占最大比例。个别采访的123名受访对象中有77人，218位接受问卷调查者中有120人最初都是以留学生身份进入日本，后来在日本转换成各种不同的身份。虽然本书中笔者的分析集中在以留学为途径前往日本的中国人，但其他身份的在日华人的资料给笔者也提供了重要参考，让笔者能更好地理解留日学生独特的移民经验、移民类型、未来规划以及生活状况。

一、研究地点

此次研究主要集中在日本东京及周围地区和中国的几个赴日移民较多的地区——福建、上海和北京。自从中国的日本留学潮兴起以来，东京一直是中国学生的首选。1988年，新来的中国人有75%居住在东京。虽然近年来中国人的足迹已经遍布日本全国各地，但东京依然是最多中国人聚集的地方。在2009年，前往日本的中国人有44.5%都集中在了东京、埼玉、千叶和神奈川。[①] 这几个地区的华人实际人数应当远远超出官方统计的数字，因为和日本其他地方相比，东京不仅仅是日本经济最发达的城市，也是提供各种非正规经济活动（informal

① 日本法务省2009年登录外国人统计，http://www.e-stat.go.jp/SGI/estat/List.do?lid=000001065021。

economic activity）的渠道和廉价劳动力市场的全球化都市，是非法居留者的主要集居地（Sassen，2001）。

与此同时，东京也便于移民研究者观察在日华人群体。这里有很多在日华人的宗教组织、公开的娱乐休闲活动以及华人媒体（Ambrose，2006；Liu-Farrer，2004，2006）。针对华人的生意也主要集中在了东京地区，特别是新大久保和池袋附近（田嶋淳子，1998）。随着在日华人数量的不断增加，在日本的中国人逐渐向郊区扩散，住在东京附近的住宅小区的中国人数量迅速增加。2005 年对毗邻东京的埼玉县某大型公营住宅区的一次调查研究显示，在日华人家庭占到了居住者总数的约五分之一（江衛、山下清海，2005）。笔者从这些中国人聚集的地方找到研究对象，收集到各种信息。

除了东京以外，笔者也前往上海、福建和北京对日本归国华侨进行了采访调查。正如之前所提到的，上海和福建曾经是从 20 世纪 80 年代末至 90 年代初在日中国留学生的主要出身地。在 1990 年，在所有前往日本的中国人中，来自上海和福建两地的人口占到了 40%。在笔者此次调查当中，超过四分之一的受访者都来自上海。北京因为有大量的大学和研究机构，也是送出留学生的一个主要城市。另外，很多中国留学生选择归国时，一般不会想回到自己的家乡，而是选择国际性大城市，因此笔者采访归国人员时选择了北京和上海。

而福建，因其特殊的移民方式，也是值得研究的地区之一。首先，福建几乎是中国唯一一个用船偷渡移民的地方，而且其在海外的非法居留者数量相当大。学者和政府机关都很关注这一群体的移民过程。其次，由于福建移民群体相互关系十分紧密，同时他们中有不少非法居留者，因此对外防范性强，研究者很难深入该群体挖掘信息。但是，很多福建移民有宗教信仰，因此时常会去一些华人教会（Liu-Farrer，2006）。通过参加教会活动和华人社交舞会，笔者得以接触到一些福建移民并进入他们的社交圈，并顺着他们跨国性的社会关系，来到他们的家乡——福州地区。笔者于 2003 年夏天在福建省的福州市、福清市和长乐市进行了为期两周的田野调查。

二、参与观察场所

当笔者 2001 年秋刚刚前往东京的时候，对自己的研究还完全没有头绪。由于本身从未在日本留学过，笔者对在日本的中国人的了解仅停留在一些小说、电视与新闻报道中得来的信息上，以及 20 世纪 90 年代自己还住在上海时听到的一些故事。而且，当时的笔者不认识任何一个在日本的中国人，在东京这样一个偌大的城市里，“在日华人群体”在哪儿？

幸运的是，笔者发现了一个在日华人的社交舞会。在2002年1月的一个周日，通过在其他聚会上认识的中国朋友介绍，笔者第一次踏进了在东京一个区立活动中心举办的周末华人社交舞会。在随后的一年里，笔者每周都会参加舞会及舞会后的一些聚会活动。舞会成了笔者获取信息及寻找受访者的绝佳场所，因为许多中国人是为了同其他中国人交流才去舞会，而且社交舞需要舞伴，跳舞时交谈相互了解到的情况是“社交”的一部分，因此舞会是扩展社交圈的便利场所。[①] 在参加活动的过程中，笔者认识了舞会主办者和许多常客。在知道笔者的研究目的后，他们当中不少人经常向笔者提供相关信息，有的成了笔者的朋友。到2002年下半年，笔者已经开始参加舞会组织活动，负责订场地、收门票和准备传单等工作。每次舞会，笔者都会做调查记录，并时常随身携带录音笔。在舞会上，笔者努力观察参加者的行为举止，在心里记下他们所说的话，然后不时走到外面记录下观察内容。在舞会后聚餐时，偶尔也会在获得大家许可的前提下用录音笔记录他们的谈话。笔者往往在第二天早上趁记忆还新鲜，再借助录音和在回家的地铁上匆匆写下的笔记，整理前一晚的活动观察记录。

华人社交舞会的重要特点就是成员往往来自不同的背景（Liu-Farrer，2004）。通过舞会上认识的人，笔者有机会参加其他各种华人活动，从而接触到工作于不同领域、来自中国不同地方的中国人。2003年到2005年间，笔者定期参加一个中国福音教会和一个天主教会的礼拜。2003年，笔者每周末都会去这两个地方，到2004年则主要参加天主教会的活动。中国福音教会是在20世纪70年代由老华人创办的，当时由一位台湾的牧师主持。教堂位于东京西南部一个高档社区的半独立四层建筑内，留学生和年轻技术专业移民是他们积极吸收的对象，但教会也有不少非法居留者。每周约有30到40位信徒会在教会一位受人尊敬的长老家中聚会。大家先一起念祷告唱赞美诗，然后一起做饭吃。参加这项活动都是免费的。和其他聚会一样，这一聚会吸引笔者的主要原因是可以和来自不同背景的人自由交流，可以收集不同在日华人的故事。但因为教会积极传教的压力，笔者最终不得不离开。

天主教会则是在20世纪90年代由耶稣会日本管区建立的，在笔者采访时很多来自福建的劳工和留学生都会参加教会活动，定期前往教会的信徒中约90%是福建人，其中有很多是非法居留者（Liu-Farrer，2006）。教会初建时用的是日本耶稣会神父的宿舍，由一位会讲流利中文的法国神父主持。教会很快就成了中国人聚会的地方，不少人会带着自己的家人朋友过来。一到周日教会聚集上百名中国人，在礼拜后会有一些志愿者做饭，大家一起吃饭、谈心。但是，1995年

① 请参照Liu-Farrer（2004）有关华人社交舞会的具体描述。

阪神大地震后这座教会建筑被检查出存在安全隐患，教会被告知要在2001年前搬出。同时，那位精通中文的法国神父离开了日本去其他教区赴任。一位美国神父接过管理的责任，在东京教区主教的支持下，于2001年将教会搬到位于东京东部的一座日本人的教会所在地。每到周日，教堂早上会举行日语的弥撒，下午则举行中文弥撒。每周会有80到100名中国人参加礼拜，其中四五十人会在弥撒后留下。儿童和年轻人在那里玩乒乓球，一些人看电视，绝大部分人则是围坐在桌边聊天吃零食或打扑克下象棋。笔者经常会在下午一点半之前去那里参加弥撒，待到四点半左右，因为教堂会用作其他活动的场地，需要离开时，笔者便会和其他中国成员一起坐车回家。

三、个人访谈

本书的主要案例资料来自笔者对123位受访者的个人采访（受访者个人信息可参考附录二）。在这123位受访者当中，有45人是笔者通过华人社交舞会认识的，包括2位舞会组织者和1位前任组织者。舞会受访者包括15位女性和30位男性。舞会采访通过三种方式完成，第一种方式是作为女性，笔者可以和邀请自己跳舞的男性交谈。笔者通常会在跳舞过程中向对方介绍自己的研究，如果他们感兴趣或者还有继续交谈的可能的话，笔者会询问他们的电话号码便于以后争取采访机会。第二种方式是在舞会后部分人会一起出去聚餐，这时候很多人会互相交换名片留电话号码，笔者也可以借此机会认识更多的人并在几天后联系他们看是否可以约访，许多女性受访者都是通过这种方式接受采访的。第三种方式很少用到，但也是最为直接的方式。笔者在舞会上直接和一些陌生人攀谈介绍自己的研究，并询问他们是否愿意接受采访，有一位女性舞会组织者就是通过这种方法最终接受了采访。

在教会，笔者采访了中国福音教会的牧师和天主教会的神父以及管理事务的修女。通过教会成员及他们的人际关系，笔者在东京共找到了25位受访者。另外，笔者在上海和福建采访的15名归国华侨中有10人是由天主教会的成员介绍的。

其余的受访者则是通过各种不同渠道找到的。一些人是通过社会团体或其他聚会认识的，一些人是通过朋友介绍的，还有一些人则是通过笔者在国内的朋友辗转介绍认识的。还有两位受访者是笔者偶然认识的。其中一位是笔者在东京入国管理局申请再入国手续时她坐在旁边，也在申请再入国手续，我们便攀谈起来。还有一位则是在上海一家日本料理店打工的服务生。此外，有少数人在答完笔者的调查问卷后留下了手机号码，通过联系，笔者完成了对其中6人的采访。

寻找采访对象的过程比较烦琐。绝大部分受访者都是由笔者直接询问说服才同意接受采访。在日本的中国移民，尤其是来日本的最初阶段，承受着经济和社会双重压力，非常重视个人的时间和隐私。留学生往往忙于学业和打工，上班族则时常需要加班。因此，大多数受访者都把在咖啡厅接受笔者的采访当作帮忙，或是自己的一种娱乐。只有那些同笔者建立了非常密切的关系，并经常同笔者见面一起参加各种活动的采访对象才愿意介绍自己的朋友或亲戚。

大部分时间里，采访都是在咖啡厅或一边吃午餐或晚餐时完成的。一些受访者也会允许笔者去他们家，或者是在教堂会议室里接受采访。绝大多数采访时间都在一个到两个半小时之间。一些开放式的采访，特别是对女性的采访能达三到四个小时，最长的一次从午餐一直持续到晚餐，一共用了九个小时。虽然知道笔者是在采访他们，一些受访者，特别是女性，会在采访结束后继续和笔者保持联系，邀请笔者出来聊天或参加其他的活动。不少有价值的研究资料就是通过这样无意间的聊天获得的。有些受访者无法接受录音，男性似乎对此更加敏感，经常拒绝录音。但是，总体来说，受访者们往往乐于讲述他们的人生经历和对日本社会及中国同胞的看法。对没有录音的采访，笔者往往能做一些笔记，并在采访后立刻找机会记录下来。录音采访经常是在第二天早上就被文字化。

四、问卷调查及其他资料

本书中所用到的定量调查数据包括2003年5月至12月笔者对218名在日华人所做的问卷调查。因为在居住国不可能有一个固定的移民名单，做有比例的抽样调查是不可能的，这份调查问卷也不是完全随机的。笔者主要通过社团和个人关系寻找调查对象。

这次问卷调查中有五分之四的对象都是在东京的以下地点找到的：两家华人超市、华人社交舞会、华人科学技术者联盟年会、华人天主教堂和两家中华餐厅。还有12份问卷是在东京北边的埼玉县一座居住了400户中国人家庭的住宅区里收集到的。有40份问卷，特别是对来自福建的非法居留者的调查问卷，是通过个人关系完成的。虽然此次调查没有实现随机抽样，但除了增加了对来自福建的移民的调查问卷以外，笔者收集到的问卷中的移民来源地和签证种类分布与2004年日本入国管理协会有关在日中国人的统计情况大体相符。这些调查对象的学历，包括被抽样的福建移民在内，比1995年中国1%人口样本调查报告的全国平均结果要高（中国1%人口样本调查报告参照了Liangand Morooka于2004撰写的资料）。

除此之外，笔者还在本书中采用了以下数据资料：①在日本发行的中文报纸。笔者在社会调查实施期间订阅了当时在日本发行量最大的周报之一《东方时报》，并通过电子邮件接收电子报刊《日本侨报》的一周简报和特别报道。同时，笔者还在中国超市和餐厅收集免费华人报纸。②华人网站，主要为以下三家：在日中国留学生中最受欢迎的华人网站小春论坛（http：//www. chenshaochun. com）；东京大学中国留学人员友好联谊会网站（http：//www. tokyochinese. com）；在日华人网站（http：//www. cnjp. net）。笔者偶尔会进入这些网站的论坛和聊天室收集一些在日华人的生活信息。③有关在日华人的书籍，或是由在日华人撰写的书籍。在本书中反复提到的《负笈东瀛写春秋》就收集了从 20 世纪 80 年代中期到 90 年代初前往日本的 108 位中国人的生活经历。④官方统计资料和法律文书。日本法务省每年都会对外公布在日外国人的相关统计数据。日本文部科学省和日本学生支援机构也会统计每年的留学生毕业情况，后者还每年做自费留学生生活实况调查。此外，笔者也会用到像联合国教科文组织、澳大利亚的 IDP 教育咨询机构以及美国留学教育机构 Open Door 等一些国际机构的数据资料。

五、研究分析

此次研究运用了综合性的研究方法。在长达几年的研究里，笔者完全投入于田野调查，频繁出入采访地点，并同研究对象保持密切的关系。做分析的时候，笔者依赖的首先是研究者做田野调查时的直觉，但书中所有研究结果都以实地调查采访得到的数据资料为基础。为了展现在日中国留学生的历程，精确地描绘中国人在日本留学的历史潮流及社会背景，笔者认真地做了史料调查，参考了中日两国出版的不同历史数据资料。所有统计数据都来自政府机构的官方网站，笔者还前往日本国会图书馆查阅了相关资料。

书中使用的定量资料，包括官方统计及笔者自己的问卷调查数据，都只被当作描述性（descriptive）数据，主要用来说明留学现象的规模和发展趋势。本书中的理论概念、主题（theme）及类型多半是从定性调查资料归纳而来。在分析中，除了依赖作为民族志研究者的直觉，也参考了扎根理论（grounded theory）（Strauss and Corbin，1990），使用了他们的开放式编码（open coding）和选择性编码（selective coding）的分析手段。本书从第二章到第六章既分别记述了在日中国留学生移动过程中的一个阶段，也体现了留学生人群中的一部分典型。笔者先是将所有采访对象大致分类，在撰写每个具体章节时，把注意力放在特定类型的采访对象上，对他们的采访内容进行开放式登录。在确定了每个章节的主题后，笔者就用有选择性登录的手段把各种相关现象联系起来，进行类型化。换句话说，在主题凸显之后，笔者就能依照不同主题把受访者的故事和语言分配到不同的主题类型中。

附录二　受访者信息[①]

序号	姓名②	性别	出身地	年龄	赴日签证类别	受访时在留类别	采访地点
1	曹贺宁	男	福建	35 +	非法居留	非法居留	中国
2	常圭	女	陕西	35 +	家族	归化	日本
3	常辉俊	男	上海	40 +	工作	工作	日本
4	常青	男	北京	30 +	留学	工作	日本
5	陈安琪	女	福建	30 +	留学	永久居住	日本
6	陈斌	男	内蒙古	30 +	留学	工作	日本
7	陈建	男	北京	40 +	留学	永久居住	日本
8	陈进	男	上海	30 +	工作	工作	日本
9	陈兰	女	上海	35 +	留学	归化	日本
10	陈美和	女	福建	30 +	日本人配偶	日本人配偶	日本
11	陈奇	女	辽宁	25 +	留学	学生	日本
12	陈晓飞	男	福建	25 +	留学	非法居留	日本
13	陈晓华	男	上海	35 +	留学	非法居留	中国
14	陈怡	女	福建	25 +	留学	非法居留	日本
15	陈志江	男	上海	35 +	留学	留学	中国
16	陈芳	女	福建	25 +	留学	非法居留	日本
17	迟毅	男	福建	35 +	非法居留	非法居留	日本
18	大姐	女	福建	50 +	留学	非法居留	中国
19	大川	男	北京	35 +	日本人配偶	归化	日本
20	戴美华	女	上海	35 +	留学	家族	中国
21	董艺玲	女	上海	40 +	留学	技术	中国
22	尔丽	女	福建	30 +	家族	归化	日本
23	方莹	女	上海	35 +	留学	非法居留	日本

① 该名单包括了作者从2002年至2005年所采访的123名在日华侨华人，本书中并没有举出所有受访者的名字，还有一些采访内容来自社会调查。该名单中的“年龄”一项为受访时的年龄。

② 为保护受访者隐私，本书中所提到的在日华侨华人名字均为化名。

（续上表）

序号	姓名	性别	出身地	年龄	赴日签证类别	受访时在留类别	采访地点
24	高峰	男	吉林	35+	留学	归化	日本
25	高伟	男	上海	30+	研修	非法居留	中国
26	高翔	男	吉林	25+	留学	留学	日本
27	高展	男	北京	35+	留学	永久居住	日本
28	葛菲	男	吉林	35+	工作	工作	日本
29	宫鑫	女	广东	35+	日本人配偶	定住	日本
30	顾爱玲	女	广东	35+	留学	工作	日本
31	顾建民	男	福建	30+	留学	非法居留	日本
32	关静	女	上海	30+	留学	归化	日本
33	郭晓冬	男	福建	30+	留学	留学	日本
34	何北	男	上海	40+	留学	工作	日本
35	鸿真	女	福建	35+	配偶	非法居留	日本
36	胡超	男	福建	35+	工作	工作	日本
37	胡美莲	女	辽宁	35+	家族	永久居住	日本
38	胡强	男	福建	35+	留学	非法居留	中国
39	黄俊	男	辽宁	25+	留学	工作	日本
40	黄梅	女	福建	40+	留学	非法居留	中国
41	季向荣	男	福建	45+	非法居留	非法居留	日本
42	贾乾	男	上海	35+	留学	非法居留	中国
43	江峰	男	陕西	40+	留学	工作	日本
44	蒋建华	男	黑龙江	30+	留学	归化	日本
45	蒋书林	男	上海	35+	工作	工作	日本
46	荆梓	女	上海	45+	日本人配偶	日本人配偶	日本
47	焦安	女	广东	35+	留学	归化	日本
48	柯瑾	男	福建	25+	非法居留	非法居留	日本
49	赖东升	男	福建	25+	留学	工作	日本
50	兰婕	女	福建	35+	日本人配偶	日本人配偶	日本
51	老卢	男	上海	45+	旅游	非法居留	日本
52	老乔	男	吉林	40+	研修	非法居留	日本
53	老吴	男	上海	40+	留学	非法居留	中国
54	老肖	男	上海	40+	留学	留学	日本
55	李代英	男	新疆	30+	日本人配偶	日本人配偶	日本
56	李健	男	福建	30+	留学	非法居留	日本

（续上表）

序号	姓名	性别	出身地	年龄	赴日签证类别	受访时在留类别	采访地点
57	李敏亮	男	福建	25＋	研修	非法居留	日本
58	李珊	女	北京	20＋	留学	留学	日本
59	李艳	女	福建	35＋	家族	家族	日本
60	廖静	女	辽宁	35＋	留学	归化	日本
61	林丽	女	福建	40＋	家族	永久居住	日本
62	林月玲	女	浙江	40＋	留学	归化	日本
63	林丽华	女	上海	30＋	留学	留学	日本
64	林明	女	福建	40＋	留学	待定	日本
65	林生	男	浙江	40＋	定住	留学	中国
66	铃木	男	黑龙江	30＋	留学	归化	日本
67	刘达年	男	辽宁	40＋	留学	工作	中国
68	刘梅	女	江西	35＋	留学	家族	日本
69	马启祥	男	福建	30＋	留学	留学	日本
70	苗燕	女	福建	35＋	留学	日本人配偶	日本
71	明真	女	上海	35＋	留学	工作	日本
72	倪浩	男	上海	35＋	工作	工作	日本
73	欧燕	女	辽宁	35＋	留学	归化	日本
74	培正	男	福建	25＋	留学	非法居留	日本
75	齐宝珍	女	江苏	35＋	留学	工作	日本
76	秦三	女	上海	40＋	留学	工作	日本
77	桑敏	女	北京	25＋	留学	留学	日本
78	邵阿明	男	福建	25＋	留学	非法居留	日本
79	沈超	男	上海	40＋	留学	归化	日本
80	沈建伟	男	北京	40＋	工作	永久居住	日本
81	宋江	男	上海	40＋	留学	永久居住	日本
82	宋继光	男	福建	30＋	非法居留	非法居留	日本
83	苏瑾	男	辽宁	30＋	工作	工作	日本
84	苏涛	男	江苏	30＋	留学	归化	日本
85	陶山	男	江苏	40＋	留学	工作	日本
86	陶喜林	男	福建	35＋	留学	工作	日本
87	田科	男	内蒙古	30＋	留学	留学	日本
88	田忠	男	四川	30＋	留学	归化	日本
89	万勇	男	新疆	35＋	日本人配偶	永久居住	日本

（续上表）

序号	姓名	性别	出身地	年龄	赴日签证类别	受访时在留类别	采访地点
90	王达	男	北京	45 +	留学	永久居住	日本
91	王海	女	江苏	35 +	日本人配偶	非法居留	中国
92	王凯	男	广东	40 +	工作	工作	日本
93	王乐	女	河北	25 +	留学	留学	日本
94	王婷	男	福建	30 +	留学	非法居留	日本
95	魏淑萍	女	福建	25 +	留学	工作	日本
96	吴达光	男	辽宁	40 +	留学	永久居住	日本
97	武宣	男	福建	25 +	留学	留学	日本
98	肖董	女	吉林	30 +	日本人配偶	特别永住	日本
99	晓琪	女	福建	20 +	留学	留学	日本
100	晓珊	女	辽宁	55 +	遗孤	归化	日本
101	晓熊	女	北京	30 +	留学	工作	日本
102	谢伍	男	福建	40 +	非法居留	非法居留	日本
103	许清	男	上海	40 +	留学	永久居住	日本
104	严萍	女	福建	35 +	无	无	中国
105	严正	男	福建	35 +	留学	工作	日本
106	姚琳	女	福建	30 +	留学	归化	日本
107	由纪	女	福建	30 +	非法居留	非法居留	日本
108	于慧	女	辽宁	35 +	家族	归化	日本
109	詹廷进	男	上海	35 +	留学	家族	日本
110	张杰平	男	福建	30 +	留学	非法居留	日本
111	张丽丽	女	辽宁	35 +	留学	永久居住	日本
112	张秦	男	河北	35 +	留学	工作	日本
113	张天	男	天津	35 +	留学	永久居住	日本
114	张忠	男	福建	35 +	非法居留	非法居留	日本
115	甄达林	男	辽宁	30 +	日本人配偶	永久居住	日本
116	郑和	男	福建	30 +	非法居留	非法居留	日本
117	郑佳	女	湖北	30 +	留学	归化	日本
118	郑曦阳	男	上海	35 +	留学	永久居住	日本
119	郑智	男	福建	35 +	留学	非法居留	中国
120	钟萍	女	上海	35 +	留学	归化	日本
121	钟鑫	女	上海	30 +	留学	工作	日本
122	周维清	男	上海	40 +	工作	工作	日本
123	朱兵	男	上海	25 +	工作	工作	日本

参考文献

1. 安剑星：《野草的种子》，段跃中主编：《负笈东瀛写春秋》，上海：上海教育出版社 1998 年版。

2. 段跃中：《陋室铭》，段跃中主编：《负笈东瀛写春秋》，上海：上海教育出版社 1998 年版。

3. 段跃中主编：《在日中国人大全（1998—1999 年版）》，川口：日本侨报社 2000a 版。

4. 段跃中主编：《在日中国人媒体总览》，川口：日本侨报社 2000b 版。

5. 贺乃和：《在病床上办公司》，段跃中主编：《负笈东瀛写春秋》，上海：上海教育出版社 1998 年版。

6. 侯明轩：《东渡扶桑二十年》，段跃中主编：《负笈东瀛写春秋》，上海：上海教育出版社 1998 年版。

7. 胡梅：《赶末班车的旅人》，段跃中主编：《负笈东瀛写春秋》，上海：上海教育出版社 1998 年版。

8. 蒋一超：《探索人生》，段跃中主编：《负笈东瀛写春秋》，上海：上海教育出版社 1998 年版。

9. 李年古：《东京无梦》，段跃中主编：《负笈东瀛写春秋》，上海：上海教育出版社 1998 年版。

10. 刘成：《迈向 21 世纪完成新使命》，段跃中主编：《负笈东瀛写春秋》，上海：上海教育出版社 1998 年版。

11. 刘欣欣：《屈，并不一定是坏事》，段跃中主编：《负笈东瀛写春秋》，上海：上海教育出版社 1998 年版。

12. 吕顺长：《清末中日教育文化交流之研究》，北京：商务印书馆 2012 年版。

13. 沈殿成：《中国人留学日本百年史（1896—1996）》，沈阳：辽宁教育出版社 1997 年版。

14. 沈洁：《耕耘的喜悦甚于收获》，段跃中主编：《负笈东瀛写春秋》，上海：上海教育出版社 1998 年版。

15. 王晓秋:《中国人留学日本110年历史的回顾与启示》,《徐州师范大学学报》2006年第4期。

16. 吴小穗:《一次“脱胎换骨”的体验》,段跃中主编:《负笈东瀛写春秋》,上海:上海教育出版社1998年版。

17. 周彪:《摸着石头过河》,段跃中主编:《负笈东瀛写春秋》,上海:上海教育出版社1998年版。

18. 鍛治致:《「中国残留邦人」の形成と受入について:選別あるいは選抜という視点から》,梶田孝道编:《国際移民の新動向と外国人政策の課題——各国における現状と取り組み》,東京:法務省入国管理局2001年版。

19. 段躍中:《現代中国人の日本留学》,東京:明石書店2003年版。

20. 過放:《在日華僑のアイデンティティ変容——華僑の多元的共生》,東京:東信堂書店1999年版。

21. 黄英蓮、依光正哲:《中国「帰国者」二世・三世の日本への移住と就労》,一橋大学経済研究所,2004,http://cis. ier. hit-u. ac. jp/Common/pdf/dp/2003/dp210. pdf。

22. 江衛、山下清海:《公共住宅団地における華人ニューカマーズの集住化:埼玉県川口芝園団地の事例》,筑波大学大学院生命環境科学研究科地球環境科学専攻编:《人文地理学研究》,第29号,2005年。

23. 刘双(Liu-Farrer, Gracia):《福建省から日本への移民》,田嶋淳子编:《中国系移住者からみた日本社会の諸問題》,東京:社会安全財団2005年版。

24. 内田直作:《日本華僑社会の研究》,東京:同文館1949年版。

25. 坪谷美欧子:《「永続的ソジョナー」中国人のアイデンティティ——中国からの日本留学にみる国際移民システム》,東京:有信堂高文社2008年版。

26. 日本法務省入国管理局編:《平成21年版「出入国管理」》,http://www. moj. go. jp/content/000007326. pdf。

27. 日本法務省入国管理局編:《平成25年版「出入国管理」》,http://www. moj. go. jp/content/000117969. pdf。

28. 若林敬子:《中国における人口流動「盲流」:就学生・偽装難民流出の背景》,《人口問題研究》第46巻第1号,1990年。

29. 邵春芬:《留学戦略の決定要因について:中国人留学生・就学生の場合》,《社会学論考》第16号,1995年。

30. 実藤恵秀:《中国人日本留学史》,東京:黒潮出版社1960年版。

31. 田嶋淳子:《都市型エスニック・ビジネスの新生》,奥田道大编:《コミュニティとエスニシティ》,東京:勁草書房1995年版。

32. 田嶋淳子：《大都市における中国系移住者調査》，田嶋淳子编：《中国系移住者からみた日本社会の諸問題》，東京：社会安全財団2005年版。

33. 田嶋淳子：《世界都市・東京のアジア系移住者》，東京：学文社1998年版。

34. 西成田豊：《中国人強制連行》，東京：東京大学出版会2002年版。

35. 喜多川豊宇：《群馬県大泉町における日系人労働者のヒアリング調査——永住化志向と受け入れ基盤整備》，《東洋大学社会学部紀要》第28卷第2号，1991年。

36. 王津：《1990年代以降の在日中国人就職者：日本の外国人政策と在日中国人就職者の現象》，梶田孝道编：《国際移民の新動向と外国人政策の課題——各国における現状と取り組み》，東京：法務省入国管理局2001年版。

37. 王津：《「バーチャル・マイグレーション」と在日中国人IT技術者》，《中国研究月報》第57卷第3号，2003年。

38. 王津：《日本の外国人高度人材導入政策と在日中国人：中国人IT技術者に対する実態調査を中心に》，田嶋淳子编：《中国系移住者からみた日本社会の諸問題》，東京：社会安全財団2005年版。

39. 梶田孝道：《外国人労働者と日本》，東京：日本放送出版協会1994年版。

40. 赵衛国：《公立高校に在学する外国出身生徒の現状と進路をめぐって：神奈川県における質問紙調査と聞き取り調査から》，田嶋淳子编：《中国系移住者からみた日本社会の諸問題》，東京：社会安全財団2005年版。

41. Ambros, Barbara, Ethnic Identity in Overseas Chinese Protestant Churches in the Tokyo Metropolitan Area, In P. Pratap Kumar, ed., *Religious Pluralism in the Diaspora*, Amsterdam: Brill Academic Pub., 2006, pp. 97 – 120.

42. Agarwal, Vinod B. and Donald R. Winkler, Migration of Professional Manpower to the United States, *Southern Economic Journal*, 1984, Vol. 50, No. 3, pp. 814 – 830.

43. Alba, Richard and Victor Nee, Rethinking Assimilation Theory for a New Era of Immigration, *International Migration Review*, 1997, Vol. 31, No. 4, pp. 825 – 873.

44. Aldrich, Howard E. and Roger Waldinger, Ethnicity and Entrepreneurship, *Annual Review of Sociology*, 1990, Vol. 16, pp. 111 – 135.

45. Allison, Anne, *Nightwork: Sexuality, Pleasure, and Corporate Masculinity in a Tokyo Hostess Club* (*2nd edition*), Chicago: University of Chicago Press, 1994.

46. Basch, Linda G., Nina Glick Schiller and Cristina Szanton Blanc, *Nations*

Unbound: *Transnational Projects*, *Postcolonial Predicaments*, *and Deterritorialized Nation-States*, Langhorne, Pa: Gordon and Breach, 1994.

47. Belson, Ken, Japanese Capital and Jobs Flowing to China, *New York Times*, February 17, 2004.

48. Blomqvist, A. G., International Migration of Educated Manpower and Social Rates of Return to Education in LDCs, *International Economic Review*, 1986, Vol. 27, pp. 165 – 174.

49. Braunstein, Elissa, Foreign Direct Investment, Development and Gender Equity: A Review of Research and Policy (2010), *Occasional Paper* 12, Geneva: United Nations Research Institute for Social Development, http://www.unrisd.org/unrisd/website/document.nsf/8b18431d756b708580256b6400399775/5159e5733338c836c12571390033f5e2/$FILE/OP12 – web.pdf.

50. Brettell, Caroline, Theorizing Migration in Anthropology, In C. Brettell and J. Hollifield ed., *Migration Theory*: *Talking across Disciplines*, New York: Routledge, 2000, pp. 97 – 136.

51. Brinton, Mary C., *Women and the Economic Miracle*: *Gender and Work in Postwar Japan*, Berkeley, CA: University of California Press, 1992.

52. Burgess, Chris, (Re) constructing Identities: International Marriage Migrants as Potential Agents of Social Change in a Globalizing Japan, *Asian Studies Review*, 2004, Vol. 28, pp. 223 – 242.

53. Burke, Peter J., The Self: Measurement Requirements from an Interactionist Perspective, *Social Psychology Quarterly*, 1980, Vol. 43, pp. 18 – 29.

54. Butler, John S. and Cedric Herring, Ethnicity and Entrepreneurship in America: Toward an Explanation of Racial and Ethnic Group Variations in Self-Employment, *Sociological Perspectives*, 1991, Vol. 34, No1, pp. 79 – 94.

55. Castles, Steven and M. J. Miller, *The Age of Migration* (*3rd edition*), London: Macmillan, 2003.

56. Cervantes, M. and Guellec, D., International Mobility of Highly Skilled Workers: From Statistical Analysis to Policy Formation, In *International Mobility of the Highly Skilled*, Paris: OECD, 2001.

57. Chen, Tain-Jy and Su, Hsien-Yang, On-the-Job Training as a Cause of Brain Drain, *Weltwirtschaftliches Archiv*, 1995, Vol. 131, No. 3, pp. 526 – 541.

58. Chin, Ko-Lin, *Smuggled Chinese*: *Clandestine Immigration to the United States*, Philadelphia: Temple University Press, 1999.

59. Chin, Ko-Lin, The Social Organization of Chinese Human Smuggling, In D. Kyle and R. Koslowski, eds., *Global Human Smuggling: Comparative Perspectives*, Baltimore: Johns Hopkins University Press, 2001, pp. 187-215.

60. Coleman, James, Social Capital in the Creation of Human Capital, *American Journal of Sociology*, 1988, Vol. 94, pp. 95-121.

61. Cornelius, W. A., P. L. Martin and J. F. Hollifield, Japan: the Illusion of Immigration Control, In W. A. Cornelius, P. L. Martin and J. F. Hollifield, eds., *Controlling Immigration: A Global Perspective*, CA: Stanford University Press, 1994, pp. 375-414.

62. Cornelius, W. A., Controlling "Unwanted" Immigration: Lessons from the United States, (1993-2004), *Journal of Ethnic and Migration Studies*, 2005, Vol. 31, No. 4, pp. 775-794.

63. Cranford, Cynthia, Networks of Exploitation: Immigrant Labor and the Restructuring of the Los Angeles Janitorial Industry, *Social Problems*, 2005, Vol. 52, No. 3, pp. 379-397.

64. DeVoretz, Don and Dennis Maki, The Size and Distribution of Human Capital Transfers from LDCs to Canada: 1966-1973, *Economic Development and Cultural Change*, 1980, Vol. 28, No. 4, pp. 779-800.

65. Dore, Ronald P. and Mari Sako, *How the Japanese Learn to Work*, London: Routledge, 1989.

66. Douglass, Mike, The Singularities of International Migration of Women to Japan: Past, Present and Future, In Mike Douglass and Glenda Roberts, eds., *Japan and Global Migration: Foreign Workers and the Advent of a Multicultural Society*, London: Routledge, 2000, pp. 91-122.

67. Dreby, Joanna, Children and Power in Mexican Transnational Families, *Journal of Marriage and Family*, 2007, Vol. 69, No. 4, pp. 899-1087.

68. Durand, Jorge and Douglas S. Massey, *Beyond Smoke and Mirrors: Mexican Immigration in an Age of Economic Integration*, New York: Russell Sage Foundation, 2002.

69. Espenshade, T. J. and D. Acevedo, Migrant Cohort Size, Enforcement Effort, and the Apprehension of Undocumented Aliens, *Population Research and Policy Review*, 1995, Vol. 14, pp. 145-172.

70. Faist, Thomas, Transnationalization in International Migration: Implications for the Study of Citizenship and Culture, *Ethnic and Racial Studies*, 2000, Vol. 23,

No. 2, pp. 189 – 222.

71. Fernandez-Kelly Patricia and Richard Schauffler, Divided Fates: Immigrant Children in a Restructured U. S. Economy, *International Migration Review*, 1994, Vol. 28, No. 4, pp. 662 – 689.

72. Finn, Michael G., Stay Rates of Foreign Doctorate Recipients from U. S. Universities, Oak Ridge Institute for Science and Education, 2001, http://orise. orau. gov/about-orise/publications. aspx.

73. Foner, Nancy, Anthropology and the Study of Immigration, In Nancy Foner, Ruben Rumbaut and Steven Gold, eds., *Immigration Research for a New Century*, New York: Russell Sage Foundation, 2000, pp. 49 – 53.

74. Gao, Mobo and Liu Xi'an, From Student to Citizen: A Survey of Students from the People's Republic of China (PRC) in Australia, *International Migration*, 1998, Vol. 36, No. 1, pp. 27 – 48.

75. Gjerde, Jon, New Growth on Old Vines: The State of the Field: The Social History of Immigration to and Ethnicity in the United States, *Journal of American Ethnic History*, 1999, Vol. 18, No. 4, pp. 40 – 65.

76. Glick Schiller, Nina, Transmigrants and Nation-States: Something Old and Something New in the U. S. Immigrant Experience, In C. Hirschman, P. Kasinitz and J. DeWind, eds., *Handbook of International Migration: The American Experience*, New York: Russell Sage, 1999, pp. 94 – 119.

77. Glick Schiller, Nina and George E. Fouron, Terrains of Blood and Nation: Haitian Transnational Social Fields, *Ethnic and Racial Studies*, 1999, Vol. 22, No. 2, pp. 340 – 366.

78. Godley, Andrew, Enterprise and Culture: Jewish Immigrants in London and New York (1880 – 1914), *The Journal of Economic History*, 1994, Vol. 54, No. 2, pp. 430 – 432.

79. Goldring, Luin, The Power of Status in Transnational Social Fields, In Michael Peter Smith and Luis Eduardo Guarnizo, eds., *Transnationalism from Below*, NJ: Transaction, 1998, pp. 165 – 195.

80. Goldring, Luin, The Mexican State and Transmigrant Organizations: Negotiating the Boundaries of Membership and Participation, *Latin American Research Review*, 2002, Vol. 37, No. 3, pp. 55 – 99.

81. Gordon, Milton M., *Assimilation in American Life: The Role of Race, Religion and National Origin*, Oxford: Oxford University Press, 1964.

82. Grubel, H. B. and A. D. Scott, The Immigration of Scientists and Engineers to the United States (1949 - 1961), *Journal of Political Economy*, 1966, Vol. 74, No. 4, pp. 368 - 378.

83. Guarnizo, Luis Eduardo, The Rise of Transnational Social Formations: Mexican and Dominican State Responses to Transnational Migration, *Political Power and Social Theory*, 1998, Vol. 12, pp. 45 - 94.

84. Guarnizo, Luis Eduardo, The Economics of Transnational Living, *International Migration Review*, 2003, Vol. 37, No. 3, pp. 666 - 699.

85. Guarnizo, Luis Eduardo and Michael P. Smith, The Locations of Transnationalism, In Michael Peter Smith and Luis E. Guarnizo, eds., *Transnationalism from Below*, New Brunswick, NJ: Transaction Publishers, 1998, pp. 3 - 34.

86. Guarnizo, Luis Eduardo, Alejandro Portes and William Haller, Assimilation and Transnationalism: Determinants of Transnational Political Action among Contemporary Migrants, *American Journal of Sociology*, 2003, Vol. 108, No. 6, pp. 1211 - 1248.

87. Hagan, Jacqueline, Social Networks, Gender, and Immigrant Incorporation: Resources and Constraints, *American Sociological Review*, 1998, Vol. 63, No. 1, pp. 55 - 68.

88. Haller, William and Patricia Landolt, The Transnational Dimensions of Identity Formation: Adult Children of Immigrants in Miami, *Ethnic & Racial Studies*, 2005, Vol. 28, No. 6, pp. 1182 - 1214.

89. Hamilton, Gary, Overseas Chinese Capitalism, In Tu Weiming, ed., *Confucian Traditions in the East Asian Modernity*, Cambridge, MA: Harvard University Press, 1996, pp. 328 - 342.

90. Hawthorne, Lesleyanne, Picking Winners? The Recent Transformation of Australia's Skilled Migration Policy, *International Migration Review*, 2005, Vol. 39, No. 3, pp. 663 - 696.

91. Heckmann, Friedrich, Illegal Migration: What Can We Know and What Can We Explain? The Case of Germany, *International Migration Review*, 2004, Vol. 38, No. 3, pp. 1103 - 1125.

92. Heggins III, Willie J. and Jerlando F. L. Jackson, Understanding the Collegiate Experience for Asian International Students at a Midwestern Research University, *College Student Journal*, 2003, Vol. 37, No. 3, p. 379.

93. Hondagneu-Sotelo, Pierette, Regulating the Unregulated? Domestic Workers' Social Networks, *Social Problems*, 1994, Vol. 41, pp. 60 - 64.

94. Hondagneu-Sotelo, Pierette and Ernestine Avila, "I'm Here, but I'm There": The Meanings of Latina Transnational Motherhood, *Gender and Society*, 1997, Vol. 11, No. 5, pp. 548 – 557.

95. Ishida Hiroshi, Seymour Spilerman and Kuo-Hsieu Su, Educational Credentials in Promotion Chances in Japanese and American Organizations, *American Sociological Review*, 1997, Vol. 62, pp. 866 – 882.

96. Itzigsohn, Jose, Immigration and the Boundaries of Citizenship: The Institutions of Immigrants' Political Transnationalism, *International Migration Review*, 2000, Vol. 34, Nol. 4, pp. 1126 – 1154.

97. Joekes, Susan P., *Women in the World Economy: An INSTRAW Study*, New York: Oxford University Press, 1987.

98. Joekes, Susan P., Trade-Related Employment for Women in Industry and Services in Developing Countries, *Occasional Paper* 5, Geneva: United Nations Research Institute for Social Development, 1995.

99. Kajanapan, Wilawan, The Immigration of Asian Professionals to the United States: 1988 – 1990, *International Migration Review*, 1995, Vol. 29, No. 1, pp. 7 – 32.

100. Kamachi, N., The Chinese in Meiji Japan, In A Iriye, ed., *The Chinese and the Japanese: Essays in Political and Cultural Interactions*, Princeton: Princeton University Press, 1980.

101. Kearney, Michael, Borders and Boundaries of State and Self at the End of Empire, *Journal of Historical Sociology*, 1991, Vol. 4, No. 1, pp. 52 – 74.

102. Kearney, Michael, The Local and the Global: The Anthropology of Globalization and Transnationalism, *Annual Review of Anthropology*, 1995, Vol. 24, No. 1, pp. 547 – 565.

103. Kelly, Philip F., The Geographies and Politics of Globalization, *Progress in Human Geography*, 1999, Vol. 23, pp. 379 – 400.

104. Komai, Hiroshi, *Migrant Workers in Japan*, London: Routledge, 1995.

105. Kraly, Ellen Percy and Robert Warren, Estimates of Long-Term Immigration to the United States: Moving US Statistics toward United Nations Concepts, *Demography*, 1992, Vol. 29, No. 4, pp. 613 – 626.

106. Kwok, V. and J. Leland, An Economic Model of the Brain Drain, *American Economic Review*, 1982, Vol. 72, No. 1, pp. 92 – 100.

107. Kwong, Peter, *Forbidden Workers: Illegal Chinese Immigrants and American Labor*, New York: New Press, 1997.

108. Kyle, David, The Otavalo Trade Diaspora: Social Capital and Transnational Entrepreneurship, *Ethnic and Racial Studies*, 1999, Vol. 22 , No. 2, pp. 422 - 446.

109. Kyle, David, *Transnational Peasants: Migrations, Networks, and Ethnicity in Andean Ecuador*, Baltimore: Johns Hopkins University Press, 2000.

110. Laguerre, Michael S. , State, Diaspora, and Transnational Politics: Haiti Reconceptualized, *Millennium: Journal of International Studies*, 1999, Vol. 28, No. 3, pp. 633 - 651.

111. Landolt, Patricia, Lilian Autler and Sonia Baires, From " Hermano Lejano" to "Hermano Mayor": The Dialectics of Salvadoran Transnationalism, *Ethnic and Racial Studies*, 1999, Vol. 22, pp. 290 - 315.

112. Le Bail, Hélène, The New Chinese Immigration to Japan: Between Mobility and Integration, *China Perpectives* [Online], 2005, Vol. 61, http://chinaperspectives. revues. org/521.

113. Levitt, Peggy, Local-Level Global Religion: The Case of U. S. -Dominican Migration, *Journal for the Scientific Study of Religion*, 1998, Vol. 37, No. 1.

114. Levitt, Peggy, *The Transnational Villagers*, Berkeley and Los Angeles: University of California Press, 2001.

115. Liang, Zai and Hideki Morooka, Recent Trends of Emigration from China: 1982 - 2000, *International Migration*, 2004, Vol. 43, No. 3, pp. 145 - 164.

116. Liang, Zai, Hideki Morooka and Wenzhen Ye, From Fujian to New York: Understanding the New Chinese Immigration, In D. Kyle and R. Koslowski, eds. , *Global Human Smuggling: Comparative Perspectives*, Baltimore: Johns Hopkins University Press, 2001, pp. 187 - 215.

117. Light, Ivan Hubert, *Ethnic Enterprise in America: Business and Welfare among Chinese, Japanese, and Blacks*, Berkeley, CA: University of California Press, 1972.

118. Light, Ivan, Min Zhou and Rebecca Kim, Transnationalism and American Exports in an English-speaking World, *International Migration Review*, 2002, Vol. 36, No. 3, pp. 702 - 725.

119. Liu-Farrer, Gracia, The Chinese Social Dance Party in Tokyo: Identity and Status in an Immigrant Leisure Subculture, *Journal of Contemporary Ethnography*, 2004, Vol. 33, No. 6, pp. 651 - 673.

120. Liu-Farrer, Gracia, Chinese Catholic Center in Tokyo: Institutional Characteristics in Contexts, In P. Pratap Kumar, ed. , *Religious Pluralism in Diaspora*,

Amsterdam: Brill, 2006 , pp. 15 – 32.

121. Liu-Farrer, Gracia, Producing Global Economies from Below: Chinese Immigrant Entrepreneurship in Japan, In *Deciphering the Global: Its Spaces, Scalings, and Subjects*, New York: Routledge, 2007 , pp. 257 – 81.

122. Liu-Farrer, Gracia, The Absent Spouses: Gender, Race and Extramarital Sexuality among Chinese Immigrants in Japan, *Sexualities*, 2010, Vol. 13, No. 1, pp. 97 – 121.

123. Lopez, David, Los Angeles: Transnational City or Mélange of Transnational Communities?, Paper presented at the annual meeting of the American Sociological Association, August 18 – 21, 2001, Anaheim, CA.

124. Mahler, Sarah J. , *American Dreaming: Immigrant Life on the Margins.* Princeton, NJ: Princeton University Press , 1995.

125. Mahler, Sarah J. , Theoretical and Empirical Contributions toward a Research Agenda for Transnationalism, In *Transnationalism from Below, Vol. 6: Comparative Urban and Community Research*, New Brunswick, NJ: Transaction, 1998, pp. 64 – 100.

126. Mamadouh, Virginie, Olivier Kramsch and Martin Van Der Velde, Articulating Local and Global Scales, *Tijdschrift voor Economische en Sociale Geografie*, 2004, Vol. 95, No. 5, pp. 455 – 466.

127. Massey D. , J. Arango, G. Hugo, A. Kouaouci, A. Pellegrino and J. Taylor, Theories of International Migration: A Review and Appraisal, *Population and Development Review*, 1993, Vol. 19, No. 3, pp. 431 – 466.

128. Massey D. , J. Arango, G. Hugo, A. Kouaouci, A. Pellegrino and J. Taylor, An Evaluation of International Migration Theory: The North American Case, *Population and Development Review*, 1994, Vol. 20, No. 4, pp. 699 – 751.

129. Massey D. and K. Espinosa, What's Driving Mexico-US Migration? A Theoretical, Empirical, and Policy Analysis, *American Journal of Sociology*, 1997, Vol. 102, No. 4, pp. 939 – 999.

130. Menjivar, Cecilia, *Fragmented Ties: Salvadoran Immigrant Networks in America*, Berkeley, CA: University of California Press, 2000.

131. Min, Pyong Gap, From White-Collar Occupations to Small Business: Korean Immigrants' Occupational Adjustment, *The Sociological Quarterly*, 1984, Vol. 25, pp. 333 – 352.

132. Min, Pyong Gap, *Ethnic Business Enterprise: Korean Small Business in Atlanta*, New York: Center for Migration Studies, 1988.

133. Min, Pyong Gap, *Caught in the Middle: Korean Communities in New York and Los Angeles*, Berkeley: University of California, 1996.

134. Min, Pyong Gap and Mehdi Bozorgmehr, Immigrant Entrepreneurship and Business Patterns: A Comparison of Koreans and Iranians in Los Angeles, *International Migration Review*, 2000, Vol. 34, No. 3, pp. 707 – 738.

135. Miyagiwa, Kaz, Scale Economies in Education and the Brain Drain Problem, *International Economic Review*, 1991, Vol. 32, No. 3, pp. 743 – 759.

136. Morawska, Ewa, Disciplinary Agendas and Analytic Strategies of Research on Immigrant Transnationalism: Challenges of Interdisciplinary Knowledge, *International Migration Review*, 2003, Vol. 37, No. 3, pp. 611 – 640.

137. Mori, H., *Immigration Policy and Foreign Workers in Japan*, New York: St. Martin's Press, 1997.

138. Morita, Kiriro and Saskia Sassen, The New Illegal Immigraiton in Japan, 1980 – 1992, *International Migration Review*, 1994, Vol. 28, No. 1, pp. 153 – 163.

139. Ohmi, Naoto, Problems of Foreign Worker Policy in Japan – From the Trade Union Viewpoint, 2006, http://www.jil.go.jp/english/documents/JLR08_oumi.pdf, accessed on December 12, 2006, pp. 110 – 111.

140. Ong, Aihwa, *Flexible Citizenship: the Cultural Logics of Transnationality*, Durham, N. C.: Duke University Press, 1999.

141. Ong, Aihwa and Donald Nonini, Chinese Transnationalism as an Alternative Modernity, In Aihwa Ong and Donald Nonini, eds., *Ungrounded Empires: The Cultural politics of modern Chinese transnationalism*, New York: Routledge, 1997, pp. 3 – 36.

142. Ong, P. M., L. Cheng and L. Evans, Migration of Highly Educated Asians and Global Dynamics, *Asian and Pacific Migration Journal*, 1992, Vol. 1, No. 3 – 4, pp. 543 – 567.

143. Ono, Hiroshiand Nicola Piper, Japanese Women Studying abroad, the Case of the United States, *Women's Studies International Forum*, 2004, Vol. 27, No. 2.

144. Ono, Hiroshi, Careers in Foreign-Owned Firms in Japan, American Sociological Review, 2007, Vol. 72, pp. 267 – 290.

145. Orellana, Marjorie Faulstich, et al., Transnational Childhoods: The Participation of Children in Processes of Family Migration, *Social Problems*, 2001, Vol. 48, No. 4, pp. 572 – 591.

146. Pak, Katherine T., Outsiders Moving in: Identity and Institutions in Japanese Responses to International Migration, University of Chicago

Dissertation, 1998.

147. Pak, Katherine T., Foreigners Are Local Citizens, Too: Local Governments Respond to International Migration in Japan, In Mike Douglass and Glenda Roberts, eds., *Japan and Global Migration*, London: Routledge, 2000, pp. 244 – 274.

148. Park, Robert E. and Ernest W. Burgess, *Introduction to the Science of Sociology*, Chicago: University of Chicago Press, 1921.

149. Park, Robert E., Human Migration and the Marginal Man, *American Journal of Sociology*, 1928, Vol. 33, No. 6, pp. 881 – 893.

150. Parrenas, Rhacel Salazar, *Servants of Globalization: Women, Migration, and Domestic Work*, Stanford, CA: Stanford University Press, 2001.

151. Parrenas, Rhacel Salazar, Long Distance Intimacy: Class, Gender and Intergenerational Relations Between Mothers and Children in Filipino Transnational Families, *Global Networks*, 2005, Vol. 5, No. 4, pp. 317 – 336.

152. Piper, Nicola, International Marriage in Japan: "Race" and "Gender" Perspectives, *Gender, Place and Culture: A Journal of Feminist Geography*, 1997, Vol. 4, No. 3, pp. 321 – 338.

153. Portes, Alejandro, Transnational Communities: Their Emergence and Significance in the Contemporary World System, In Roberto Patricio Korzeniewics and William C. Smith, eds., *Latin America in the World Economy*, Westport, CT: Greenwood Press, 1996, pp. 151 – 168.

154. Portes, Alejandro, Conclusion: Towards a New World-The Origins and Effects of Transnational Activities, *Ethnic and Racial Studies*, 1999, Vol. 22, No. 2, pp. 463 – 475.

155. Portes, Alejandro, Conclusion: Theoretical Convergencies and Empirical Evidence in the Study of Immigrant Transnationalism, *International Migration Review*, 2003, Vol. 37, p. 874.

156. Portes, Alejandroand J. Bach, *Latin Journey: Cuban and Mexican Immigrants in the United States*, Berkeley, CA: University of California Press, 1985.

157. Portes, Alejandro and Alex Stepick, *City on the Edge: the Transformation of Miami*, Berkeley, CA: University of California Press, 1993.

158. Portes, Alejandroand Julia Sensenbrenner, Embeddedness and Immigration: Notes on the Social Determinants of Economic Action, *American Journal of Sociology*, 1993, Vol. 98, No. 6, pp. 1320 – 1350.

159. Portes, Alejandro, Luis E. Guarnizo and Patricia Landolt, The Study of

Transnationalism: Pitfalls and Promise of an Emergent Research Field, *Ethnic and Racial Studies*, 1999, Vol. 22, No. 2, pp. 217 – 237.

160. Portes, Alejandro, Luis E. Guarnizo and William J. Haller, Transnational Entrepreneurs: An Alternative Form of Immigrant Adaptation, *American Sociological Review*, 2002, Vol. 67, pp. 278 – 298.

161. Pyle, J. L., Third World Women and Global Restructuring, In J. Chafetz, ed., *Handbook of the Sociology of Gender*, New York: Kluwer Academic/Plenum Publishers, 1999, pp. 81 – 104.

162. Rankin, Katharine N., Anthropologies and Geographies of Globalization, *Progress in Human Geography*, 2003, Vol. 27, No. 6, pp. 708 – 734.

163. Rivera-Batiz, F., International Migration, Non-traded Goods and Economic Welfare in the Source Country, *Journal of Development Economics*, 1982, Vol. 11, pp. 81 – 99.

164. Sanders, Jimy, Victor Nee and Scott Sernau, Asian Immigrants' Reliance on Social Ties in a Multiethnic Labor Market, *Social Forces*, 2002, Vol. 81, No. 1, pp. 281 – 314.

165. Sassen, Saskia, *The Mobility of Capital and Labor*, New York: Oxford University Press, 1988.

166. Sassen, Saskia, *Global Cities: New York, London, Tokyo (1st and 2nd Editions)*, Princeton, NJ: Princeton University Press, 1991 (2001).

167. Saxenian, Anna Lee, Brain Circulation: How High-Skill Immigration Makes Everyone Better Off, *The Brooking Review*, 2002a, Vol. 20, No. 1, pp. 28 – 31.

168. Saxenian, Anna Lee, Silicon Valley's New Immigrant High-Growth Entrepreneurs, *Economic Development Quarterly*, 2002b, Vol. 16, pp. 20 – 31.

169. Saxenian, Anna Lee, From Brain Drain to Brain Circulation: Transnational Communities and Regional Upgrading in India and China, *Studies in Comparative International Development*, 2005, Vol. 40, No. 2, pp. 35 – 61.

170. Saxenian, Anna Lee, *The New Argonauts: Regional Advantage in a Global Economy*, Cambridge, MA: Harvard University Press, 2006.

171. Shipper, Apichai, The Political Construction of Asian Workers in Japan, *Critical Asian Studies*, 2002, Vol. 34, No. 2, pp. 41 – 68.

172. Singer, Audreyand Douglas Massey, The Social Process of Undocumented Border Crossing Among Mexican Migrants, *International Migration Review*, 1998, Vol. 32, No. 3, pp. 561 – 592.

173. Singh, Michael and Eira Sproats, Constructing Local/Global Pedagogies: Insights into the Learning Experiences of International Students, *Education & Society*, 2005, Vol. 23, No. 2, pp. 43 – 61.

174. Siu, Paul C. P., The Sojourner, *Journal of American Sociology*, 1952, Vol. 58, No. 1, pp. 34 – 44.

175. Smith, Robert C., Can You Imagine? Transnational Migration and the Globalization of Grassroots Politics, *Social Text*, 1994, Vol. 39, pp. 15 – 33.

176. Smith, Robert C., Transnational Localities: Community, Technology and the Politics of Membership within the Context of Mexico and U. S. Migration, In Michael Peter Smith and Luis Guarnizo, eds., *Transnationalism from Below*, *Vol. 6: Comparative Urban and Community Research*, New Brunswick, NJ: Transaction, 1998, pp. 196 – 238.

177. Smith, Robert C., *Mexican New York: Transnational Lives of New Immigrants*, Berkerly, CA: California University Press, 2005.

178. Solinger, Dorothy J., Labour Market Reform and the Plight of the Laid-off Proletariat, *The China Quarterly*, 2002, Vol. 170, pp. 304 – 326.

179. Soysal, Yasmin N., *Limits of Citizenship: Migrants and Postnational Membership in Europe*, Chicago: University of Chicago Press, 1994.

180. Strauss Anselm and Juliet Corbin, *Basics of Qualitative Research: Grounded Theory Procedures and Techniques*, Newbury Park, CA: Sage, 1990.

181. Sugano, Michiko, Japanese Students in Selective MBA Programs in the United States, *Japan United States Educational Commission Research Paper*, 1990.

182. Suzuki, Nobue, Transgressing "Victims": Reading Narratives of "Filipina Brides" in Japan, *Critical Asian Studies*, 2003, Vol. 35, No. 3, pp. 399 – 420.

183. Swyngedouw, Erik, Neither Global Nor Local: "Glocalization" and the Politics of Scales, In K. R. Cox, ed., *Spaces of Globalization: Reasserting the Power of the Local*, New York: Guilford, 1997, pp. 137 – 166.

184. Tajima, Junko, Chinese Newcomers in the Global City of Tokyo: Social Networks and Settlement Tendencies, *International Journal of Japanese Sociology*, 2003, Vol. 12, pp. 68 – 78.

185. Teichler, Ulrich, The Transition from Higher Education to Employment in Europe, *Higher Education in Europe*, 1998, Vol. 23, No. 4, pp. 535 – 558.

186. Thomas, William Isaac and Florian Znaniecki, *The Polish Peasant in Europe and America*, Boston : Richard G. Badger, The Gorham Press, 1918 – 1920.

187. Todaro, Michael P., *Economic Development in the Third World*, London: Longman, 1985.

188. Tremblay, Karine, Student Mobility Between and Towards OECD Countries in 2001: A Comparative Analysis, *International Mobility of the Highly Skilled*, Paris: OECD, 2002, pp. 39 – 67.

189. Tremblay, Karine, Academic Mobility and Immigration, *Journal of Studies in International Education*, 2005, Vol. 9, No. 3, pp. 196 – 228.

190. Tsuda, Takeyuki, The Stigma of Ethnic Difference: the Structure of Prejudice and "Discrimination" toward Japan's New Immigrant Minority, *Journal of Japanese Studies*, 1998, Vol. 24, No. 2, pp. 317 – 359.

191. Tsuda, Takeyuki, The Permanence of "Temporary" Migration: the "Structure Embeddedness" of Japanese-Brazilian Migrant Workers in Japan, *Journal of Asian Studies*, 1999, Vol. 58, No. 3, pp. 687 – 722.

192. Tsuda, Takeyuki, Homeland-less Abroad: Transnational Liminality, Social Alienation, and Personal Malaise, In Jeffrey Lesser, ed., *Searching For Home Abroad: Japanese Brazilains and Transnationalism*, Durham, NC: Duke University Press, 2003, pp. 121 – 162.

193. Tansel A. and N. Gungor, Brain Drain from Turkey: Survey Evidence of Student Non-Return, *Career Development International*, 2003, Vol. 8, No. 2, pp. 52 – 69.

194. Tzeng, Rueyling, International Labor Migration through Multinational Enterprises, *International Migration Review*, 1995, Vol. 29, pp. 139 – 154.

195. United Nations Conference on Trade and Development (UNCTAD), *UNCTAD handbook of statistics* 2005, http://www.unctad.org, accessed on July 15, 2006.

196. United Nations Educational, Scientific and Cultural Organization (UNESCO), *Global Educational Digest* 2006: *Comparing Education Statistics Across the World*, http://www.uis.unesco.org/TEMPLATE/pdf/ged/2006/GED2006.pdf, accessed on April 5, 2007.

197. Vasishth, Andrea, A Model Minority: the Chinese Community in Japan, In Michael Weiner, ed., *Japan's Minorities: The Illusion of Homogeneity*, London: Routledge, 1997, pp. 108 – 139.

198. Veidemanis, Juris, Neglected Areas in the Sociology of Immigrants and Ethnic Groups in North America, *The Sociological Quarterly*, 1963, Vol. 4, No. 4, pp. 325 – 333.

199. Vertovec, Steven, Migrant Transnationalism and Modes of Transformation, *International Migration Review*, 2004, Vol. 38, No. 3, pp. 970 – 1001.

200. Villarreal, Andres And Wei-hsin Yu, Economic Globlization and Women's Employment: The Case of Manufacturing in Mexico, *American Sociological Review*, 2007, Vol. 72, pp. 365-389.

201. Waldinger, Roger, *Still the Promised City?: African-Americans and New Immigrants in Postindustrial New York*, Cambridge, MA: Harvard University Press, 1996.

202. Waldinger, Roger and Michael Lichter, *How the Other Half Works: Immigration and the Social Organization of Labo*, Berkeley, CA: University of California Press, 2003.

203. Warner, W. Lloyd and Leo Srole, *The Social Systems of American Ethnic Groups*, New Haven: Yale University Press, 1945.

204. Waters, Mary, *Black Identities: West Indian Immigrant Dreams and American Realities*, New York: Russell Sage Foundation; Cambridge, MA: Harvard University Press, 1999.

205. Weiner, Michael, *Japan's Minorities: The Illusion of Homogeneity*, London: Routledge, 1997 (2nd edition, 2008).

206. Weiner, Myrom and T. Hanmi, eds., *Temporary Workers or Future Citizens? Japanese and U. S. Migration Policies*, London: Macmillan, 1998.

207. Wirth, Louis, *The Ghetto*, Chicago: University of Chicago Press, 1928.

208. Wolf, Diane L., Family Secrets: Transnational Struggles among Children of Filipino Immigrants, *Sociological Perspectives*, 1997, Vol. 40, pp. 455 – 482.

209. Wong, Lloyd and Michelle Ng, The Emergence of Small Transnational Enterprise in Vancouver: The Case of Chinese Entrepreneur Immigrants, *International Journal of Urban & Regional Research*, 2002, Vol. 26, No. 3, pp. 508 – 530.

210. Yang, Fenggang, A Chinese Christian Church: Diverse Transnational Networks of a Houston Church, Ebaugh, Helen Rose Fuchs and Chafetz, Janet Saltzman, eds., *Religion across Borders: Transnational Immigrant Networks*, Altamira press, 2002: 129 – 148.

211. Zhao Chun-Mei, George D. Kuh and Robert M. Carini, A Comparison of International Student and American Student Engagement in Effective Educational Practices, *Journal of Higher Education*, 2005, Vol. 76, No. 2, pp. 209 – 231.

212. Zhao Dingxin, Foreign Study as a Safety-Valve: The Experience of China's University Students Going abroad in the Eighties, *Higher Education*, 1996, Vol. 31,

No. 2, pp. 145 - 163.

213. Zhou, Min, *Chinatown: the Socioeconomic Potential of an Urban Enclave*, Philadelphia, PA: Temple University Press, 1992.

214. Zhou, Min, Growing Up American: The Challenge Confronting Immigrant Children and Children of Immigrants, *Annual Review of Sociology*, 1997, Vol. 23, pp. 63 - 95.

215. Ziguras, Christopher and Siew-Fang Law, Recruiting International Students as Skilled Migrants: The Global "Skills Race" as Viewed from Australia and Malaysia, *Globalisation, Societies and Education*, 2006, Vol. 4, No. 1, pp. 59 - 76.

216. Zweig, David, Chen Changgui and Stanley Rosen, *China's Brain Drain to the United States: The Views of Overseas Students and Scholars in the* 1990*s*. Berkeley, CA: Institute for East Asian Studies, 1995.

217. Zweig, David, Chen Changgui and Stanley Rosen, Globalization and Transnational Human Capital: Overseas and Returnee Scholars to China, *The China Quarterly*, 2004, Vol. 177, pp. 735 - 757.